de Brasília
ALEXANDRE GARCIA

de Brasília
ALEXANDRE GARCIA

São Paulo | 2025

Título: *De Brasília, Alexandre Garcia*

Copyright © 2025 – Alexandre Garcia

As opiniões e os comentários feitos nesta publicação são pessoais e não representam necessariamente a opinião das instituições às quais os autores estejam vinculados.

Os direitos desta edição pertencem à LVM Editora, sediada na
Avenida das Nações Unidas, Nº 18.801 - 4º Andar - Sala 407
Jardim Dom Bosco – São Paulo-SP - CEP: 04757-025
contato@lvmeditora.com.br

Editor-Chefe | Pedro Henrique Alves
Preparação dos originais | Adriana Alevato
Produção editorial | Pedro Henrique Alves
Capa e Projeto gráfico | Mariângela Ghizellini
Foto da capa | Hermínio Oliveira
Diagramação | Décio Lopes

Impresso no Brasil, 2025

Dados Internacionais de Catalogação na Publicação (CIP)
Angélica Ilacqua CRB-8/7057

G198d   Garcia, Alexandre

De Brasília, Alexandre Garcia / Alexandre Garcia. - São Paulo : LVM Editora, 2025.
392 p. : il.

ISBN 978-65-5052-261-2

1. Política e governo – Ensaios 2. Jornalismo I. Título

25-0404   CDD 320

Índices para catálogo sistemático:
1. Política e governo – Ensaios

Reservados todos os direitos desta obra.

Proibida a reprodução integral desta edição por qualquer meio ou forma, seja eletrônica ou mecânica, fotocópia, gravação ou qualquer outro meio sem a permissão expressa do editor. A reprodução parcial é permitida, desde que citada a fonte.

Esta editora se empenhou em contatar os responsáveis pelos direitos autorais de todas as imagens e de outros materiais utilizados neste livro. Se porventura for constatada a omissão involuntária na identificação de algum deles, dispomo-nos a efetuar, futuramente, as devidas correções.

Sumário

11 | **Apresentação**

2021

13 | **Mil estranhos dias** | Em 28 de setembro de 2021

15 | **Pergunte-se** | Em 4 de outubro de 2021

17 | **A outra CPI** | Em 12 de outubro de 2021

19 | **O médico e o vírus** | Em 19 de outubro de 2021

21 | **Medalha de bronze** | Em 26 de outubro de 2021

23 | **Quem manda?** | Em 2 de novembro de 2021

25 | **Lições do Caribe** | Em 9 de novembro de 2021

27 | **República ou monarquia?** | Em 16 de novembro de 2021

29 | **O moderador** | Em 23 de novembro de 2021

31 | **Deslumbramentos** | Em 29 de novembro de 2021

33 | **O pétreo quebrado** | Em 7 de dezembro de 2021

35 | **Entre Themis e Kafka** | Em 14 dezembro de 2021

37 | **O fantasma** | Em 21 de dezembro de 2021

39 | **Olhe para dentro** | Em 28 de dezembro de 2021

2022

41 | **Ponta oca** | Em 4 de janeiro de 2022

43 | **Pilates de contas** | Em 11 de janeiro de 2022

45 | **Estatutos da liberdade** | Em 18 de janeiro de 2022

47 | **Avanço totalitário** | Em 24 de janeiro de 2022

49 | **Justiça e eleição** | Em 1º de fevereiro de 2022

51 | **O milagre das águas** | Em 9 de fevereiro de 2022

53 | **Queimação no garimpo** | Em 15 de fevereiro de 2022

55 | **Chuva de desinformação** | Em 21 de fevereiro de 2022

57 | **Federações pandora** | Em 1º de março de 2022

59 | **Milagre brasileiro** | Em 7 de março de 2022

61 | **Jabuti na árvore** | Em 14 de março de 2022

63 | **Recados telegráficos** | Em 22 de março de 2022

65 | **Campanha proibida** | Em 29 de março de 2022

67 | **Julgadores julgados** | Em 5 de abril de 2022

69 | **No rumo do Titanic** | Em 12 de abril de 2022

71 | **Qual é a via?** | Em 19 de abril de 2022

73 | **Vale o que está escrito** | Em 26 de abril de 2022

75 | **O cartaz de jornalistas** | Em 2 de maio de 2022

77 | **Ruas da liberdade** | Em 3 de maio de 2022

79 | **Distender a corda** | Em 10 de maio de 2022

81 | **Salvar o Supremo** | Em 17 de maio de 2022

83 | **As vias tortas** | Em 24 de maio de 2022

85 | **Intolerância do bem** | Em 31 de maio de 2022

87 | **O mistério Lula** | Em 7 de junho de 2022

89 | **Constituição esfaqueada** | Em 14 de junho de 2022

91 | **Amazônia cobiçada** | Em 21 de junho de 2022

93 | **Cadê a CPI das ONGs?** | Em 28 de junho de 2022

95 | **Abstenção decide** | Em 5 de julho de 2022

97 | **Os complacentes** | Em 12 de julho de 2022

99 | **Eleição e segurança** | Em 19 de julho de 2022

101 | **Bandeira e eleição** | Em 26 de julho de 2022

103 | **Pesquisas e ruas** | Em 2 de agosto de 2022

105 | **200 anos de independência** | Em 8 de agosto de 2022

107 | **A lei e o crime** | Em 16 de agosto de 2022

109 | **Religião e eleição** | Em 23 de agosto de 2022

111 | **As marcas do voto** | Em 29 de agosto de 2022

113 | **A constituição é nossa** | Em 6 de setembro de 2022

115 | **Uma rosa no Supremo** | Em 12 de setembro de 2022

117 | **Supremo político** | Em 20 de setembro de 2022

119 | **Primavera na urna** | Em 27 de setembro de 2022

121 | **Frustrações da urna** | Em 4 de outubro de 2022

123 | **Voto útil** | Em 11 de outubro de 2022

125 | **O voto e o crime** | Em 18 de outubro de 2022

127 | **Lixo eleitoral** | Em 25 de outubro de 2022

129 | **Futuro em jogo** | Em 1º de novembro de 2022

131 | **Fome de mentira** | Em 7 de novembro de 2022

133 | **Transição para baixo** | Em 15 de novembro de 2022

135 | **Exceção democrática** | Em 22 de novembro de 2022

137 | **O poder original** | Em 29 de novembro de 2022

139 | **AI-5 reeditado** | Em 6 de dezembro de 2022

141 | **Senhores e vassalos** | Em 13 de dezembro de 2022

143 | **A esfinge** | Em 20 de dezembro de 2022

145 | **O maior poder** | Em 27 de dezembro de 2022

2023

147 | **O povo paga** | Em 3 de janeiro de 2023

149 | **Sensatez é preciso** | Em 9 de janeiro de 2023

151 | **Dois desafios** | Em 17 de janeiro de 2023

153 | **Pedra e vidraça** | Em 24 de janeiro de 2023

155 | **Eleição decisiva** | Em 31 de janeiro de 2023

157 | **A verdade e a mentira** | Em 7 de fevereiro de 2023

159 | **Luz no 8 de janeiro** | Em 14 de fevereiro de 2023

161 | **Medo fantasiado** | Em 21 de fevereiro de 2023

163 | **De impostos e cavalos** | Em 28 de fevereiro de 2023

165 | **Neurônios algemados** | Em 14 de março de 2023

167 | **Congresso encolhido** | Em 21 de março de 2023

169 | **Pesos sem contrapeso** | Em 28 de março de 2023

171 | **Arcabouço** | Em 4 de abril de 2023

173 | **Insegurança agrária** | Em 12 de abril de 2023

175 | **Propaganda enganosa** | Em 18 de abril de 2023

177 | **Calando o povo** | Em 25 de abril de 2023

179 | **Paraguai vencedor** | Em 2 de maio de 2023

181 | **Como vai acabar?** | Em 9 de maio de 2023

183 | **No Mar Vermelho** | Em 16 de maio de 2023

185 | **Pela constituição** | Em 23 de maio de 2023

187 | **Acolhida de Maduro** | Em 30 de maio de 2023

189 | **Ícaro brasileiro** | Em 6 de junho de 2023

191 | **Brasil colônia?** | Em 13 de junho de 2023

193 | **Justiça só com Deus** | Em 20 de junho de 2023

195 | **O processo** | Em 29 de junho de 2023

198 | **Sedentos de democracia** | Em 6 de julho de 2023

200 | **Futuro onde?** | Em 12 de julho de 2023

202 | **E agora, Supremo?** | Em 18 de julho de 2023

204 | **Abafadores de eco** | Em 27 de julho de 2023

206 | **Castração no Legislativo** | Em 3 de agosto de 2023

208 | **Floresta cobiçada** | Em 10 de agosto de 2023

210 | **Terroristas soltos?** | Em 17 de agosto de 2023

212 | **Rótulo enganoso** | Em 24 de agosto de 2023

214 | **Governo sádico** | Em 31 de agosto de 2023

216 | **Nove meses** | Em 7 de setembro de 2023

218 | **Usina de problemas** | Em 14 de setembro de 2023

220 | **A grandeza do Brasil** | Em 20 de setembro de 2023

222 | **Ausência de jornalismo** | Em 22 de setembro de 2023

224 | **Reação e circunstância** | Em 28 de setembro de 2023

226 | **A toga de César** | Em 5 de outubro de 2023

228 | **Fronteira com Gaza** | Em 12 de outubro de 2023

230 | **Passivos e omissos** | Em 19 de outubro de 2023

232 | **Barril de pólvora** | Em 26 de outubro de 2023

234 | **Pensar liberta** | Em 3 de novembro de 2023

236 | **Enem nem** | Em 9 de novembro de 2023

238 | **Trapezistas sem rede** | Em 16 de novembro de 2023

240 | **Vitória argentina** | Em 23 de novembro de 2023

242 | **Cálice transbordante** | Em 30 de novembro de 2023

244 | **Vizinho amigo** | Em 7 de dezembro de 2023

246 | **Inspeção de bagagem** | Em 12 de dezembro de 2023

248 | **Esperança e frustração** | Em 21 de dezembro de 2023

251 | **Democracia invertida** | Em 28 de dezembro de 2023

2024

253 | **Atrás da porta** | Em 4 de janeiro de 2024

255 | **Democracia abalada** | Em 11 de janeiro de 2024

257 | **Justificando o crime** | Em 18 de janeiro de 2024

260 | **Ponte simbólica** | Em 25 de janeiro de 2024

263 | **Lula ao calvário** | Em 1º de fevereiro de 2024

265 | **Deixem matar** | Em 8 de fevereiro de 2024

267 | **Manto roxo** | Em 15 de fevereiro de 2024

269 | **A volta do anão** | Em 22 de fevereiro de 2024

272 | **Avenida eloquente** | Em 29 de fevereiro de 2024

274 | **Agro, amor e ódio** | Em 7 de março de 2024

276 | **O poder e os poderes** | Em 14 de março de 2024

278 | **Poder desenfreado** | Em 21 de março de 2024

280 | **Fim de novela** | Em 28 de março de 2024

282 | **Assim não há democracia** | Em 4 de abril de 2024

284 | **A voz do povo** | Em 11 de abril de 2024

287 | **A avenida da liberdade** | Em 17 de abril de 2024

289 | **Juízes da verdade** | Em 25 de abril de 2024

291 | **Expostos ao público** | Em 2 de maio de 2024

293 | **A virtude da prevenção** | Em 9 de maio de 2024

296 | **Réquiem pelo congresso** | Em 16 de maio de 2024

298 | **Piche fervente** | Em 23 de maio de 2024

300 | **Águas de Pilatos** | Em 30 de maio de 2024

302 | **A vontade do povo** | Em 5 de junho de 2024

305 | **Abóbora sabor picanha** | Em 13 de junho de 2024

307 | **A origem da encrenca** | Em 20 de junho de 2024

309 | **Partido representa?** | Em 27 de junho de 2024

311 | **O sal da picanha** | Em 4 de julho de 2024

313 | **O morcego e o mosquito** | Em 11 de julho de 2024

315 | **Brasília paixão** | Em 12 de julho de 2024

318 | **Ódio é amor** | Em 18 de julho de 2024

321 | **Bomba social** | Em 25 de julho de 2024

323 | **No mesmo barco** | Em 1º de agosto de 2024

326 | **Sou você, amanhã** | Em 8 de agosto de 2024

329 | **De mal a pior** | Em 15 de agosto de 2024

332 | **Tragédia ou farsa** | Em 22 de agosto de 2024

335 | **Lições da Venezuela** | Em 29 de agosto de 2024

338 | **Remédio ou veneno** | Em 5 de setembro de 2024

340 | **Coincidências** | Em 12 de setembro de 2024

343 | **Lula no limite** | Em 19 de setembro de 2024

345 | **O Estado e a liberdade** | Em 26 de setembro de 2024

347 | **Recivilizados** | Em 3 de outubro de 2024

349 | **A eleição futura** | Em 10 de outubro de 2024

352 | **Quaisquer palavras** | Em 17 de outubro de 2024

355 | *Quo vadis?* | Em 24 de outubro de 2024

357 | **No rumo de 2026** | Em 31 de outubro de 2024

359 | **Chamem o Bukele** | Em 7 de novembro de 2024

361 | **Bruxas rondando** | Em 14 de novembro de 2024

363 | **Que país é esse?** | Em 21 de novembro de 2024

365 | **Donos e farsantes** | Em 28 de novembro de 2024

367 | **Até as pedras sabem** | Em 4 de dezembro de 2024

370 | **Defesa enfraquecida** | Em 12 de dezembro de 2024

373 | **Afundando** | Em 19 de dezembro de 2024

375 | *Gratia et jvstitia* | Em 26 de dezembro de 2024

2025

379 | **Muralhas do Estado** | Em 2 de janeiro de 2025

381 | **Democracia essencial** | Em 9 de janeiro de 2025

384 | **A ordem do inverso** | Em 16 de janeiro de 2025

388 | **Trump e Macunaíma** | Em 21 de janeiro de 2025

390 | **Pensata final**

Apresentação

A gênese dos artigos aqui compilados está na Bloch, onde entrei em 1980, quando fiz quarenta anos – uma página mensal para a revista *Manchete* e para a *Mulher de Hoje,* além de um quadro diário, *Cinco Minutos com Alexandre Garcia,* na Rádio Manchete. Depois, uma agência de notícias, que acompanhava os meus artigos, pediu um texto semanal para distribuir aos jornais que abastecia. A agência faliu, e eu a adquiri com os créditos que tinha. Hoje, são 37 jornais – oito em capitais – e a revista *Oeste.* Isso tudo me toma cada dia da semana. Na segunda-feira à noite, preciso entregar o artigo para a *Gazeta do Povo,* de Curitiba; no fim da tarde de terça, para 36 outros jornais. Na quinta-feira, escrevo o artigo que assino na *Oeste.* Para os jornais, nunca passo de quarenta linhas; para a *Oeste,* vou até sessenta.

Quando eu estudava jornalismo na PUC/RS e trabalhava no Banco do Brasil em Porto Alegre, o meu objetivo era assinar uma coluna no *Correio do Povo.* Atualmente, o jornal publica os meus textos semanalmente. No *Jornal do Brasil,* a melhor escola de jornalismo, ensaiei artigos quando era enviado especial em Buenos Aires e Montevidéu. Em matérias assinadas, procurei destrinchar as crises políticas dos vizinhos do sul, nos anos 1970. O tempo e os ares de Brasília me ajudaram a buscar a essência dos fatos e perscrutar seus rumos.

Por sugestão da Editora LVM, decidi compilar os artigos semanais desde um ano antes da última eleição presidencial de 2022, até a semana da posse de Trump, em 25 de janeiro de 2025, que revelam a essência dos grandes temas nacionais e institucionais que nos afligem, nos ameaçam e revelam o processo a que estamos submetidos. Quando os reli, fazendo uma revisão, eles me trouxeram mais luz sobre em que estamos metidos. A história política, institucional, e do poder, desses últimos três anos está toda nesses artigos. Assusta-me perceber o quanto fui profético, e sou quase tentado a dizer: "Depois, não digam que não avisei". Penso que não haverá milagres – salvaremos a nós mesmos? A pergunta nos cobra.

Encerro essa apresentação prevenindo o leitor de que o bom jornalista deve ser cético, e duvidar sempre. Ingenuidade é o pecado mortal daqueles que se aventuram na área. Devemos duvidar até de nossas verdades. E, com isso em mente, começo com um artigo escrito um ano antes da última eleição presidencial, depois que um menino mostrou a chave-mestra para abrir o cérebro, e que adequadamente intitulo essa coletânea.

[2021]

Mil estranhos dias

Em 28 de setembro de 2021

A palavra mais citada no discurso de mil dias do presidente da República foi liberdade. Por quê? A liberdade de expressão, garantida pelo artigo 220 da Constituição, está em perigo. E não é apenas a censura, embora vedada no mesmo artigo. As liberdades estão sendo cerceadas, como se uma vontade totalitária estivesse agindo, para estabelecer uma ditadura do tipo exposto por George Orwell, no seu brilhante livro *1984*.

Fico imaginando o inusitado que seria se o presidente, dia 21, na ONU, denunciasse que no seu país há censura, cerceamento de direitos fundamentais e presos por crime de opinião, sem o devido processo legal. Que aqui se estabelece o que pode ser dito e o que não pode. Certamente não fez isso porque iria prejudicar a imagem do país. Mas, se tivesse denunciado, esse não seria o inusitado maior.

O maior inusitado é que censura, cerceamento de liberdades e prisões não são atos de um presidente chamado de autoritário, mas consequências de decisões da Corte encarregada de defender e guardar a Constituição e, pior, atos aplaudidos e apoiados por meios de informação e instituições de defesa das leis. A pandemia acordou a natureza totalitária que estava dormida. E até o Legislativo se curvou, quando recebeu ordem de abrir uma CPI no Senado e, depois, de prender um deputado. O presidente da República resignou-se quando o Supremo decidiu que ele não poderia nomear o seu diretor da Polícia Federal.

Lembro-me do Plano Cruzado, quando multidões se converteram em fiscais do Sarney e saíam a prender gerente de supermercado e de farmácia, como se fossem fiscais de quarteirão soviéticos ou Sturmabteilung de Hitler, enquanto a Polícia Federal entrava no pasto, sem mandado judicial, para prender boi gordo. Nos dias de hoje, repetiu-se com o *lockdown*, prendendo com algemas e violência, gente que saía à praça, à praia, abria a loja, conduzia a carrocinha do sustento. Assustados pelos arautos da pandemia, nem sentimos que nos tiravam liberdades.

Hoje temos agências de censura, também chamadas de agências de checagem. Uma inquisição sob o nome de CPI, desrespeita os depoentes com ironias e gritos. Youtubers são levados a depor na polícia como aviso e intimidação. Esses mil dias lembrados pelo presidente me fazem pensar que, nos quase trinta mil dias de vida, nunca senti tão próximo um cerco liberticida.

Pergunte-se

Em 4 de outubro de 2021

O neurologista que me tratou, quando bati a cabeça no chão há alguns anos, doutor Régis Tavares, me contou que ensinava seu filho de quase cinco anos o que é combustível: a gasolina que faz o carro andar, o sol que dá vida às plantas, o gás que produz calor no fogão, o alimento que faz a pessoa se mover. O menino o interrompeu e perguntou qual é o combustível do cérebro. Antes que o pai-neurologista encontrasse a resposta científica e citasse os livros, foi surpreendido com a resposta do próprio filho:

"O combustível do cérebro são as perguntas".

A resposta fez o doutor Régis recordar quantas perguntas modificaram o mundo, e constatar que, nesses dois anos de pandemia, o que se viu foi o contrário: não questione a ciência, obedeça a ciência, não pergunte.

Pobre Ciência. Foi transformada pela mídia, pela CPI, em dogma, só com certezas, sem dúvidas, sem perguntas. O que não admite experiência, contraponto, dúvida, perguntas, não é ciência, é questão de fé, como se demonstra na repetição de jaculatórias na mídia e de autos de fé nas inquisições da CPI.

"Dizer que um conhecimento é inquestionável é ser menos científico do que duvidar dele", conclui o neurologista, estudioso dos neurônios, das sinapses e do comportamento humano que é gerado no cérebro. O humano limitado, diante do universo infinito, tem a arrogância de querer limitar a verdade. Ainda há infinitas perguntas a serem perguntadas ao nosso cérebro, para que ele pense e busque. Quem tem a verdade definitiva, parou de perguntar, parou de descobrir, parou de evoluir. Parou. Sem combustível. Pane seca.

E isso tem a ver com a política, porque sofremos uma campanha para entrega do pensamento pronto, verdade pronta – infelizmente desde a universidade, onde deveriam estar as luzes que nos levariam a buscar mais luzes no horizonte infinito. A conspiração para não pensar, não perguntar é a conspiração do domínio, do totalitarismo, porque o pensar, o perguntar faz, de cada um de nós, um mundo – e querem que cada um de nós seja apenas um servo, um escravo, de um mundo único, com resposta única, sem perguntas. Tudo isso só para que você, leitor, se pergunte, se é isso mesmo que querem que você pense.

A outra CPI

Em 12 de outubro de 2021

Um pesquisador potiguar convenceu-me, há mais de vinte anos, que o Descobrimento do Brasil aconteceu no Rio Grande do Norte. Pois agora se descobre, em CPI na Assembleia Legislativa, em Natal, o que a CPI no Senado preferiu não investigar. Segundo o presidente da CPI da Covid de lá, o deputado Kelps Lima, há "documentos sigilosos, confissões, delação, extrato de banco; é estarrecedor e vai além do Consórcio Nordeste, porque chega à Prefeitura de Araraquara, de Edinho do PT". O autor de requerimento para instituir a CPI do Senado, senador Eduardo Girão, foi a Natal para levar o tema ao plano federal, uma vez que envolve nove estados e um município paulista.

No Senado, o requerimento do senador Girão, com 45 assinaturas, pretendia investigar o destino do dinheiro federal para estados e municípios, mas prevaleceu o objetivo do requerimento com 31 assinaturas, do senador Randolfe, que se propunha a investigar a falta de oxigênio em Manaus e a atuação do Governo Federal. A CPI, peça eleitoral contra o presidente da República, desrespeitou a relação médico-paciente, fez barulho com vacina não comprada e, agora, vai anunciar o sumário das teses que tem prontas desde o início. Compra de respirador em loja de vinho ou de empresa chamada Hempcare (Hemp é maconha...), respiradores que não funcionam, superfaturamentos e uso de dinheiro dos pagadores de impostos, e o "vá para casa até sentir falta de ar" nunca foram o objetivo da maioria da CPI do Senado.

A CPI potiguar chamou, como investigado, o ex-ministro de Dilma, executivo do Consórcio do Nordeste, Carlos Gabas, mas ele usou o direito de ficar calado. A CPI do Senado negou-se a chamá-lo. O Consórcio Nordeste, feito para a pandemia, gastou R$ 2,5 milhões em mídia, apurou o senador Girão. E pagou 48 milhões de reais por trezentos respiradores que não foram entregues. A vendedora emitiu a nota fiscal nº 002, após oito meses de existência da empresa.

Concordou, à revelia, em cobrar o triplo do preço, pressionada pelo comprador, segundo a CPI do RN.

Para investigar o que foi omitido na atual CPI, o senador Girão já tem, no Senado, 37 assinaturas – suficientes – e outro Girão, deputado pelo RN, o ajuda a colher assinaturas na Câmara, para fazer uma CPI mista, de deputados e senadores, para desvendar o que faltou. Imagina-se que será mais ampla, certamente não deixando de lado o que a CPI atual causou com seus dogmas e pressões sobre médicos. De novo o RN terá contribuição a dar. Pode mostrar por que, até agora, no Presídio de Alcaçuz, entre 1624 internos, 224 tiveram Covid e nenhum precisou ser hospitalizado, com zero mortes. Entre esses, idosos, doentes crônicos, diabéticos. A CPI atual foi com muita sede ao pote e errou o timing; usou seu carro-de-som antes do ano eleitoral, e logo vai ficar obsoleta porque os seus dogmas vão ser confrontados com a realidade do Brasil e do mundo. Preparou o caminho para outra, mais próxima das eleições, para apurar responsabilidades com as luzes do tempo e sabermos o que ficou escondido.

O médico e o vírus

Em 19 de outubro de 2021

Nesses últimos vinte meses, nenhum profissional esteve tão perto do coronavírus quanto o médico. Como a semana começou no Dia do Médico, agora é oportunidade de lembrar que foram tempos dramáticos, tempos de provações e de muito aprendizado para essa vital profissão. Um amigo médico me disse que nunca valeu tanto a pena ser médico em sua inteireza, como nesses meses. Tempos de um vírus novo, com características imprevisíveis, que provocou uma doença nova, também imprevisível, a ponto de se suspeitar que nem seja obra da natureza. É um vírus que saiu de um laboratório e, estimulado, abriu-se em variantes de consequências e graus de contágio diferentes.

Desde Hipócrates, o pai da Medicina, se conhece o juramento que os formandos repetem a cada ano, de buscar o bem do paciente. O Código de Ética Médica traduz o juramento, estabelecendo que é vedado ao médico causar dano ao paciente, por ação ou omissão. A *Declaração de Helsinque*, da Associação Médica Mundial, diz que é dever do médico promover e salvaguardar a saúde de seus pacientes, e detalha os cuidados sobre a pesquisa que envolve seres humanos. Nesses vinte meses, todos os dias foram de experiências, pesquisas e descobertas, ante um novo inimigo, desconhecido e perigoso. Os médicos tiveram que enfrentar esse desafio em meio ao pânico gerado e à emergência da pandemia.

Os mais de 500 mil médicos brasileiros se alistaram voluntários nessa guerra, sem distinção de especialidade. Muitos morreram, outros foram infectados e muitos tiveram perdas na própria família. Como tantos brasileiros, médicos também foram afetados psicologicamente por causa das imensas pressões a que foram submetidos. Mas não esmoreceram, continuam no front dos hospitais, nas trincheiras das clínicas, experimentando, observando, pesquisando, conferindo sintomas, consequências e, sobretudo, amenizando o sofrimento e salvando vidas.

A estatística informa que quase 21 milhões de infectados se recuperaram. Imagino que haja outro tanto de curados que não foram sequer registrados – e outro imenso grupo de brasileiros que se protegeram sob indicações médicas que impediram maior ação do vírus. Milhares de médicos trabalharam sob a pressão da política, que se intrometeu na medicina; foram incompreendidos, perseguidos, injuriados, mas se mantiveram fiéis ao juramento ético de buscar tratamento com todos os meios, aos primeiros sinais de uma doença, de comum acordo com o paciente. Esses têm a consciência de que a luta vale a pena, porque certamente salvaram milhões. A esses, a nação deve o reconhecimento. Os que mandaram o paciente para casa com dipirona, até que sentisse falta de ar, precisam de bondosa compreensão, porque não encontraram o caminho para se rebelar contra a voz corrente. Os que salvaram milhões de vidas e evitaram sofrimento vão dormir cansados de tudo isso, mas com a consciência tranquila.

Medalha de bronze

Em 26 de outubro de 2021

Fiz a soma dos nomes que se oferecem ou são cogitados para a terceira via. São, no mínimo, doze. Uma dúzia de pretendentes querendo ser a opção para a dupla Bolsonaro e PT. Uso PT, e não Lula, porque se sente que Lula ainda está assuntando. Conhecedor de eleições, Lula aprendeu a não confiar em pesquisas, e deve estar atento à movimentação de Bolsonaro no Nordeste, onde sempre é recebido com euforia pelo povo – isso sem falar nas ruas do Sete de Setembro. Imagino o trabalhão que Lula está tendo para decidir se indica alguém ou se vai encerrar sua biografia com mais uma eleição.

Correndo por fora da polaridade eleitoral, numa raia que passaram a chamar de terceira via, há gente com experiência em eleição, gente teimosa, há ingênuos, há sonhadores, há vaidosos, há calculistas e até imediatistas, que se empolgam com a aparição súbita de seus nomes. Relacionei uma dúzia, mas pode até ser mais do que isso. Ciro, Moro, Datena, Mandetta, Dória, Rodrigo Pacheco, Eduardo Leite, Simone Tebet, Alessandro Vieira, Luiza Trajano, general Santos Cruz, Luiz Felipe d'Ávila. O problema é que, se você for até a esquina e perguntar sobre esses nomes, a maioria será desconhecida do eleitor.

Antes da última eleição presidencial, não vi, nesses anos tucanos e petistas, grandes reclamações de ideologia única – estivemos sob governos de mais à esquerda ou menos à esquerda, sem queixas de pensamento único, orientação única. Pluralidade ideológica era só uma teoria quando se saudava a democracia de ideia única. Foi aparecer um candidato que acordou a maioria silenciosa – que se tornou barulhenta das redes sociais, e com pouca voz na mídia em geral – e se levantou a gritaria contra polarização. A terceira via se apresenta como solução contra a polarização, como se, na maior democracia do mundo, polarizada entre republicanos e democratas, isso fosse nocivo para o país que se tornou a maior potência do mundo elegendo seus presidentes sempre entre os mesmos dois partidos.

Há empenho de alguns órgãos da mídia e de entidades empresariais, em escolher seu preferido e apresentá-lo como a solução para um impasse entre Bolsonaro e o PT. Não sei se por ingenuidade, estão praticando o divide et impera, usado pelo imperador romano Cesar Augusto. Com doze postulantes, a divisão torna a terceira via uma opção pulverizada, sem chance de ir para o segundo turno. Podem até tirar votos dos dois prováveis líderes, mas vão disputar entre si quem ficará com o bronze.

Quem manda?

Em 2 de novembro de 2021

A Constituição afirma, no seu primeiro artigo, que todo poder emana do povo, que o exerce por meio de seus representantes eleitos ou diretamente. Repetindo: o povo exerce seu poder diretamente, ou por aqueles que ele elege, no Executivo e no Legislativo. É assim que temos vivido, ou o poder do povo, direto ou indireto, tem sido limitado por quem não foi eleito? O Poder Judiciário tem se mostrado acima aos poderes eleitos. Na História, o autoritarismo tem sido praticado pelo chefe do Executivo, acima do Legislativo e do Judiciário, com o pretexto de representar o povo. Aqui, hoje, o chefe do Executivo federal, que teve quase 58 milhões de votos para representar a nação, tem-se curvado ante imposições do Supremo. O mesmo tem acontecido com o Senado e a Câmara, obedientes a determinações, muitas vezes, de um único juiz do Supremo. Em nome da ordem, ninguém se recusa a cumprir determinações do Supremo, à exceção do presidente do Senado, Renan Calheiros, em 6 de dezembro de 2016, quando recusou-se a deixar o cargo, como ordenava ministro Marco Aurélio.

Essa introdução remete à queixa crônica de insegurança jurídica, como um dos maiores fatores do custo Brasil. Uma das causas é a excessiva judicialização de temas que deveriam ser resolvidos *interna corporis* no Legislativo e no Executivo, como se queixou o presidente do Supremo, Luiz Fux, em seu discurso de posse. Virou moda a minoria apelar para o tapetão do Supremo. Em outros tempos, o relator devolvia ou jogava o recurso no arquivo, por ser assunto para o próprio Parlamento resolver. Eram tempos em que o presidente não era Bolsonaro. Aí, entra o segundo fator, identificado por juristas como Ives Gandra e Modesto Carvalhosa: o ativismo judicial, ou a militância política.

Quando há algum vácuo na Constituição, o Supremo, em vez de exigir que o Congresso, que tem poderes constituintes, decida a questão, costuma ele próprio, que não teve um voto sequer para isso, se transformar em poder constituinte. Então temos que o Supremo, sem estar relacionado no primeiro artigo da Constituição como representante do povo, já que não é eleito, tem poder constituinte e poder de interferir nos outros poderes, eleitos para representar o povo. É, portanto, de fato, o mais poderoso dos poderes. Quando um jornalista brasileiro pede asilo político no exterior, ninguém imagina que ele esteja sendo procurado pelo Judiciário, não pelo chefe do Executivo.

Como sabemos, o Supremo não obedeceu ao devido processo legal por ser, a um só tempo, vítima, investigador, acusador, juiz e executor, algo que só se via no Absolutismo. Sob o pretexto de saúde pública, vimos o Supremo passar por cima de direitos fundamentais, até de deixar em segundo plano poderes do chefe da nação priorizando governadores e prefeitos. O Supremo já mudou a Constituição na área de costumes, e agora tem nas mãos uma gigantesca questão fundiária que pode derrubar o mais precioso trunfo do Brasil: a vocação de alimentar o mundo. Nesses dias, alguns atos e ameaças no TSE fariam corar um Sobral Pinto. O senador Girão já reclamou da passividade do Senado diante disso; o senador Amin disse há dias que isso pode não acabar bem. Quando há exceção para o devido processo legal, há insegurança incompatível com as liberdades básicas, principalmente quando a liberdade de opinião é atingida. O poder que é do povo é para opinar, divergindo e criticando. Para concordar, não é preciso ter poder. Com insegurança na Justiça, não há estado de justiça.

Lições do Caribe

Em 9 de novembro de 2021

O líder da revolução sandinista, Daniel Ortega, foi eleito domingo, mais uma vez, presidente da Nicarágua, com 75% dos votos. O segundo em votos, teve 14% e é um seu colaborador. Outros quatro candidatos ficaram com menos de 4%. A mulher de Ortega, Rosario, que ele chama de copresidenta, também foi reeleita – vice-presidente. Sete candidatos da verdadeira oposição estão presos. A que detinha a preferência popular, Cristina Chamorro, está em prisão domiciliar. Ela é filha de Violeta Chamorro, que foi presidente na Nicarágua, depois de onze anos do período pós-revolução de Ortega. Ele voltou por catorze anos, totalizando vinte e cinco. E vai para mais cinco, com setenta e seis anos de idade. Pelos últimos anos, ele fez leis de censura e criminalização da oposição. Milhares de nicaraguenses se exilaram nos Estados Unidos e Costa Rica. Os três principais partidos de oposição foram extintos. A repressão foi legalizada.

É semelhante ao que acontece em outros países banhados pelo Mar do Caribe: em Cuba, por mais de sessenta anos; na Venezuela, por quase vinte anos. É uma ideologia que exige totalitarismo para se manter no poder, com censura e sem liberdades fundamentais, fingindo eleições e dominando o Legislativo e o Judiciário. Sistema que, por aqui, é aplaudido pelos que se sentiram no vazio ao perderem a matriz soviética. No Brasil, ainda tivemos a sorte de o fisiologismo ter prevalecido sobre a ideologia enquanto estavam no poder. A ideologia apenas serviu de rótulo fantasia, para atrair idealistas em busca da utopia, mas a apropriação do estado e de suas empresas é que foi a essência, para sustentar os instrumentos de manutenção do poder. Depois de anos de desfrute da apropriação, veio uma revolução do voto na eleição presidencial de 2018, que fechou os ralos e torneiras do estado.

Estamos a menos de um ano de novas eleições. Tal como na Nicarágua de Ortega, nesses últimos anos a estrutura plantada em tempos de dominação do Estado por partido político, trabalha dentro e fora dos três poderes para reagir aos novos tempos, tentando evitar que sejam confirmados nas urnas. A volta ao passado, para muitos, é uma questão de sobrevivência; para outros, manutenção de privilégios; para alguns, vindita da derrota de 2018; outros mais, por ideologia. A CPI foi o divã catártico que revelou esse movimento reacionário.

Temos uma amostra no continente latino-americano do padrão desses regimes; no Brasil, tivemos a experiência da corrupção institucionalizada – sem ela, apareceu dinheiro para socorrer estados, municípios e milhões de brasileiros que perderam a renda para a campanha do fecha-tudo. Como na Nicarágua, tendo eleição futuro como alvo, também há um avanço da censura, da restrição a liberdades fundamentais, com um silêncio cúmplice de quem deveria defender as liberdades. Na Alemanha, os judeus foram sendo tolhidos de liberdade, enquanto pensavam que seria a última vez. A última vez foi quando foram postos em trens para os campos de extermínio. E a democracia se esvai quando se repetem, como teste, supressões a direitos fundamentais, para calar e impor.

República ou monarquia?

Em 16 de novembro de 2021

O plebiscito de 1993, previsto cinco anos antes pela Constituição, mostrou que 86,6% dos eleitores preferiam o sistema republicano e 13,4% a monarquia. No feriado da República, quando o presidente em exercício, Hamilton Mourão, postou um comentário comemorativo à Proclamação da República, a reação não veio na mesma proporção do resultado do plebiscito. Talvez metade das manifestações, ou perto disso, culpe a República pelos nossos males e defenda que a monarquia teria evitado muitas de nossas mazelas. É bom considerar que no plebiscito de 1993, os eleitores só haviam vivido numa república – nenhum experimentado uma monarquia parlamentar; e não havia redes sociais para debater e esclarecer sobre sistemas de governo.

Antes que se alegue que a proclamação da república foi um golpe militar tramado por uma elite intelectual e apoiado por escravistas furiosos com a abolição; antes que se lembre que Deodoro era amigo e admirador do imperador e o derrubou depois que Benjamin Constant o fez sair do leito de enfermo com a fofoca de que Pedro II chamara Gaspar Silveira Martins para ser chefe do governo – logo ele, Gaspar, de quem Deodoro tinha ciúmes por causa de Maria Adelaide, a *Baronesa do Triunfo*; antes que se argumente que a família real amava mais o Brasil do que os políticos da república – vamos pensar se a responsabilidade pelas mazelas deste país não é do sistema de governo, mas das pessoas que operam as instituições do Estado brasileiro.

Quem quer que leia as biografias dos grandes do império – políticos do parlamento, ministérios e das províncias, empresários, senhores de terras, generais, juristas, vai encontrar muita semelhança com deputados, senadores, ministros, governadores, juízes, empresários, que vieram depois de 1889. Antes e depois tivemos leis a serviço de interesses individuais e de grupos, ações de governantes, legisladores e juízes em defesa não do bem comum, mas de setores mais próximos do poder. O Império, a República Velha e a Nova República conservaram os hábitos, sempre em defesa dos interesses dos que se apropriam do estado que, por sua vez, defende a sua burocracia administrativa e jurídica como se fossem mais do que guardiões – verdadeiros donos do governo.

Assim, temos uma cultura que persiste, seja qual for a forma de governo.

Puseram um sistema parlamentar na Constituinte; reagiu-se com uma emenda presidencial; agora a salvação seria o semipresidencialismo – que já existe. O constituinte de 1988 escreveu, no único parágrafo do primeiro artigo da Constituição, que todo poder emana do povo, que o exercerá diretamente ou por seus representantes eleitos. E o artigo quinto escreve em pedra que todos que todos são iguais perante a lei, sem distinção de qualquer natureza. Que não haverá censura, que é livre a manifestação do pensamento, que é livre a locomoção no território nacional, que a casa é o asilo inviolável, que deputados e senadores são invioláveis por quaisquer opiniões, que o Ministério Público é essencial à Justiça.

A cultura que escreveu essas palavras bonitas não cumpridas é a mesma que mudou de monarquia para república – mudar para manter. E não cumprir, na prática, o escrito. São raízes centenárias, que reagem quando sentem uma mudança real no âmago do estado brasileiro. Nunca lembraram que o governo – os três poderes – é para o povo porque se sustenta com o dinheiro do povo.

O moderador

Em 23 de novembro de 2021

Quem quer que leia a Constituição vai perceber que decisões da mais alta corte não estão batendo com o que está escrito na lei maior. Essas discrepâncias vinham sendo discretamente comentadas nesses últimos tempos como alerta de algo errado. Mas, em Lisboa, num simpósio jurídico, o ex-presidente do Supremo, ministro Dias Toffoli, revelou, com todas as letras, o que vem acontecendo: O Supremo é o Poder Moderador da República – afirmou ele. Poder Moderador que tivemos foi na Constituição de 1824, em que o Imperador, estando acima dos poderes, podia intervir para manter a harmonia entre eles. Ele era o quarto poder. Se o Supremo, hoje, é o Poder Moderador, então ele abarca, ao mesmo tempo, dois poderes – mesmo sem ter, para isso, o voto que é a origem do poder.

O Imperador não fazia ativismo político, não alterava a Constituição, não inventava leis nem mandava prender, como tuitou o deputado Luiz Philippe de Orleans e Bragança. Ademais, não há registro algum na Constituição a erigir um Poder Moderador – como protestou a presidente da Comissão de Constituição e Justiça da Câmara, deputada Bia Kicis. O jurista Ives Gandra Martins, ao interpretar o artigo 142 da Constituição, entende que esse poder é das Forças Armadas, como *garantia dos poderes constitucionais*.

Não foi um ato falho do ministro Toffoli; afinal, ele estava falando de Lisboa para o Brasil; mas parece uma proclamação de que o Poder Moderador é o Supremo – embora sem apoio na Constituição e muito menos no voto. Toffoli também afirmou que o sistema de governo no Brasil é o semipresidencialismo. Isso é verdade. A constituinte que acompanhei escreveu uma estrutura de sistema parlamentar com uma emenda presidencial. E criou o seguinte princípio: O presidente, que tem a responsabilidade pelo governo, não tem os poderes para governar; o Congresso, que não tem essa responsabilidade, é que tem esses poderes. O presidente Sarney, no dia da promulgação, quando o entrevistei, disse: "Com esta Constituição, o Brasil fica ingovernável".

Ele foi o primeiro semipresidente. Nélson Jobim, que foi o relator executivo, me disse que os constituintes estavam sob a síndrome do autoritarismo, e diminuíram poderes do chefe do Executivo. Hoje o Supremo quer ser todos os poderes.

Isso é uma usurpação à representatividade do povo, origem do poder, que o exerce diretamente ou por seus representantes eleitos, como está no primeiro artigo da Constituição. Ora, hoje, presidentes eleitos com mais da metade dos votos válidos nomeiam seus auxiliares e tomam decisões administrativas que têm sido vetadas pelo *Poder Moderador*. Não custa lembrar que, no referendo pós-constituinte, o sistema presidencial teve 70% dos votos. O ex-presidente da Câmara, Aldo Rebelo, ex-ministro do PT e ex-PCB, no seminário do Instituto Villas-Bôas, que conduzi nessa sexta-feira, pregou um governo com presidente forte, com autoridade, com democracia "pois o Brasil não aceita ditadura de ninguém, de patrões ou trabalhadores, de militares ou do Judiciário. Só democracia". E democracia não comporta imperadores mandando nos poderes avalizados pelo voto.

Deslumbramentos

Em 29 de novembro de 2021

O PSDB teve sua semana da paixão. Uma via-crúcis que foi de domingo à aleluia de sábado, quando Dória emergiu das urnas digitais com maioria de 54% dos votos válidos, que significa 1,25% dos filiados. Eduardo Leite voltou para o Rio Grande recebendo aceno de Gilberto Kassab, do PSD a que se filiara Rodrigo Pacheco. Arthur Virgílio voltou a Manaus praguejando contra Aécio e os que bolsonarizam o PSDB. Será que valeu a pena ter feito essas desgastantes prévias? Para Doria, valeu evitar decisões da cúpula do partido. Mas os tucanos foram derrotados por si mesmos, concorrendo sozinhos, numa disputa que desgastou o partido perante o eleitor e entre os tucanos tradicionais. E, na mídia em geral, anunciou-se, como de costume, uma solução de terceira via – essa dificilmente irá aninhar outro terceirista forte, que aceite ser vice de Dória.

A mosca azul do poder inocula suas vítimas com anticorpos para a humildade e a razão. Os infectados começam a levitar e perdem noção da realidade. O chavão da terceira via faz com que o incauto se olhe no espelho e constate que está diante da alternativa que superará a polarização esquerda-direita, aquele com quem o eleitorado sonha. Os áulicos mais próximos aplaudem – e seus alvos traduzem como o aplauso da população. Esquecem de ir até a esquina e perguntar ao primeiro passante: "você me conhece? vai votar em mim?" E vai dançando nas ilusões de partidos que estão com um olho nos candidatos e outro nos fundos com que os pagadores de impostos os sustentam.

Enquanto o PSDB subia o Calvário com sua cruz, no DEM, Mandetta desistia dessas ideias. Percebeu ter sido um fenômeno passageiro, promovido pelo coronavírus e pelos que promovem os dissidentes. Ao mesmo tempo, o MDB apressava-se em prometer para este dezembro, o anúncio da candidatura da senadora Simone Tebet, lançada no palanque da CPI, supostamente para evitar no partido o que acontece no PSDB, a bolsonarização. Para a direção do

MDB, melhor mostrar logo o candidato antes que seja tarde demais. Ciro, que já havia contratado marqueteiro, tirou o pé do acelerador, depois que viu votos com o governo no próprio PDT. Moro continua sua alegre descoberta da política fora dos tribunais, junto com um general da reserva cheio de esperança. Ambos com o charme da dissidência. Fora do arquipélago dos políticos e jornalistas, o povo continua dividido entre Bolsonaro e Lula. Sabe que vai ter que decidir o que quer e o que não quer. Nunca ouviu falar sobre alguma proposta de terceira via, seja lá o que for isso.

Certa vez, o esperto Paulo Maluf fingiu pedir conselhos ao presidente Figueiredo. O general pôs no bolso do político um papelucho escrito com apenas uma palavra: humildade. Em qualquer atividade, humildade é a mais inteligente e mais produtiva das virtudes. Não é TER humildade para mostrar. É SER humilde. Quando a mosca azul pica, alguns levitam e os humildes ficam com os pés no chão. Não se enganarão nem serão enganados. Aí, não haverá sucesso que os derrube.

O pétreo quebrado

Em 7 de dezembro de 2021

A pandemia tem sido usada para suprimir direitos básicos. Entre eles o de propriedade, nivelado com o direito à vida, no *caput* do artigo 5º da Constituição (garantindo-se aos brasileiros e aos estrangeiros residentes no País a inviolabilidade do direito à vida, à liberdade, à igualdade, à segurança e à propriedade). Agora, o Supremo decide prorrogar outra vez a proibição de reintegração de posse. Da mesma forma, o locador está proibido de despejar o locatário que não paga aluguel. Começou em 20 de março do ano passado e ainda vai até 31 de março próximo, se não for prorrogado o prazo outra vez. Dois anos de direito de propriedade, previsto no título dos direitos e garantias fundamentais, suspenso sem precisar que a Câmara e o Senado votem isso em dois turnos com maioria de 60% em emenda constitucional – nem isso poderia, já que é cláusula pétrea. Só nova constituinte teria esse poder. Está o Brasil sem Constituição?

Isso é um estímulo a invasões, ao esbulho possessório, e ao não-cumprimento de compromissos contratuais de aluguel. Meu amigo corretor de imóveis conta que há casos de clientes que só tem o aluguel como fonte de renda. Constrangido, e sentindo-se eticamente responsável, já que é intermediário, meu amigo tem adiantado o pagamento quando percebe que o locador passa dificuldade por falta da renda com que contava. Depois tenta cobrar do locatário. A mãe de outro amigo, viúva e idosa, tem como renda o aluguel de apartamentos em São Paulo, alguns dos quais foram invadidos por movimento social. Ela não pode despejar os locatários nem pedir reintegração de posse onde estão os invasores. E nada recebe por esses imóveis. Enquanto isso, vai pagando o IPTU, que vai para um estado que não lhe garante o direito constitucional de propriedade.

Outro amigo, veterano advogado, me conta que costumava orientar seus estagiários no direito a procurarem primeiro a Constituição, depois as leis, decretos e portarias e, por fim, decisões judiciais. Mas hoje, ele inverte a ordem: primeiro, verificar o que decide o

Supremo – a Constituição fica por último. Com a pandemia, direitos básicos ficaram inconstitucionais por decisões do Supremo. Entre eles o de propriedade, ao se alegar a função social. Os invasores, em geral, são integrantes e instrumentos de movimentos sociais, que, na prática, estão acima da Constituição. Ironicamente, o Supremo é o guardião da Constituição (artigo 102). E os direitos e Garantias Fundamentais são cláusulas pétreas da Constituição. Aí estão os direitos de locomoção, de reunião, de culto, de expressão, de trabalho, de acesso à informação, que não podem ser diminuídos nem por emenda constitucional.

Será que a Constituição foi derrubada pelo coronavírus? Seria, o corona, um cavalo de Tróia a esconder nas suas entranhas o totalitarismo mundial? Fica a impressão de que estamos emudecidos pelo medo e pela mordaça, vagando sobre uma corda bamba. Porque a Constituição, que é a garantia dos direitos, ao não garantir direitos fundamentais, tampouco garante as próprias instituições. Será que se deram conta disso, os equilibristas que estão relativizando a Lei Maior? O que é pétreo não se verga, porque quebra.

Entre Themis e Kafka

Em 14 dezembro de 2021

Nove anos depois do incêndio na boate Kiss, o caso foi julgado em Porto Alegre. Apenas quatro pessoas foram responsabilizadas por 242 homicídios e 636 tentativas de homicídio. Ao cabo de dez dias, os proprietários foram condenados a vinte e dois e a dezenove anos, e o vocalista da banda e um auxiliar, a dezoito anos cada. A acusação os denunciara por dolo eventual com fogo, asfixia e torpeza. Depois, foram suprimidas essas qualificadoras, e subsistiu homicídio simples. A defesa leu carta *psicografada* por um morto; o juiz proferiu uma sentença em linguagem dramática e estranha, e o julgamento terminou deixando a impressão de que ficou faltando réu. Afinal, a boate estava forrada com material inflamável com potencial de fumaça tóxica; não havia extintor funcionando e nem saída de emergência para evacuar sua capacidade de 2 mil pessoas. Mas a boate estava credenciada por alvará oficial, o que significa ter sido inspecionada pela autoridade competente. O Estado, autor da ação penal, deve ter concorrido para a tragédia.

Os condenados não ficaram presos, pois houve recurso, derrubado ontem pelo ministro Fux. Coincidentemente, durante esses dez dias um réu de quase quatrocentos anos teve sua pena diminuída de catorze anos: Sérgio Cabral. Faltam trezentos e oitenta e cinco anos, mas o TRF2 revogou a prisão preventiva e concedeu-lhe prisão domiciliar. Presente de Natal. Também nesses dez dias, o processo do triplex de Guarujá prescreveu e, com ele, a condenação de Lula na Vara de Curitiba, confirmada no tribunal revisor, mas anulada pelo Supremo por questão de jurisdição – a mesma razão que propiciou desconto de pena para Cabral. Lula já teve vinte e seis anos de pena anulados; Eduardo Cunha, menos trinta e oito anos. Num desses dez dias, o STJ mandou para o Tribunal Eleitoral quinze condenados, entre eles Antônio Palocci, João Vaccari, Marcelo Odebrecht, João Santana, porque concluiu que 200 milhões de reais em propinas da Odebrecht eram apenas caixa dois de campanha. Segundo o Estadão, um total de duzentos e setenta e sete anos de penas já foi anulado – a maior parte relativa à Lava Jato. A maciça maioria dos que foram presos já está em liberdade.

O triplex agora vai ser sorteado pela pessoa que o arrematou em leilão. Outros itens serão sorteados entre os que entrarem, por R$ 19,99, numa plataforma da internet. Mas... se já está prescrito o processo e Lula voltar a dizer que é dele? E se o pessoal que se livrou da Lava Jato, e já devolveu o que depositou na Suíça, pedir o dinheiro de volta? Afinal, o TRF2 acaba de desbloquear os bens de Edson Lobão e Romero Jucá. E se os proprietários da boate Kiss alegarem que foram vítimas da confiança gerada por um alvará que atestava segurança para eventos e processarem o Estado? Isso dá ideia do que chamamos no Brasil de insegurança jurídica.

Nesses mesmos dez dias, por crime de opinião, e ao contrário de Sérgio Cabral, Zé Trovão foi confirmado em prisão preventiva, para não açular os ânimos dos manifestantes de 7 de Setembro que passou. Também com preventiva, o deputado Daniel Silveira, que talvez no 13 de dezembro tentaria ressuscitar o AI5? Além disso, a PGR sugeriu manter Roberto Jefferson preso, pois fanfarronice virou crime. Tudo irônico e absurdo. Fica difícil justificar que quem desviou, em última análise, o dinheiro suado dos pagadores de impostos tenha, da Justiça, um tratamento complacente, enquanto sobra rigor para quem expressou pensamento e está preso sem condenação, enquanto condenados estão em liberdade pelo trânsito em julgado. A Justiça deveria ser veneradora de sua deusa Themis; não cenário de *O Processo,* de Kafka.

O fantasma

Em 21 de dezembro de 2021

Quando faltava um mês para o aniversário do execrável AI-5, o juiz do Supremo, Alexandre de Moraes, proibiu um deputado, Daniel Silveira, de dar entrevistas. O ministro já havia proibido o deputado de frequentar as redes sociais e de fazer contato com "outros investigados". No último dia 13, fez cinquenta e três anos que, por causa de um deputado, Márcio Moreira Alves, o general Costa e Silva assinou o AI-5, que cassava o mandato do parlamentar e de muitos outros, fechava o Congresso, cancelava o habeas corpus e censurava. Motivo imediato: na tribuna, Márcio recomendara às mocinhas que não dançassem com cadetes, e o ministro da guerra, Lyra Tavares, queria processar o deputado, mas a Câmara não deixou, com base no artigo 32 da Constituição de 1967: "Os deputados e senadores são invioláveis, no exercício do mandato, por suas opiniões, palavras e votos, salvo nos casos de injúria, difamação e calúnia, ou nos previstos na Lei de Segurança Nacional".

Os constituintes de 1988 aperfeiçoaram o artigo, que se tornou inflexivelmente garantidor do mandato, e ganhou o número 53: "Os deputados e senadores são invioláveis, civil e penalmente, por quaisquer de suas opiniões, palavras e votos". Esse *quaisquer* não deixa espaço para condicionantes. Mas... agindo como constituintes, no Supremo, passaram por cima disso. O ministro Moraes mandou prender o deputado que – ironia! – disse ter saudades do AI-5. E 2021 viu a assombração de um AI-5 de fato, com a anuência da Câmara dos Deputados – menos defensora de suas prerrogativas do que aquela de 1968. No dia seguinte ao 13 de dezembro de 1968, Juscelino fora preso preventivamente para não incomodar, tal como Zé Trovão agora está preso, assim como o presidente do PTB, Roberto Jefferson. O jornalista Wellington Macedo, depois de quarenta e um dias no presídio, está há setenta dias em prisão domiciliar, sem condenação, enquadrado na Lei de Segurança Nacional, extinta. Todos por crime de opinião; crime de boca, não de mão. Muito semelhante com aqueles anos de chumbo – agora nos assombrando com um fantasma de AI-5.

Em 1968, como hoje, pessoas eram presas sem condenação, por crime de opinião. Hoje com uma diferença para pior: naquele tempo havia, embora espúrias, regras escritas. Hoje a regra é o que brota de revisões ad hoc da Constituição, até mesmo ferindo o pétreo artigo 5º, que não comporta emendas. Esse espírito baixou também na Justiça Eleitoral. A resolução com regras para a eleição de 2022 mais parece um código penal que revoga a liberdade de expressão que os constituintes consagraram no artigo 220. Injúria, calúnia e difamação são crimes previstos no Código Penal, e os autores são responsabilizados no devido processo legal. As bocas e cérebros brasileiros estão isentos, pela Constituição e pelo direito natural, de serem submetidos a tutores que decidem o que é mentira, estabelecendo a verdade oficial.

Numa democracia, é normal que haja interpretações diferentes de liberdade, autoridade, verdade. Faz parte dos entrechoques ideológicos e doutrinários. O que não é normal é que haja silêncio em relação a agressões sofridas pela lei das leis. Quem cala, consente. O AI-5 de 1968 perdurou até 1979. Até quando vai perdurar o fantasma de hoje? Os que calam e consentem ajudam a assombrar a democracia na supressão da dissonante e criativa voz da liberdade.

Olhe para dentro

Em 28 de dezembro de 2021

Estimulado pelos que viram, também tratei de assistir ao *Don't Look Up*, na Netflix, um filme que virou o último assunto político do ano, com opiniões opostas vendo a obra como uma crítica ao outro lado. Pois é uma sátira que mexe com todos, com o que expomos, na pandemia, na disputa eleitoral e em outras controvérsias, não apenas nos Estados Unidos, mas também por aqui – como revelamos nas polêmicas em torno da obra nas redes sociais. Vejo muita semelhança – e até alguma inspiração – com outra sátira, de outro período, o da Guerra Fria, feita por Stanley Kubrick, com Peter Sellers fazendo três personagens: *Doctor Strangelove* ou *Como Deixei de me Preocupar e Aprendi a Amar a Bomba*.

Na sátira de 1964 e na de hoje, estão retratados a presidência dos Estados Unidos, a ciência, radicalismos, militares; em ambos os filmes, o fim é trágico para a humanidade. Ambos são tragicomédias, pois o ridículo dos personagens os expõe ao riso. Na comédia da Roma antiga, *ridendo castigat* ... critica-se rindo dos que querem nos conduzir. Em ambos os filmes, elencos reforçam o roteiro. Em *Doctor Strangelove*, além de Peter Sellers, George C. Scott e Sterling Hayden. Em Não Olhe para Cima, Meryl Streep, como presidente dos Estados Unidos, Cate Blanchett, como bela e fútil apresentadora de TV, Leonardo Di Caprio, o astrônomo que calculou o impacto do cometa na Terra e Jennifer Lawrence, a estagiária que descobriu o cometa.

Um pesquisador médico amigo meu se sentiu retratado no filme com a estagiária. Imagino o quanto se sentiu retratado quando o FBI sequestra e cobre com capuz os cientistas que insistiam na tese do choque com a terra. Equivale às censuras reais contra quem traz teses diferentes dos dogmas adotados. O filme satiriza o feminismo, retratando uma presidente com defeitos iguais aos piores demagogos; faz o mesmo com cientistas que viraram gurus. O do filme está muito parecido com o Dr. Fauci (o do *Doctor Strangelove* ficava numa cadeira de rodas), ou com o empreendedorismo de Elon Musk ou Bill Gates.

A mídia televisiva é pela superficialidade dos dois apresentadores, a loira e o negro – mas há um negro realista, diretor da NASA. O jornal escrito é poupado no início, depois abandona a busca da verdade. O radicalismo separa namorados e até famílias, como mostra o filme.

A presidente, enfim, ouve o astrônomo e concorda em mandar uma expedição para explodir o cometa. Escolhe um herói para o sacrifício – com as mesmas caraterísticas do piloto caubói que atingiu Moscou montado numa bomba H, do filme de 1964. O astrônomo Di Caprio muda de lado, apoia a presidente demagoga, abandona a mulher e os filhos e se torna amante da apresentadora egoísta. Mas a cobiça de um empreendedor Big Tech convence a presidente a cancelar a missão, porque o cometa é muito valioso em minerais, e ele e suas geringonças espaciais vão apenas fragmentá-lo. Vão aproveitá-lo para dar *riqueza e trabalho para todos*. A missão fracassa e a presidente manda o povo olhar para baixo, para não ver a realidade que se aproxima. Há uma alegoria de Última Ceia na família para onde volta o astrônomo, em que o único capaz de fazer uma oração final é um jovem de rua. Não vou falar no fim. E preciso ver o filme outra vez, para descobrir mais sátira em cada detalhe. Mas já senti que *Don't Look Up* nos faz olhar para dentro e em volta, para ficarmos mais atentos sobre em que estamos metidos e por quê.

[2022]

Ponta oca

Em 4 de janeiro de 2022

Estávamos embalados nas mensagens da semana de Natal, quando surgiram informações bélicas em dois ou três sites de notícias que atingiram a paz tão desejada: o Tribunal Superior Eleitoral, que tem por tarefa preparar eleições, parecia estar se preparando para guerra. Havia comprado armas e munições. No princípio, só havia me chamado a atenção nas notícias uma mesma informação em todas: que o TSE havia comprado 39 mil projéteis. Fiz ironia, no meu canal do Youtube: ora, se só tivesse comprado os projéteis, como iria arremessá-los? Com atiradeiras, estilingues, bodoques, fundas de Davi? Ou, se fossem grandes, por catapultas? Certamente – corrigi – os que redigiram essas notícias não sabem o que são projéteis, pois com certeza o tribunal comprou cartuchos.

Fui conferir no site do TSE. As compras eram anteriores ao Natal. E realizadas cautelosamente: pouco a pouco por mês. Em agosto, o TSE comprou trinta pistolas calibre 9 milímetros por R$ 66.707,86. Em setembro, dez armas de "incapacitação neuromuscular" com seis cartuchos cada, por R$ 58.887,70. Em outubro, depois de comprar 25 "bastões antitumulto" por R$ 1.850, fez o pregão de 36 mil cartuchos, calibre 9 milímetros, Luger, com pólvora química sem fumaça, a R$ 174.960,00 e, no mesmo dia, 3 mil cartuchos do mesmo calibre, tipo "+P+ expo 115 gramas", isto é, segundo o fabricante, uma munição cujos projéteis (agora sim) "possuem geometria especial: ponta oca e configuração hexagonal em seu interior, o que garante alto desempenho e a perfeita equação entre a expansão e penetração ideal, sem transfixação do alvo".

Todos já ouvimos falar dos projéteis de ponta oca, conhecidos também como os mortíferos *hollow point*, que se abrem para causar maior impacto e maior estrago, maior dano colateral no corpo do alvo. Também já ouvimos falar em Luger, de triste memória na II Guerra, nas execuções sumárias de reféns italianos ou judeus em campos de concentração. Para que isso? Sem dúvida a Justiça Eleitoral tem direito à proteção mas, para isso, há a Polícia Militar, além de o Judiciário não ser um *poder desarmado*. A Constituição prevê, no artigo 142, que qualquer dos três poderes tem a iniciativa de convocar as forças armadas para garantia da lei e da ordem. E é bom lembrar que o artigo 144 da Constituição estabelece que a segurança pública é exercida pela Polícia Federal, as Polícias Rodoviária e Ferroviária Federais, as Polícias Civis, as Polícias Militares, e os Corpos de Bombeiros Militares e as Guardas Municipais. Não há menção de outra força policial ao abrigo da Constituição.

Imagino que o TSE esteja vendo inimigos muito além dos hackers. Porque, para esses invasores de muralhas digitais, as armas de defesa são digitais, usando mais inteligência que esses invasores, para proteger o bem mais preciso, de que a Justiça Eleitoral é guardiã por obrigação: o voto de cada um. E contra hackers, não fazem efeito armas convencionais como cassetetes, armas de incapacitação, pistolas 9 mm, munição sem fumaça ou ogivas que se abrem para destruir corpos não digitais, de carne e osso, de eleitores e contribuintes que ajudaram, com seus impostos, a comprar o intimidador armamento.

Pilates de contas

Em 11 de janeiro de 2022

O Tribunal de Contas da União acaba de cancelar a decisão de criar uma academia de ginástica com dois fisioterapeutas e equipamento para pilates. Custaria, aos pagadores de impostos, 216 mil reais. A presidente do TCU, ministra Ana Arraes, cancelou a licitação depois que o fato foi revelado ao público. Quer dizer, era se colar, colou. Se não descobrem, já seria fato consumado. Quem fiscaliza o fiscalizador? Seu patrão, o povo brasileiro. O Tribunal, feito para fiscalizar e conferir a correta aplicação dos impostos federais, isto é, o dinheiro do público, estava contando com a alienação da população, como se fosse massa passiva que desconhece que o estado está a seu serviço, e não o inverso. Esse erro de avaliação tem sido muito comum entre os que ainda não perceberam os novos tempos da comunicação com reação instantânea nas redes sociais. Tanto que alguns tribunais ainda tentam calar essas vozes do povo, de onde emana o poder.

Fazer, de um órgão público, um clube para servir seus integrantes era costume nas épocas em que o setor estatal tinha outros donos: os titulares da partilha política e sua respectiva nomenclatura. Bem típico da ideologia estatizante que usava o modelo soviético. Num tribunal de contas deveria pontificar o exemplo de exação absoluta com o dinheiro do público. Tal como acontece em tribunais dos Estados Unidos, em que os juízes têm apenas a vaga no estacionamento, pois vêm dirigindo seus próprios carros, ou quando chegam aos tribunais de metrô ou de bicicleta, como acontece na Europa.

O TCU é um órgão do Poder Legislativo. O Brasil tem 34 tribunais de contas: o da União, 27 estaduais e seis municipais. São compostos principalmente por políticos em fim de carreira. Embora, no Poder Judiciário, seja necessária a formação em direito, para os tribunais de contas não é exigida especificamente a formação em Ciências Contábeis; bastam *notórios conhecimentos* sobre o objeto do tribunal. No TCU, são nove – três indicados pelo chefe do Executivo e seis pelo Legislativo. Assim, muitos são ex-ministros e ex-deputados e senadores. Gozam das mesmas prerrogativas de ministros do Superior Tribunal de Justiça.

Já havia até um esquema para o clube de exercícios criados há um século pelo alemão Joseph Pilates, com marcação de horário para as sessões. Seria nos fins de semana? Fora do horário de trabalho? Ou durante o expediente? Lembro-me de, há trinta anos, um presidente do TCU que era meu vizinho, quando revelei, no *Jornal Nacional*, que ele passava os fins de semana na sua cidade mineira, em sua própria casa, e recebia diárias. No dia seguinte, ele reclamou que eu o tratara mal mesmo sendo vizinho. Quando argumentei que, se não fosse vizinho, talvez eu procurasse outros deslizes, ele se recolheu. Agora, quando se divulgou a novidade do TCU, a licitação foi recolhida. Integrante do Tribunal que quiser fazer pilates, que procure uma hora fora do expediente e pague com seu contracheque. Agora, no TCU, só o pilates faz de conta.

Estatutos da liberdade

Em 18 de janeiro de 2022

O Brasil acaba de perder um de seus maiores poetas. Thiago de Mello foi embora na sexta-feira, com noventa e cinco anos. Deixou para nós o seu maior poema, Os Estatutos do Homem, escrito em 1964, hoje atualíssimo, nestes tempos estranhos. "Fica decretado que agora vale a verdade", é seu primeiro verso. Vivemos tempos em que se decretam qual é a verdade e qual é a mentira, retirando da consciência julgadora de cada um o direito de avaliar o que é o quê. "Fica decretado que os homens estão livres do jugo da mentira", proclama o poeta no artigo V. Mas a mentira é um jugo que escraviza quem prefere não pensar, apenas aceita qualquer mentira porque é mais fácil se deixar conduzir.

No artigo XII, "Decreta-se que nada será obrigado". Nesses estranhos dias que vivemos, parece que tudo é obrigado, até o veto das palavras que não permitem que você ponha na sua própria boca. Escolhem as palavras da sua boca! Parafraseando outro poeta, Eduardo Alves da Costa, primeiro escolhem palavras que você deve pronunciar, e você permite; depois põem frases completas na sua garganta, e você cede; quando semearem ideias inteiras no seu pensamento, você não poderá fazer mais nada, porque já não poderá pensar. E você deixará de ser uma pessoa, para ser uma peça descartável do coletivo.

Como se opera isso? No artigo XIII, Thiago de Mello registra "o grande baú do medo". Essa é a arma que abre as defesas do indivíduo. O medo enfraquece, paralisa; como nestes tempos de pandemia. Ameaça-se com um grande mal que paira sobre todos, já covas abertas e caixões prontos para receber o seu cadáver. Mas, se você obedecer, para o seu bem, poderá ser salvo, desde que entregue a sua liberdade, se una à multidão dos que transferiram seu destino a grandes condutores de massas. Não pode haver inteligência livre; os rebeldes são alvos do denuncismo, os que demonstrarem teses contrárias são censurados, banidos para o limbo. O livro *1984*, de George Orwell, escrito em 1949, é profético, mostrando o que acontece num país totalitário chamado Oceania. Até o nome foi um prognóstico, diante das atuais anulações de liberdades na Austrália. Ironicamente, ontem fez duzentos e trinta e quatro anos que lá chegaram 736 condenados ingleses para colonizar aquela terra sob a égide da liberdade.

Vivendo como condenados em um regime sem liberdades, mais de 280 mil venezuelanos já regularizados no Brasil fugiram de sua pátria, de sua própria terra natal. Ao acolhê-los, oferecemos liberdade. A mesma que precisamos legar a nossos filhos e netos. O artigo final de *Os Estatutos do Homem* estabelece que será suprimida a palavra liberdade dos dicionários e do "pântano enganoso das bocas", porque a morada da liberdade "será sempre o coração do homem". Mas a premonição literária dos poetas e escritores aqui citados é hoje uma perigosa realidade ganhando corpo. Não podemos nos omitir de reconhecer que cada um de nós está desempenhando um papel, por ação ou inércia, nesses tempos que já foram apenas ficção.

Avanço totalitário

Em 24 de janeiro de 2022

Somos um estranho país ciclotímico. Em 2018, bradávamos por liberdade de expressão, alertávamos que havia perigo a rondar as liberdades básicas, que o autoritarismo punha em risco a democracia. De repente, porta-vozes da sociedade calaram; pareciam surpresos porque não acontecera a guinada para o autoritarismo. Mas, depois, foram mantendo o silêncio a serviço de agressões às liberdades de opinião, de expressão, de locomoção, de culto; à inviolabilidade de mandato e da residência; ao direito de defesa; a censura prévia ganhou aplausos; sumiu a condenação aos corruptos; o basilar devido processo legal foi desprezado pelo tribunal supremo. E tudo isso sob omissão cúmplice ou aplausos sem pudor. Como explicar essa mudança de posição, que virou torcida pelo totalitarismo ao estilo soviético? Não parece ser um fenômeno masoquista.

Para acordar quem esquece quais são os fundamentos da democracia, é bom gritar que, em primeiro lugar, vem o direito de liberdade de expressão do pensamento; o princípio de que todo poder emana do povo, que o exerce diretamente ou por seus representantes eleitos; o direito de locomoção, o que inclui o acesso ao trabalho, ao culto, às vias e logradouros públicos; o direito à vida, que abarca o direito à defesa; o direito de propriedade, escrito na mesma frase da Constituição que garante o direito à vida; a inviolabilidade do lar; o direito de não ser preso arbitrariamente; o direito de defesa em processo público; o direito de fazer ou não-fazer o que não for expressamente determinado ou proibido por lei; o direito de igualdade perante a lei, "sem distinção de qualquer natureza" (como manda a Constituição e é desobedecido por tantas leis).

Ações e decisões de qualquer dos três poderes, que não seguirem os fundamentos acima, estarão condenando os brasileiros a não viverem em regime democrático. Boa parte desses fundamentos têm origem no direito Natural. direitos que adquirimos ao nascer. Teólogos afirmam que Deus nos criou dotados de livre arbítrio. Ou seja, esse ser perfeito é um democrata, pois nos deu plena liberdade. Logo, o modelo que vem de cima é o de democracia. Portanto, democracia é um modelo divino – que carrega a imperfeição humana. Para os que não acompanham esse raciocínio, sugiro outro, prático e direto: você gostaria de ser escravo de uma ideologia em que o estado domine, você e sua família, e tenha feito você acreditar que *é para o seu bem?* Pois muita gente prefere continuar sendo enganada a reconhecer que tem sido enganada.

A democracia se equilibra nos pesos e contrapesos dos três poderes. O Executivo, que foi eleito para governar; o Legislativo, que foi eleito para fazer leis e fiscalizar os demais poderes; e o Judiciário, que é escolhido pelos outros poderes, e serve para aplicar e interpretar as leis. O desequilíbrio dessa balança, hoje, é evidente, pois o topo do Judiciário está indo além de suas atribuições, agindo com poderes que o povo não lhe deu. Precisa resolver o que seu presidente, ministro Fux, denunciou no seu discurso de posse: o Supremo é usado por partidos políticos para resolver questões que deveriam ser tratadas na arena política do Legislativo. Isso só não é mais grave que o silêncio dos que se omitem diante do avanço de ações totalitárias. Talvez porque coincidam com sua ideologia.

Justiça e eleição

Em 1º. de fevereiro de 2022

Ontem reabriu o Judiciário, neste ano eleitoral. O *reabriu* é relativo, porque o voluntarismo de alguns ministros os fez receber, mesmo nas férias, os costumeiros pedidos de pequenos partidos, para incomodar o governo Bolsonaro. O presidente Fux, na posse, um ano e meio atrás, havia se queixado de que o Supremo tem sido usado em ações políticas que deveriam ser resolvidas nos plenários próprios do Legislativo. E pediu que isso fosse evitado. Mas desta vez, não tocou no assunto em que foi vencido. Falou, sim, do império da lei, da higidez da Constituição e da liberdade de imprensa, e que não há espaço para ações contra a democracia. Será que estava de novo alertando o próprio tribunal?

Entre as primeiras pautas do Supremo, estão as federações de partidos, inventadas porque as coligações foram proibidas e é preciso saltar por cima da cláusula de barreira que pega os nanicos; outro tema será a data de início para contar a inelegibilidade de oito anos da Lei da Ficha Limpa, outra hipocrisia igual à primeira, porque o próprio Supremo já lavou a ficha de condenado em três instâncias que é hoje candidato, e não devemos esquecer que foi um presidente do Supremo que presidiu o julgamento no Senado que, ad hoc, afastou da Constituição a inelegibilidade por oito anos da presidente condenada.

Se isso acontece em relação a um lado da principal disputa eleitoral, o contrário acontece em relação ao outro lado. São evidentes as ações para fustigar o candidato à reeleição. A obrigatoriedade de um presidente da República de comparecer pessoalmente diante de um delegado da Polícia Federal na última sexta-feira pode ser incluída em um conjunto de provocações. O tal *vazamento* do inquérito dos hackers no TSE se refere a documentos distribuídos aos deputados pelo relator da Comissão Especial da PEC do Voto Impresso, deputado Felipe Barros. A Comissão aprovou a requisição à Polícia Federal e recebeu os inquéritos de invasão de computadores do TSE. Não havia sigilo sobre os documentos. O delegado federal que trabalhou no caso confirmou, em depoimento, que não havia sigilo no inquérito. Quando Bolsonaro se manifestou sobre a violação do sistema do Tribunal, aí apareceu a versão do sigilo desrespeitado, corroborada pela delegada escolhida por Alexandre de Moraes para tocar o caso.

O assunto, de 2018, estava dormido, mas a insistência do ministro Moraes despertou novamente a polêmica. O ministro Barroso foi a Portugal ver a eleição de domingo e postou, entusiasmado, que foi um show de organização e que ninguém questionou o resultado. O voto, lá, é de papel e posto na urna pelo eleitor. O mais difícil para alguns do TSE será deixar cristalina a isenção requerida para ser juiz. A ministra Carmen Lúcia recém participou de reunião política em São Paulo. Há poucos meses, oito do Supremo decidiram que o condenado duas vezes em três instâncias é elegível – e é o principal adversário do candidato à reeleição, que tem sido hostilizado por juízes do mesmo tribunal, que integram o TSE. Tais juízes vão ter que fazer esforço para ganhar confiança do dono da eleição, que é o eleitor, que certamente tem acompanhado toda a movimentação dos que vão apurar o voto da origem do poder.

O milagre das águas

Em 9 de fevereiro de 2022

Hoje é um dia histórico. As águas das chuvas que caíram na Serra da Canastra, quase na divisa de Minas com São Paulo, no início do ano, vão chegar ao Rio Grande do Norte, depois de percorrer mais de 3 mil quilômetros. É o eixo leste da transposição do Rio da Unidade Nacional. Sonho secular, promessa de décadas, finalmente realizado. Águas mineiras naturalizadas potiguares, no estado em que Cabral plantou um marco português, em pedra lioz, com a cruz da Ordem de Cristo, onde Caminha registrou *águas infinitas*. Agora outro marco, em água, chega ao interior, no Seridó, confirmando a previsão da carta de quinhentos e vinte e dois anos atrás.

Por anos, a transposição, agora chegando também ao Ceará, foi promessa eleitoral, com obras que ficaram se deteriorando, consumindo impostos federais, mas mantendo a chantagem populista de um dia a água chegar, se o voto chegar na urna. Serviu para caixa dois, para propinas de empreiteiras, como constatou a anulada Lava Jato. Muito dinheiro foi para obras em Cuba, Venezuela, Nicarágua, Moçambique e outros países. Agora que o dinheiro aqui ficou, as obras estão sendo concluídas e outras, começadas, como as pontes ligando Rondônia e Acre, Piauí e Maranhão, como centenas de outras obras de infraestrutura.

Com tanto imposto cobrado do brasileiro, o milagre consistiu em não deixar que o dinheiro do povo saísse pelo ladrão. Nos ministérios, na Petrobras, nas estatais em geral. A Caixa Econômica, que já teve Geddel como vice-presidente, agora virou banco social, como é de sua natureza; na Petrobras, não se faz mais negócio por recomendação de líder de partido político; no Banco do Brasil, a diretoria é técnica; o BNDES é mesmo banco nacional, e não de financiamento internacional. Sem estatal a serviço de políticos corruptos, a Itaipu Binacional pode ajudar os municípios vizinhos, com máquinas e veículos, a transformarem o aeroporto de Foz do Iguaçu em internacional e erguer uma segunda ponte de ligação com o Paraguai, que vai ser entregue no meio do ano.

Em pouco tempo, todos esses entes públicos se recuperaram dos prejuízos causados por aproveitadores do Estado; e outro milagre se fez: as contas públicas terminaram o ano com superávit primário de bilhões de reais. Assim, foi possível não apenas levar água para o Nordeste, mas resolver dívidas de 1 milhão de estudantes no FIES, aumentar o auxílio Brasil de 190 reais para 400 reais, e aumentar em 33% a base dos professores, só para citar ações desses últimos dias. Tudo isso durante a pandemia, quando muitos prefeitos e governadores, com aval do Supremo, mandaram fechar tudo, no lockdown agora desmitificado pela John Hopkins.

Ontem, em Salgueiro, Pernambuco, o presidente entregou o controle de bombeamento das águas do São Francisco e depois foi a Jati, na região do Cariri, Ceará, e acompanhou a liberação da barragem cujas águas chegarão à região metropolitana de Fortaleza e outras áreas do Ceará. Hoje, o presidente assistirá ao milagre das águas em Jardim de Piranhas. no Rio Grande do Norte. Assim como o Egito é um presente do Nilo, o São Francisco está sendo um presente milagroso para o Nordeste. Um milagre que se realiza quando o imposto do povo brasileiro não é desviado. Por isso não faltou dinheiro para desviar as águas do grande rio.

Queimação no garimpo

Em 15 de fevereiro de 2022

Antes de embarcar para Moscou, o presidente assinou decreto que instituiu um programa de apoio ao garimpo. No mesmo dia, recebi da região do Cripuri, que é um afluente do Tapajós, imagens de um helicóptero atacando com foguetes incendiários as instalações de um garimpo. Eram imagens que fazem lembrar napalm no Vietnã. Isso no mesmo dia do anúncio do Programa de Apoio ao Desenvolvimento da Mineração Artesanal e em Pequena Escala. Um nome comprido para não confundir com atividade mineradora industrial. O objetivo do programa é tirar o garimpo da ilegalidade e, com isso, controlar as áreas, fiscalizar de forma transparente o meio ambiente, legalizar o comércio do ouro, prestar assistência de saúde e educação às famílias de garimpeiros. O decreto regulamenta o que ficou fora da lei de 1989 que tratou do assunto.

Já andei em garimpo, onde só se chega de avião em pista improvisada. A vida por lá é duríssima, e arriscados os resultados. Os ambientalistas e as forças policiais vêm batendo nos garimpeiros. No entanto, a História mostra que devemos a eles a expansão do nosso território. A eles, os bandeirantes e às patas do boi. Os Estados Unidos se tornaram potência por chegarem à costa do Pacífico, por causa da corrida do ouro, a ponto de tirar a Califórnia dos mexicanos. E ficaram com poder no Atlântico e no Pacífico. No Brasil, além do boi, foi o ouro das Minas Gerais, as esmeraldas de Goiás, os bandeirantes que entraram por São Paulo e para o sul, até as missões jesuíticas espanholas. Os garimpeiros brasileiros há séculos marcam a nossa soberania na Amazônia.

Falar em garimpo, tão hostilizado por certos intelectuais da cidade, é falar em descoberta de riqueza, em soberania, em economia, em questão social. Em geral, são nordestinos a realizar sonhos. Gente boa, trabalhadora, cumpridora de palavra. Enquanto fechamos os olhos para uma realidade – como alerta o vice-presidente Mourão –, índios vendem diamantes via Bolívia, por exemplo. O ex-ministro

Aldo Rebelo, que já foi do PCdoB, afirma que algumas das maiores jazidas do mundo em diamantes estão nas margens do rio Roosevelt, reserva dos Cintas-Largas, em Rondônia. E o Brasil nada ganha com isso. Todo mundo sabe que os garimpeiros que estão em reservas já fizeram sociedade com os indígenas, mas legalizar depende de lei. Enquanto isso, pedras brasileiras são lapidadas nos Países Baixos.

Ironicamente, enquanto era anunciado o decreto, no mesmo dia, garimpeiros eram atacados pelo fogo vindo do céu, destruindo suas casas, máquinas e sonhos, como se o Brasil oficial estivesse em guerra contra eles. O ataque não foi sequer em área indígena, mas na região conhecida como Galdeano. Uma reedição do que aconteceu com 61 balsas queimadas no rio Madeira, onde os garimpeiros moravam com suas famílias. Isso no dia do anúncio do programa de apoio ao garimpo, confirmando a Constituição, que no artigo 174, §§ 3º e 4º determina favorecer a organização da atividade garimpeira em cooperativas. Ficou estranha a violenta ofensiva no mesmo dia do anúncio do programa. Seria para queimar o programa?

Chuva de desinformação

Em 21 de fevereiro de 2022

Preparem-se, o ano eleitoral de 2022 vai ser cheio de emoções. Se já tivemos três anos com preliminares que nos deixaram de cabelo em pé, imaginem o que vai ser esta final. Desde a surpreendente eleição do deputado do baixo-clero, está no ar a vontade de uma desforra pelo lado que perdeu, e a vontade de ser confirmado no quarto ano, pelo que ganhou. Todas as tentativas de tapetão até agora foram vãs. Chegou a haver uma CPI claramente eleitoreira, mas o resultado foi desolador. O esforço da mídia adversária saiu pela culatra – ela acabou perdendo leitores e audiência, e só fez repetir o nome do presidente milhares de vezes, propagando ainda mais a sua marca.

Neste ano de reta final para renovar ou não o seu mandato, o desespero tem sido mau conselheiro, porque acabaram consagrando o nome do presidente como centro de todas as discussões. Nem mesmo os que desejam derrotá-lo acreditam nas pesquisas, porque, se acreditassem, estariam tranquilos com o resultado da eleição. Na ausência de notícias ruins sobre o governo, até o tamanho de sapato do presidente virou destaque na cobertura internacional direto do Kremlin. O desespero bloqueou a percepção, e a ingenuidade deu margem à correção de piadas e memes. A checagem e o desmentido ficaram ainda mais divertidos que as montagens, como aconteceu na visita à Rússia.

O inusitado também aconteceu. Ministros da Suprema Corte, juízes do Tribunal Superior Eleitoral, que abandonaram a discrição de magistrados, agora desceram para a política eleitoral ao criticar um dos candidatos a presidente, deixando aflorar sua natureza de advogados. Como se sabe, a vocação do advogado é trabalhar a favor de alguém e contra alguém ou algo. Advogado é sempre parcial, a favor de seu cliente; já o juiz tem que ser sempre imparcial, ao lado da lei e da justiça. Fiquei pensando se não se deveria alterar a composição do Supremo, para evitar essa novidade de ministros da corte, advogados profissionais, se manifestarem como advogados em defesa de uma causa. Que o tribunal fosse composto só por juízes de carreira, depois de passarem por todas as instâncias e então, no topo, no Superior Tribunal de Justiça, ser escolhido o mais brilhante para ser submetido ao Senado como concurso para juiz supremo. Estudantes de direito certamente estranham, quando não se escandalizam, que juízes do Supremo emitam sem parar opiniões, suposições e pré-julgamentos, justo no ano em terão que ser juízes de uma eleição. Isso também faz parte das emoções de 2022.

Enfim, preparemos nossos olhos e ouvidos para notícias falsas, sofismas, boatos, fofocas, suposições, insinuações, invenções – escritas, faladas, desenhadas, filmadas, fotografadas, editadas e até carimbadas como checadas e verdadeiras. Preparemo-nos para não comprar a verdade já embrulhada. Aceitar, assim é com um ato de fé, é para as questões religiosas, não para decidir o futuro dos nossos filhos, nossos empregos, nossos empreendimentos, nosso país. Desembrulhemos o que oferecem para nossos olhos e ouvidos, sem a emoção da fé, mas com o ceticismo da razão, e submetamos as novidades ao nosso filtro, nosso escrutínio. Porque este é um ano em que vai chover desinformação.

Federações pandora

Em 1º. de março de 2022

A Rede está na coordenação da candidatura Lula, mas a criadora da Rede pode ser vice na chapa do adversário Ciro Gomes. O PSOL fica na federação de esquerda e apoia Alkimin, candidato a vice. PSB e PT se amarram por quatro anos numa federação, mas são adversários em São Paulo, Espírito Santo e outros estados. Essas são algumas das excentricidades que os partidos vão ter que harmonizar, com a criação das federações partidárias, que tiveram a intenção de salvar pequenos partidos da condenação à extinção.

Os legisladores, mais uma vez alterando de forma casuística e em causa própria, a lei eleitoral, ao substituírem as coligações por federações, criaram uma esfinge e terão que decifrá-la, ou serem devoradas por ela. A união numa federação os obriga a ficarem juntos pelos quatro anos dos mandatos. As federações a serem homologadas na Justiça Eleitoral até 31 de maio, obrigam os partidos a estarem juntos nas eleições para prefeito dentro de dois anos. Já imaginaram fechar agora um acordo que vai ter que ser obedecido na eleição para prefeito de São Paulo, de Imperatriz ou de Urucânia?

Por enquanto, está tudo em paz na relação PSDB e Cidadania (o mais novo nome do PCB); suas lideranças sempre se deram bem. Mas ainda aqui se deve imaginar se, nos 5.570 municípios, não haverá um comunista raiz que queira combater um prefeito tucano candidato à reeleição em 2024. Isso se o pré-candidato à presidência, senador Alessandro Vieira topar ser vice de Doria, que, certamente, não abrirá mão de ficar no pódio da chapa. O União Brasil conseguiu juntar o antigo PFL, depois DEM, com o PSL, pelo qual foi eleito Bolsonaro. É presidido por Luciano Bivar, que fica hierarquicamente acima de ACM Neto. Imagino o que resultará da soma dessas duas personalidades. E essa mistura, dizem, poderia fechar federação com o MDB – que já é uma federação de lideranças locais. Quem estudou química vai entender que pode ser uma mistura, mas não uma solução.

O Podemos, que já lançou Moro, está procurando quem acredite nessa candidatura. Ciro, com o PDT, disse que federar-se é retrocesso. O PSD de Kassab ainda está sem parceiro e sem candidato consistente e, no Rio, o prefeito Eduardo Paes lançou para o governo do estado Felipe Santa Cruz – que tornou a OAB uma facção política. Lá o PSD se juntaria com o PSB, com Molon ao Senado. O PL, para onde voltou Bolsonaro, conversou com o PTB, o Pros, Republicanos, Patriota, o PP, mas ficou tudo aberto para que interesses estaduais e municipais não causem defecções no objetivo maior da reeleição. Uma federação de esquerda pode se tornar um grande bloco ou se fragmentar. PT, PSOL, PV, Rede, PC do B, PSB podem se juntar em torno de Lula mas em Pernambuco o PT teria que ceder ao PSB o governo do estado; no Espírito Santo, o senador Contarato, do PT, teria que desistir de ser adversário do governador Casagrande, do PSB; Marina, da Rede, tem que deixar de ser vice de Ciro, do PDT. E em São Paulo, o candidato da federação de esquerda será Márcio França, do PSB, ou Fernando Haddad, do PT? Como se nota, a caixa de Pandora da Federação pode soltar as vaidades, os egos, os interesses, as idiossincrasias, os regionalismos, as ambições. O que vai dar?

Milagre brasileiro

Em 7 de março de 2022

O IBGE acaba de mostrar que o PIB brasileiro cresceu 4,6% em 2021 e superou as perdas da pandemia. No ano anterior, embora o FMI tenha previsto uma queda de 9%, o PIB do Brasil caiu metade disso: 3,9%. A despeito da campanha do fique em casa e feche tudo, o brasileiro levantou, sacudiu a poeira, e deu a volta por cima. Nossa resiliência é parte de nossa energia, nossa força, nosso espírito, principalmente se o governo não atrapalha. Mesmo quando o clima atrapalha, como aconteceu com o agro, tivemos o maior crescimento desde 2010, e nosso produto interno bruto chegou a 8,7 trilhões de reais. E não é um número abstrato, distante, porque, segundo o IBGE, o consumo familiar subiu 3,6%, assim como subiram a poupança e o investimento privado. Fonte de emprego para a mão-de-obra mais necessitada, a construção civil cresceu 9,7%. Neste ano, o investimento estrangeiro já procura o Brasil como porto seguro e nossa moeda se valorizou em cerca de 10% frente ao dólar, a moeda-base do mundo.

O que houve? Deus olhou para o Brasil? O destino resolveu nos premiar? Ou fomos nós que nos rebelamos contra a campanha pessimista? Aposto na última hipótese. Em primeiro lugar, porque nos rebelamos contra grupos políticos-fisiológicos que se apropriavam do estado, que é patrimônio de todos os brasileiros. Quando a maioria decidiu, nas urnas, por uma proposta que não queria partidos políticos dominando estatais e a administração direta federal, boa parte da transformação se concretizou. A principal vítima da rapina, a Petrobras, teve resultado recordista, assim como o BNDES, que ajudava ditaduras estrangeiras e agora investe nos empreendimentos brasileiros. A Caixa Econômica se tornou o banco social que é sua vocação e tem tido os maiores resultados da história. Antigas estatais, que sempre tiveram prejuízos, nunca foram tão bem.

Isso sem falar nos resultados na administração direta. O Banco Central repassou no ano passado, cerca de 72 bilhões de reais ao

Tesouro. As contas do setor público tiveram o primeiro resultado positivo em sete anos, de 64,7 bilhões de reais em 2021, isso que impostos foram reduzidos sobre combustíveis e bens duráveis. E ainda sobrou para concluir obras cronicamente inacabadas, como pontes e a bendita água para o Nordeste, além de subsidiar a renda das vítimas do feche tudo, com o Auxílio Brasil, e perdoar 92% das dívidas dos estudantes no FIES. Sobrou até para dar os 33% aos professores do básico. As centenas de bilhões que sobraram porque o roubo acabou, mostram o tamanho do que os corruptos tiravam dos pagadores de impostos.

No Estado inchado, ainda se penduravam nas folhas de pagamento milhares de cargos em comissão, DAS de alto nível, que não apareciam no local de trabalho e sustentavam boas casas no Lago Sul de Brasília. Foram simplesmente demitidos. Acabaram-se as mamatas de imposto sindical e ajudas estranhas, ministros tiveram autonomia, sem submissão a partidos políticos. Os que desfrutavam do dinheiro fácil que vinha com o suor dos pagadores de impostos reagiram de todas as formas, até mesmo usando a pandemia, mas não conseguiram vencer o povo resiliente, teimoso e mais informado.

Jabuti na árvore

Em 14 de março de 2022

"Jabuti não sobe em árvore", diz a sabedoria popular. Sexta-feira passada, no Senado, o presidente Rodrigo Pacheco instalou uma comissão, presidida pelo ministro do Supremo Ricardo Lewandowski, tendo como relatora a ex-secretária-geral do Supremo na presidência de Lewandowski, e mais nove integrantes, para, em cento e oitenta dias, oferecer ao Senado um anteprojeto de lei de impeachment, para substituir a Lei 1.079 de 1950. O normal é que isso comece na Câmara, porque o Senado é a casa revisora; o estranho é que, teoricamente, Lewandowski pode ser julgado no Senado, que é a casa julgadora de ministros do Supremo; estranho é que quem faz lei são os congressistas, e não integrantes de uma comissão composta de pessoas sem mandado popular para isso. Estranho é que vá presidir a comissão um ministro do Supremo que também é juiz do Tribunal Eleitoral, em ano de eleição. E logo Lewandowski, que entrou para a história por ter presidido julgamento no mesmo Senado, em que se rasgou o parágrafo único do artigo 52 da Constituição, deixando elegível a presidente condenada. Tantas estranhezas levaram o senador Lasier Martins a expressar suas desconfianças na tribuna. O jabuti "ou foi enchente ou mão de gente".

Um dia antes da instalação da comissão, Bolsonaro havia anunciado que a ministra da agricultura e deputada Teresa Cristina, seria sua candidata ao Senado por Mato Grosso do Sul, e o ministros do turismo, Gilson Machado, por Pernambuco. Isso revela a estratégia de, nessas 27 vagas, reforçar uma bancada de voz ativa e poderosa no Senado – casa julgadora de presidente e de ministro do Supremo. Talvez como força dissuasiva contra tantas incursões do Supremo sobre o Poder Executivo. São quase duas dezenas de pedidos de impeachment paradas no Senado à espera que Rodrigo Pacheco os ponha em exame – o maior número tem Alexandre de Moraes como alvo. A comissão instalada por Pacheco terá seis meses para deliberar, o que já dá, ao presidente do Senado, uma desculpa para esperar sentado sobre os pedidos até setembro, véspera das eleições.

O senador Lasier Martins disse ontem, na tribuna, que o real autor da iniciativa é o ministro Lewandowski e que ele pode legislar em causa própria dos ministros do Supremo. Na instalação, o ministro havia dito que é preciso punir quem apresentar pedido de impeachment não aceito, que é preciso deixar claro o que é crime de responsabilidade, e que é preciso dar direito a ampla defesa e ao contraditório. Punir o denunciante se a denúncia não for aceita? Vai atingir os promotores também? Eu cobri o julgamento de Dilma, e ela teve todo direito de defesa e do contraditório. Quanto a esclarecer o que seja crime de responsabilidade, basta ser alfabetizado e saber ler a Lei 1.079, que trata do assunto há setenta e dois anos. Está abundantemente esclarecido. O jurista Modesto Carvalhosa, à revista *Oeste*, disse que "é uma lei primorosa, que nada tem a ser modificado".

A lei afirma que é crime do presidente agir contra o livre exercício do Legislativo ou do Judiciário e contra o exercício dos direitos políticos, individuais e sociais. Imagino que isso valha reciprocamente para os três poderes, como sonhou Montesquieu. Se alguém quer mexer na lei neste ano eleitoral, sem que isso se configure uma necessidade ou urgência, já que serviu para Color e Dilma; se começou com um ato de subserviência do presidente do Senado, como sugere o senador Lasier; se há tanta esquisitice em torno desse jabuti que apareceu *ex machina*, o patrão desses servidores do público, que é o cidadão, o pagador de impostos, o eleitor, precisa saber o que estão preparando assim de forma tão estranha quanto um jabuti no galho.

Recados telegráficos

Em 22 de março de 2022

O bloqueio de Telegram, que atingiu de 50 a 70 milhões de brasileiros, e o seu desbloqueio, dois dias depois, deixou algumas mensagens telegráficas para a cidadania. Primeiro, que não se respeita a Constituição, sob o silêncio vergonhoso de muitos. Alegando questões administrativas, na verdade se faz censura, contrariando o artigo 5º, cláusula pétrea, que assegura a livre manifestação do pensamento, vedado o anonimato, e garante a inviolabilidade das comunicações; e o artigo 220, que proíbe a censura ou qualquer restrição sobre a informação e a expressão sob qualquer forma, processo ou veículo. Se for para pegar um criminoso por calúnia, injúria, difamação, pedofilia, tráfico, por plataformas digitais, que se descubra o autor para flagrá-lo, mas é exorbitante punir genericamente quem usa a plataforma para conversar ou exercer sua profissão. Isso é censura prévia, além de pressupor que todos são suspeitos. Isso contraria os mais primários princípios de Direto.

Segundo, porque em país livre não há tutores da cidadania; não há um Big Brother, como no livro de Orwell, a criar um Ministério da Verdade. Impossível um regime democrático ter alguém que determine, acima da Constituição, o que as pessoas podem ver, ouvir, ler e dizer. Terceiro, porque o único dono da Constituição é o povo; a Constituição atribui ao Supremo a guarda da lei maior – são os Onze Zelotes, os zeladores dessa arca da aliança com a democracia, que é a Constituição, que Ulisses chamou de cidadã. Mas não são eles que podem mudá-la. O Congresso é que tem esse poder, se conseguir 60% dos votos de cada Casa, em duas votações cada uma. Mas impossível mudar cláusula pétrea, como é o artigo 5º, já tantas vezes desobedecido, a não ser com a eleição de uma nova assembleia constituinte. No entanto testemunhamos uma série de gravíssimas infrações à Constituição, desde o pretexto da pandemia, incluído até o desrespeito à inviolabilidade do mandato parlamentar, sob o silêncio vergonhoso do Congresso.

É óbvio, mas é preciso relembrar que para fazer leis ou mudá-las, só com mandato popular conferido aos deputados e senadores. Para governar, exercer a administração pública, só tendo dezenas de milhões de votos para eleger um presidente da República. Assim, legislar e administrar é para quem tem voto, mandato conferido pelo povo, que é a origem do poder. Está nos dois primeiros artigos da Constituição e fala em três poderes independentes e harmônicos. Harmonia é quando um poder respeita a independência dos outros. Entre os poderes, uns fiscalizam os outros e todos são fiscalizados pelo cidadão eleitor e pagador de impostos. O Legislativo fiscaliza os demais poderes; em especial o Senado fiscaliza e pode julgar ministro do Supremo, mas há um clamor contra o silêncio daquela casa.

Os senadores cobraram e o presidente do Senado, Rodrigo Pacheco, postou que "Descumprir a Constituição, aviltá-la e criticá-la severamente como se fosse um pedaço de papel, é algo muito nocivo para o nosso país. Constituição não é apenas um pedaço de papel. Ela deve ser respeitada e cumprida por todos". Só não citou a quem ele se dirige. Não lembro de críticas severas à Constituição, a ponto de merecer essa citação, mas não a cumprir, não é apenas *algo muito nocivo*; é crime contra a maior das leis. Se praticado por autoridade, exige providência legal. Fico imaginando se o presidente do Senado pretende apenas aplacar os senadores que cobram dele uma posição de defesa da Constituição contra os que deveriam protegê-la, mas a ignoram. Mas palavras não substituem atos.

Campanha proibida

Em 29 de março de 2022

Um deputado estadual do Podemos, do Rio de Janeiro, pediu que o TSE impedisse a ida de Lula a um evento na UERJ, alegando que seria um comício. Ontem, o Tribunal negou. O que aconteceu nesse fim de semana, com o Tribunal Superior Eleitoral sendo chamado a interferir em suposta propaganda eleitoral fora de época, num festival de música, é apenas uma pequena amostra do que deve acontecer neste ano, até a liberação da campanha, em 15 de agosto. Imagino que o TSE não vai conseguir atender a tanta reclamação, com base no emaranhado de leis que enredam as eleições brasileiras. Há o Código Eleitoral, leis complementares, leis ordinárias e uma série interminável de leis casuísticas, feitas sob medida para cada período eleitoral, além das resoluções e atos dos tribunais eleitorais. É um quebra-cabeça supostamente para dar igualdade de oportunidade a todos os candidatos – o que é impossível.

Teoricamente, a propaganda eleitoral só pode começar em 15 de agosto, mas isso é uma hipocrisia, porque, de fato, ela começou na noite de 28 de outubro de 2018, quando foi conhecido o vencedor do segundo turno na eleição presidencial. Desde então, tudo está embebido de propaganda eleitoral. A pandemia teve mais conteúdo de propaganda eleitoral que de coronavírus. A CPI da Covid no Senado foi pura campanha eleitoral. Boa parte da mídia está em campanha eleitoral desde que precisou noticiar o nome do novo presidente. E ninguém reclama da propaganda fora de época, travestida de notícia, embora isso esteja escancarado no dia a dia.

Não precisamos de tutores, a proibir e a censurar, a decidir o que podemos ou não podemos ler, ver ou ouvir. Temos discernimento para separar propaganda de notícia, boato e fato – e um smartphone para conferir e vontade para decidir o que não queremos. O perigo é que o nosso smartphone também pode ser censurado se quisermos participar da campanha, ou se usarmos plataformas malvistas pela autoridade tutelar da eleição. Lembro-me bem das campanhas em que aviões jogavam nas cidades panfletos com denúncias, difamações, acusações. Voto desde 1960; já fui mesário, e sou, sobretudo, eleitor, que outorga seu poder original a vários mandatários. Meus candidatos ganharam e perderam eleições, mas nunca julguei que alguém devesse ser proibido de fazer propaganda de alguém ou algum partido, seja ele quem for. Mesmo porque a proibição é inútil. O que se nota é que agentes públicos, de espírito totalitário, cada vez mais avançam em nossas liberdades e poderes, na busca do velho sonho do estado Leviatã.

Discutem-se filigranas, como a definição de propaganda eleitoral, segundo a qual, seria pedir voto para alguém, ou pedir que não vote em alguém. Mas há mil formas de fazer isso. É muito subjetivo. Citar um nome já é, de fato, fazer propaganda. No fundo, esses controles, como vimos durante a pandemia, são formas de nos botar um cabresto, pelo medo. Medo de um vírus ou medo de um juiz que não respeita os direitos fundamentais da Constituição. Jogam sobre nós a teia de leis que se multiplicam desde 1932. Regras que tratam de dinheiro de fundos eleitoral e partidário, dos partidos, dos eleitores, dos candidatos, dos prazos, dos gastos, da contabilidade, dos limites, dos honorários advocatícios, dos bens, das redes sociais...que bom seria se tanta lei trouxesse mais confiança nas apurações.

Julgadores julgados

Em 5 de abril de 2022

O Senado poderá votar, nesta quarta-feira, um requerimento que já tem assinaturas suficientes de mais de um terço dos senadores, para ouvir o ministro do Supremo, Alexandre de Moraes, sobre em que bases legais ele fundamenta os inquéritos que está conduzindo como relator. O autor do requerimento, senador Eduardo Girão (Podemos, Ceará), argumenta que os inquéritos não obedeceram ao devido processo legal, num caso em quem se considera vítima é também condutor dos inquéritos, autor da denúncia, julgador e executor de sentença. O Supremo, por 9 a 2, acaba de endossar a condução de Moraes no caso do deputado Daniel Silveira. O voto contrário, do ministro Nunes Marques, acompanhado pelo ministro André Mendonça, argumenta que o Código de Processo Penal (artigo 319) não prevê multa nem bloqueio de bens como medidas cautelares.

Estou em Brasília há quarenta e seis anos, sempre acompanhando de perto o Supremo. Lembro-me do tempo em que os juízes atravessavam a ruela que separa seus gabinetes do prédio do plenário, sob o olhar respeitoso dos circunstantes. Hoje, ministro do Supremo só sai com segurança reforçada. Ainda há poucos anos, o presidente da Corte, ministro Joaquim Barbosa, costumava encontrar-se com amigos para um trago em conhecidos botecos, e só recebia aplausos. Quando as sessões plenárias passaram a aparecer na TV Justiça, as câmeras despertaram os egos. Popularidade buscada, trouxe com ela também o preço de os julgadores se tornarem julgados.

Saudades de presidentes como Néri da Silveira, com hábitos de juiz dinamarquês: vivia modestamente e passava a sua própria roupa. O tempora! Tempos do presidente Moreira Alves, que ensinava que o Supremo pode negar leis que não encontrem acolhida na Constituição, mas não pode inventar normas legais, com o pretexto de que o Legislativo não fez a sua parte. Semana passada, falando a um auditório da Justiça Militar da União, aí incluídos juízes do STM, o ministro Ives Gandra Martins Filho, ex-presidente do TST, criticou a politização do Judiciário, segundo ele da base ao topo: "Judiciário politizado é Judiciário prostituído".

O ministro Gandra antecipou temas de perguntas que certamente os senadores farão a Alexandre de Moraes, se o convite for aprovado: "Cláusulas pétreas não podem ser atropeladas; abrir inquérito de ofício não existe, assim como criar crime não tipificado na lei". Tempos difíceis para o Judiciário. "É uma pandemia de ativismo", na opinião do ministro Gandra. Segundo ele, o voluntarismo primeiro apresenta uma decisão da cabeça do julgador, depois faz malabarismo jurídico para justificar a sentença. Vimos isso na condenação de Dilma no Senado, sem inelegibilidade. O mesmo Senado que vai precisar agora dar uma resposta. Os senadores vão ter que decidir se funcionam como Poder Moderador, para proteger a liberdade democrática. E é bom lembrar que Poder Moderador não pode ser parte do problema e, sim, solução.

No rumo do Titanic

Em 12 de abril de 2022

Num 13 de abril como hoje, há cento e dez anos, o Titanic seguia sua rota rumo a Nova Iorque, orgulhoso e confiante, certo de sua supremacia sobre o mar. Estava a dois dias do choque com um iceberg. O gelo submerso rasgou o casco de aço do presunçoso navio e o mandou para o fundo do mar. Boston está a uns 700 quilômetros a oeste do local daquele naufrágio, e a 8 mil quilômetros de São Paulo, o maior contingente eleitoral do Brasil. Num encontro em Boston, políticos brasileiros participaram de um seminário. Com a supremacia da verdade, embaçados por suas certezas, assumiam o risco de não perceber os riscos abaixo da linha d`água.

Sérgio Moro, em Washington, insistia em permanecer candidato à Presidência da República, negando expressamente que vá aceitar uma vaga para concorrer a deputado federal. A senadora Simone Tebet, em Boston, deixou claro que o seu partido, MDB, mais o PSDB e o União Brasil vão indicar um candidato único, dia 18 de maio, a ser escolhido entre ela, Dória e Luciano Bivar – excluindo expressamente Moro. Será que o ex-juiz vai ficar com a chance de disputar uma vaga na Assembleia de São Paulo? Porque no seu Paraná, ao abandonar o Podemos de Álvaro Dias e Oriovisto Guimarães, as escotilhas se fecharam. Ciro Gomes estava nos Estados Unidos também, vendo afundar seu concorrente de terceiro posto, e não quer ficar a ver navios.

A senadora pode ir vestindo o colete salva-vidas. Em Brasília, Sarney e metade da bancada de senadores do MDB jantaram ontem na casa do ex-ministro de Lula, Eunício Oliveira. Convidado especial: o próprio Lula, que levou a presidente do PT, Gleisi Hoffmann. Como num ato falho, Eunício negou a jornalistas que estivessem traindo Simone Tebet. Àquela hora, ela estava em São Paulo, com o ex-presidente Temer e o presidente do MDB, Baleia Rossi, e deve ter sentido o choque com um iceberg que em Brasília rasgava o casco de sua candidatura, que começava a fazer água.

Eduardo Leite também estava no tombadilho em Boston. E suscitou mexericos na primeira classe: que por enquanto ficaria como imediato no caso de o comandante abandonar o navio e isso seria o sinal para se unirem todos ante o perigo do gigantesco *iceberg*. O Comandante, por sua vez, está fazendo manobras estranhas. Indispôs-se com a classe média, queixando-se que gasta demais; com os religiosos, pregando aborto para quem não quiser ter filho: com os militares, ameaçando tirar todos de seus postos no governo: com os deputados federais, ensinando o eleitor a assediar suas famílias; com 600 mil proprietários legais de armas, prometendo desarmá-los, enquanto daria poder ao MST e ao MTST; quer desfazer privatizações, teto de gastos e modernização das leis trabalhistas. A própria tripulação não entendeu as manobras, e está preocupada que seja leme perigoso, com intenção de afundar.

Juízes supremos, que vão arbitrar eleições e julgar questões envolvendo o governo estavam lá, como estão por toda a parte, como se estivessem em campanha política, abandonando a imparcialidade e a isenção. A banda vai emitindo as notas do acompanhamento. A orquestra de bordo sente que pode afundar, mas tocar é preciso, navegar não é preciso. A banda eleva o volume para impedir que os passageiros percebam os perigos da rota; os sons saem desesperados, mas têm que tocar até o fim. E a nave segue seu rumo.

Qual é a via?

Em 19 de abril de 2022

A única presidenciável, senadora Simone Tebet, vinha aparecendo no autodenominado centro democrático como cabeça de chapa, a ser anunciada dia 18 de maio pelos presidentes do MDB, PSDB e União Brasil. O vice seria – e não vamos fingir ingenuidade – Eduardo Leite, indicado pela direção tucana, deixando Dória de lado. Agora a senadora diz que não aceitaria ser vice, pois seria uma desconsideração às mulheres, que são mais da metade do eleitorado. Sua luz amarela já piscava, quando soube do jantar em Brasília entre Lula e senadores do MDB. Agora ela acende a luz vermelha, sentindo o rumor da troca: Leite presidente e Tebet vice. Ou será que Leite deixou o governo do Rio Grande apenas para ser vice? Semana passada, o presidente do PSDB falava em Leite como vice, mas deveria ser apenas um movimento de descarte de Dória, para depois avançar mais um degrau. Atento, ao ver Paulinho da Força recuar seu Solidariedade após receber vaias de sindicalistas sem que Lula o defendesse, Eduardo Leite tentou atrair Paulinho, que havia recusado convite de Ciro Nogueira para apoiar Bolsonaro. Tudo que conseguiu foi mostrar um Aécio irreconhecível na foto. E Paulinho, valorizado, horas depois apareceu abraçado com Lula e Gleisi.

Até as convenções, no final de julho e início de agosto essas emoções que rimam com traições serão como sismos subterrâneos na busca de ajuste na superfície, em que traídos e traidores se misturam. Moro, que começou como o ícone de terceira via para se sobrepor a Lula e Bolsonaro, já está descartado. Saiu do Podemos, foi para o União Brasil, onde foi trocado por Luciano Bivar, que parece estar guardando a cadeira para Leite sentar. Do alto de sua autoavaliação, Moro não aceita a humilhação de ser candidato a deputado federal. Mas, quem diria, ontem acabou anunciado como apresentador de um curso anticorrupção chamado de O Sistema.

O PT, o PV e o PCdoB recém registraram o estatuto comum para uma federação que deveria ter também o PSB de Alckmin, o neo-companheiro e vice de Lula. Mas ocorre que o PSB tem Marcio França, concorrente de Fernando Haddad, do PT, ao governo de São Paulo. Aí, estranhamente, não fecha federação com o partido do vice de Lula. Aliás, como Lula vai resolver São Paulo, o maior colégio eleitoral do país? O ex-presidente tem feito declarações que parecem ter a intenção de inviabilizar sua candidatura. Se indispõe com religiões, militares, deputados federais, os CACs, a classe média, os proprietários. Nem tudo está unânime no partido, onde rumores circulam sobre uma desistência dele em favor de Haddad, para aliviar o PSB de França em São Paulo, e poder casar tranquilo no mês das noivas, como ele anunciou.

São tempos que devem preocupar as pesquisas, que agora mostram o eleitor como um pusilânime, que ora está com Lula e depois vai para Bolsonaro. O presidente Bolsonaro, com experiência de trinta anos de Legislativo, não mexeu no governo agora que ministros saíram para ser candidatos. Vão ficando os substitutos técnicos, para não criar problemas. Ele deixou Luciano Bivar com o PSL para ocupar ACM Neto. Foi para o PL, que virou a maior bancada na Câmara; não formou federação para não engessar seus apoiadores nos estados, escolheu Tarcísio para São Paulo, e está entre os poucos que, neste turbilhão eleitoral, sabem qual é a via.

Vale o que está escrito

Em 26 de abril de 2022

Na primeira série ginasial (hoje 6ª serie), discutíamos se a maior palavra da língua seria inconstitucionalissimamente. Tem 27 letras, do mesmo tamanho de todas as letras do alfabeto. Mal imaginava eu que, setenta anos depois, iria conviver com a prática desse palavrão. E, suprema ironia, exercida no tribunal que deveria ser o guardião primeiro da Constituição. Alguns na corte confundiram guarda com propriedade, com apoio da maioria. E o tribunal constitucional confundiu-se com tribunal constituinte. O agente público julgador, imparcial, impessoal, transformou-se em legislador e ativista defensor de suas ideias políticas.

Nossa última Assembleia Constituinte instalou-se em 2 de fevereiro de 1987, com 559 constituintes eleitos, para fazer uma nova Constituição. Trabalharam seiscentos dias, inclusive sábados e domingos. Cobri cada dia e tinha um programa, com Marilena Chiarelli, na TV Manchete, chamado Brasil Constituinte. Por isso entendo bem o discurso do presidente da Constituinte, Ulysses Guimarães, na promulgação do 5 de outubro de 1988, quando proclamou, referindo-se à Constituição: "Descumprir, jamais; afrontá-la, nunca!" "Promulgamos o estatuto do homem da liberdade". Ele se referia ao passado, mas foi profético: "Rasgar a Constituição... mandar os patriotas para a cadeia", "Pôr na cadeia quem roube, eis o primeiro mandamento da moral pública". "A corrupção é o cupim da República". Doutor Ulysses tampouco imaginava a prática hoje daquele palavrão do meu ginásio.

A Constituição foi chamada pelo doutor Ulysses de cidadã. Porque basta saber ler. Está muito claro e simples que todos são iguais perante a lei, sem distinção de qualquer natureza – por que então há tantas distinções escritas na lei? Que a família é a união entre o homem e a mulher; que a vida é o primeiro dos direitos; que é livre a manifestação do pensamento; que é vedada a censura política, ideológica e artística; que a casa é o asilo inviolável; que os poderes são independentes e harmônicos. Pois o guardião que se apropriou da Constituição transferiu para prefeitos e governadores um poder que não tem: o de dispor sobre cláusulas pétreas, como o direito de ir e vir, livre exercício dos cultos, direito de reunião, acesso ao trabalho.

Hoje, o assunto é o indulto. A Constituição estabelece que compete privativamente ao presidente da República conceder indulto. Não há condicionantes, nem se, nem mas. Mais uma vez o texto é claro, como na inviolabilidade por quaisquer palavras, do artigo 53. Não há obscuridade no texto. Basta ler. Não é preciso intérprete, tradutor, hermeneuta. Está escrito; vale o que está escrito. Quem ler o oposto do que está nela, ou não sabe ler ou está fora das quatros linhas do campo da democracia. Quando fiz quinze anos, em 11 de novembro de 1955, houve um movimento chamado de "retorno aos quadros constitucionais vigentes". Lembro dele agora, porque há sinais de que é hora de retornar às quatro linhas. São tempos em que juiz do Supremo, no exterior, fala mal do chefe do Executivo, envolve as forças armadas e provoca resposta do ministro da Defesa. Tempos em que juízes supremos abandonaram a imparcialidade inerente ao magistrado. É hora de retornar à Constituição, ao que está escrito na Constituição.

O cartaz de jornalistas

Em 2 de maio de 2022

Recebi, pelas redes sociais, a foto de um cartaz atribuído às manifestações desse domingo, com fotos de dez jornalistas, onde estou incluído, e o bordão de Churchill "Nunca tantos deveram tanto a tão poucos". Na verdade, não caberiam num cartaz as fotos de todos que lá deveriam estar. Se eu fosse fazer uma dessas seleções, o primeiro nome que me viria à memória seria o do J.R. Guzzo. No grupo de dez, concentram-se jornalistas que estão na *Gazeta do Povo*, na Jovem Pan e na revista *Oeste*, um senhor trio representativo de jornal, rádio e TV e revista. As três mulheres que lá estão representam o que há de melhor na mídia, aí incluídas as redes sociais, Ana Paula Henkel, Cristina Graeml e Barbara Te Atualizei. É um indizível prazer intelectual acompanhá-las nas telas.

O que une esse grupo que, na verdade, é bem mais amplo? A defesa da democracia, da liberdade de expressão, da Constituição, do devido processo legal, dos valores básicos da família, do respeito aos direitos naturais e expressos na Constituição: à vida, à liberdade, à igualdade, à segurança e à propriedade. Não se trata de nenhuma conspiração do bem, porque em geral nem temos relações pessoais. Tampouco é intuitivo, porque é mais da vocação natural do jornalismo e, além disso, obrigação, de estar na defesa vigilante dos valores éticos, humanos e legais, que nos mantêm em civilização livres de qualquer tipo de totalitarismo.

O que tem sido assustador nesses últimos anos é a mudança de rumo de uma boa parte da comunidade da mídia. Neste mais de meio século em que exerço o jornalismo formal, o rumo sempre foi a defesa natural desses valores, inerentes à pessoa e à cidadania, principalmente a sagrada liberdade de expressão, sem a qual viramos robôs. No entanto, o que se vê é uma inacreditável passividade ante as agressões ao maior direito do jornalismo, hoje praticadas nas mais diversas plataformas deste mundo digital. Às vezes penso que alguns se sentem acuados pela modernidade e querem atacá-la usando a arma da censura. Não percebem, no seu pânico, que estão se afogando também ao relativizar liberdades. Diante de arbitrariedades, como ausência do devido processo legal, muitos aplaudem, sem perceber que estão saudando a tirania que os escravizará também.

Sei que somos muitos mais dos que cabem num cartaz de rua, mas estranho que sejamos tão poucos ante tantos que dão seu testemunho nas ruas e redes sociais pela liberdade. Certamente estamos em proporção ainda menor que está o ministro Nunes Marques no 10x1 do Supremo. Mas nem por isso ele está só e nem por sermos minoria no jornalismo somos voto vencido. Nossa maioria está nas ruas que, com eloquência, nos enviam a mensagem de Barroso na batalha de Riachuelo: "Sustentar o fogo que a vitória é nossa". Foi numa guerra contra um ditador.

Ruas da liberdade

Em 3 de maio de 2022

Tão previsível quanto imaginar que azeite e água não formam uma solução, os partidos que se juntaram para uma *terceira via democrática* estão cada vez mais sem encontrar um caminho seguro para as urnas de outubro. Faltam cinco meses e o tempo vai se esgotando, com os nervos à flor da pele. O União Brasil já fala em ter chapa própria, alegando que o anúncio de candidato do trio que forma com MDB e PSDB, já têm cartas marcadas. Mas entrar o União com Luciano Bivar, um conhecido só dos iniciados na política, leva para onde? Ontem à noite, em São Paulo, gente de peso no MDB chegou à conclusão de que Simone Tebet tampouco levará o partido a algum resultado. O PSDB, como sempre, balança. Oscila entre Dória e Eduardo Leite. Na outra terceira via, Ciro não perde a oportunidade de explodir palavrões e ter sua própria boca a fazer-lhe oposição.

Lula segue linha parecida; quando mais fala, mais arranja problema. A última foi com os policiais. Mas também assustou os economistas, com a ideia de *moeda latino-americana* e, para consolidar tudo, ainda cantou a Internacional Socialista, com seus companheiros do PSOL, tentando ensinar a Alckmin a música e a letra dos revolucionários. No domingo ainda teve que ver o triste showmício diante do Pacaembu, em que precisou esperar público para começar a falar. Nem Daniela Mercury conseguiu atrair uma plateia à altura do líder das pesquisas.

Mas, enquanto se esvai a areia da ampulheta eleitoral, há outras questões que uma turma esquece. A defesa da democracia, da liberdade de expressão, da Constituição, do devido processo legal, dos valores básicos da família, do respeito aos direitos naturais e expressos na Constituição: à vida, à liberdade, à igualdade, à segurança e à propriedade. Qualquer pesquisa vai mostrar que são ideias da maioria do povo brasileiro. Nos meus mais de cinquenta anos de jornalismo, sempre vi a mídia unida na defesa desses valores quando eles estiveram em risco, representando seu público. Faz parte do jornalismo, e é até obrigação, estar na defesa vigilante dos valores éticos, humanos e legais, que nos mantêm em civilização livres de qualquer tipo de totalitarismo.

O rumo sempre foi a defesa natural desses valores, inerentes à pessoa e à cidadania, principalmente a sagrada liberdade de expressão, sem a qual viramos robôs. E esse é o mais caro valor do jornalismo, já que dessa liberdade depende a existência de uma imprensa livre para criticar e cobrar o respeito às leis. As agressões atingem principalmente o novo mundo da comunicação, que são as plataformas digitais. Às vezes penso que alguns se sentem acuados pela modernidade e se imaginam protegidos quando a arbitrariedade atinge o mundo digital. Não percebem que se afogarão também ao relativizar liberdades. Diante de arbitrariedades, de ausência do devido processo legal, aplaudem, sem perceber que estão saudando a tirania que os escravizará também. As ruas, ao defenderem as liberdades, estão condenando os que se alienam diante das agressões às liberdades e direitos constitucionais.

Distender a corda

Em 10 de maio de 2022

O TSE acaba de se manifestar sobre as dúvidas e sugestões dos militares, que visavam mais segurança, transparência e confiança no processo de apuração. Especializados em guerra cibernética, sabem que não há segurança absoluta no mundo digital, militares convidados pelo TSE para integrar uma comissão de transparência das eleições, não permaneceram como espectadores passivos apenas para servir de avalistas do processo, mas fizeram muitas perguntas e sugeriram muitas ações que podem afastar as desconfianças de eleitores de quaisquer dos candidatos. O TSE permanecera em silêncio sobre as sugestões, e até recusou pedido de deputado para torná-las públicas. Semana passada, o ministro da defesa sugeriu que tudo fosse divulgado. Apuração é um ato da administração pública, e, como tal, precisa ter a publicidade exigida pelo artigo 37 da Constituição.

Nas respostas, o TSE burocraticamente negou tudo o que fora proposto. Coisas simples foram negadas com teimosia adolescente. Certamente frustrou os militares, que aceitaram o convite do Tribunal como uma oportunidade de ajudar. O calor do ano eleitoral afeta os espírito e as emoções exacerbam as posições a respeito. De um lado o presidente da República a advogar transparência no processo, citando os precedentes da eleição Dilma x Aécio e do passeio do jovem hacker português no sistema do TSE. Do outro lado, ministros do TSE, como Moraes, Barroso e Fachin, a não aceitar modificações num sistema que defendem como seguro. As respostas de agora, negando ações simples que dariam mais confiança a eleitores e candidatos, refletem um jogo de cabo-de-guerra. Entre os milhões de eleitores, formam-se torcidas de um lado e de outro, muitas vezes estimulando posições cada vez mais radicais. E os militares, de instituições permanentes de Estado, estão no meio dessa corda, querendo e podendo ajudar.

As duas partes aparentemente antagônicas têm o mesmo senhor: o povo brasileiro. É possível que os personagens da contenda tenham em mente que estão servindo o povo, e sabem que eleição é uma das ações mais sagradas do processo democrático. Para que não pairem dúvidas, como as que subsistem desde que o PSDB não conseguiu auditar os resultados de 2014, cada eleitor precisa entender como o seu voto é contado e computado. Por isso foi sugerido um teste aleatório num maior número de urnas, inclusive as do modelo mais recente; que os TREs apurem nos estados, para não centralizar tudo num só lugar; que o Legislativo fiscalize, que haja medidas para o caso de irregularidades e que se tenha o número de abstenções e brancos por seção. Nada disso foi aceito.

Questões pessoais, antipatias, não podem ser consideradas nessa disputa, mesmo porque a Constituição exige que haja impessoalidade. Tensões precisam ser esfriadas para que racionalmente se perceba que segurança e transparência interessam a todos que não estejam mal-intencionados. Não parece que as respostas do TSE tenham vindo para aliviar as tensões. As sugestões dos militares que, embora sob o comando supremo do presidente da República foram convidados pela própria Justiça Eleitoral a participar da Comissão de Transparência, aparecem como uma oportunidade de solução para uma corda esticada. O que pode distensionar a corda e dar aos brasileiros um fiador de alta credibilidade popular aos resultados das urnas.

Salvar o Supremo

Em 17 de maio de 2022

Muita gente ficou chocada com a declaração do ministro Alexandre de Moraes, num congresso de juízes, de que a internet deu voz aos imbecis, repetindo Umberto Eco (O Nome da Rosa). Ele é o juiz que vai presidir as eleições de outubro, em que a maioria dos eleitores ganhou voz na internet. Antes dele, o atual presidente da Justiça Eleitoral, ministro Fachin, fez uma ironia com os militares que, convidados, apresentaram sugestões para dar mais segurança e transparência às apurações. Depois de recusar as sugestões, ele disse que "quem trata de eleições são forças desarmadas", desprezando as forças que foram convidadas para a Comissão de Transparência. E antes ainda, o ministro Barroso, em Boston, denunciou que as forças armadas foram orientadas para atacar as eleições. Nada parecido com o ideal de juízes que vão presidir eleições e deveriam ficar olimpicamente distantes do embate político, eleitoral, ideológico e de paixões. O presidente da República tem sugerido a necessidade de mais seguranças e transparência ao processo eleitoral, para mais confiança nas apurações, e feito críticas a ministros. Mas o presidente é um político – e eles são juízes.

Por isso fico a imaginar se o próprio Supremo irá considerar, à luz da Lei Orgânica da Magistratura, alguma providência para preservar o tribunal. Por parte do presidente Fux, já existe essa preocupação desde que a expressou em seu discurso de posse, dois anos atrás. A Suprema Corte tem sofrido um desgaste diretamente proporcional a decisões que contrariam a Constituição e os ditames do devido processo legal. Fica parecendo com um diretório de partido político e, às vezes, com um diretório acadêmico estudantil em vésperas de eleição. Como se trata do topo de um Poder, tudo abaixo fica afetado. Até mesmo os estudantes de direito, no seu idealismo pelos princípios da justiça e do direito.

É essencial um país democrático ter uma justiça confiável, impessoal e imparcial. Sem isso não há paz social e desenvolvimento, cuja base é a segurança jurídica. Se, num ano eleitoral, o juiz que vai presidir a eleição já separa os eleitores entre imbecis da internet e os outros, o que se tem é uma farsa de imparcialidade. O Conselho Nacional de Justiça, que pode julgar juízes, não tem jurisdição sobre o Supremo. Só quem pode fazer isso é o Senado. Mas o presidente do Senado acaba de declarar que "Não deixarei o Supremo isolado". É um caso inédito de o presidente de um Poder se mobilizar para proteger o outro, o que tem por consequência abandonar o dever de preservar a Constituição no encargo eventual de processar e julgar ministros do Supremo. Significa justificar sua negativa de encaminhar inúmeros pedidos de senadores, por desrespeito à Constituição. E deixar que o desgaste continue.

Juízes que exigem ser tratados como se estivessem no Olimpo precisam respeitar para serem respeitados. Se prendem, ainda que ilegalmente, os que os desrespeitam, precisam respeitar aqueles que os sustentam com seus impostos, a quem servem – e que acreditam na Constituição. Todos estamos submetidos à Constituição feita em nosso nome. Ela está acima do Supremo, que é um tribunal constitucional, não um tribunal constituinte. O Supremo não é maior que a Constituição, mas é maior que os ministros que lá estão. O Supremo precisa ser salvo de quem o desgasta.

As vias tortas

Em 24 de maio de 2022

Dória desistiu, mas não resolveu o enigma tucano. O PSDB continua em cima do muro, agora balançando entre Simone Tebet e Eduardo Leite. Adiou a decisão para a próxima semana. Ficar com Eduardo Leite escancara o golpe contra Dória, o vencedor da prévia do partido; ir para Tebet mostra a carência de nomes tucanos, ao adotar a candidata do MDB. Nessa segunda, ele chegou ao encontro com seus correligionários já decidido, de discurso pronto e acompanhado da mulher, dona Bia, e do irmão, Raul. Lançou uma frase destinada a ser lapidar "Me retiro da disputa com o coração ferido, mas com a alma leve". Afinal, fora rezar em Goiânia na véspera. O choro, depois, nos braços de Bia, fez lembrar a Pietà – e pareceu tão sincero quando o recolhimento com as mãos postas, em oração. E ainda fez uma frase de marketing, projetando seus 2%: "Agradeço aos seis milhões de brasileiros que manifestaram a intenção de votar em meu nome para presidente". Dória sendo Dória. PSDB sendo PSDB.

O episódio faz parte de um problema mais amplo: a ausência de nomes conhecidos e populares em grandes partidos. O MDB e o Cidadania (novo nome do PCB) se reúnem para apontar candidato e, perguntar não ofende, será que vão mesmo convergir para Simone Tebet? A senadora ex-prefeita de Três Lagoas-MS se tornou conhecida na patética CPI da Covid, mas não muito. Além das divisas do seu estado, vai ser difícil conquistar eleitores. No próprio MDB há divergências – e até aparece o nome de Temer como candidato. Como já se viu num jantar em Brasília entre senadores do MDB e Lula, a preferência do partido no Nordeste é pelo ex-presidente. De Minas para o sul, as preferências são aderir a Bolsonaro. O Cidadania vai a reboque e o União Brasil já caiu fora, com o candidato autoescolhido, o presidente do partido Luciano Bivar, outro quase desconhecido, a não ser pelos iniciados em política. Imagino o quanto o DEM esteja se lamentando de ter se juntado ao PSL para formar o União Brasil. E também imagino que a via dos eleitores do DEM e PSL leva a Bolsonaro.

Nem mesmo o PT está seguro de sua escolha. As trocas de comunicadores e marqueteiros mostram isso. E até há petista sonhando com Ciro Gomes, que teria menos rejeição que Lula, cujo passado o condena. Também há petistas tentando atrair Ciro, mas Ciro está convicto de que é alternativa a Lula. Tanto que faz críticas a Lula e parece esquecer Bolsonaro. O presidente que busca a reeleição, por sua vez, está aceitando todos os convites para eventos e levando seus ministros para apresentar pelo Brasil resultados de obras todas as semanas. As multidões que atrai servem como água fria sobre as pesquisas que põem Lula na frente, o candidato que evita as ruas.

Uma via de meia-volta foi vista na justiça. A corte foi unânime em recusar ação do ex-presidente do PT, deputado Rui Falcão, e de Fernando Haddad, para obrigar o presidente da Câmara a despachar pedidos de impeachment do partido. E, agora, Alexandre de Moraes volta atrás e revoga sua liminar que proibia o presidente da Câmara de convocar eleição para substituir os membros da Mesa Diretora, inclusive o vice, Marcelo Ramos, ferrenho crítico de Bolsonaro. Lira já convocou eleição para esta quarta. Parece que o Supremo deu uma relida no segundo artigo da Constituição, sobre poderes independentes e harmônicos. A via da Constituição não comporta contramão.

Intolerância do bem

Em 31 de maio de 2022

Penso que um dos maiores momentos da cidadania ocorreu semana passada, quando o empresariado do pujante município gaúcho de Bento Gonçalves desconvidou o presidente do Supremo, ministro Luís Fux. Haveria uma palestra-jantar no Centro de Indústria, Comércio e Serviços. O título da palestra seria *Risco Brasil e a Segurança Jurídica*. Um tema assim soou como um deboche, já que a Suprema Corte tem dado origem a essa insegurança. Hoje, estou no Rio Grande do Sul e soube que isso também pode ocorrer com o convite ao ex-presidente do Supremo, ministro Dias Toffoli, em relação a uma palestra num evento em Gramado.

Ontem, ao ser condecorado na Assembleia Legislativa, eu mencionei o episódio ao ocupar a tribuna. O orador anterior, deputado Macedo, fizera menção do incidente de Bento Gonçalves, um incidente que saudei como intolerância do bem, porque a cidadania tem tolerado muito – e o exercício da passividade não é exercício de cidadania. A tolerância tem encorajado avanços cada vez maiores na supressão de liberdades básicas. Lembro do julgamento da presidente, presidido pelo chefe do Supremo, quando rasgaram o parágrafo da Constituição que estabelecia oito anos de impedimento e todos ficamos calados. Nossa omissão autorizava atos futuros semelhantes. E vieram.

Sob o pretexto da pandemia, o Supremo deu poderes a prefeitos e governadores de ficarem acima de cláusulas pétreas da Constituição, que tratam de direitos e garantias fundamentais, e que só poderiam ser mudadas por uma nova constituinte. No entanto suprimiu-se o direito de ir e vir, de reunião e de culto. Antes, já se havia suprimido a presença do Ministério Público, num inquérito criado pelo Supremo, em que a suposta vítima é a investigadora, é quem denuncia, julga e também executa a pena. O passo seguinte a esse "inquérito do fim de mundo" como o chama o ministro Marco Aurélio, foi suprimir o artigo 220 da Constituição, que trata da liberdade de expressão em qualquer plataforma e veda qualquer tipo de censura.

Nosso silêncio, nossa omissão, foi autorizando a lenta substituição da Constituição por juízes constituintes. Estamos como o sapo que se sente confortavelmente aquecido na panela sobre o fogo. Por isso que o despertar da cidadania em Bento Gonçalves e agora em Gramado, pode ser interpretado como esperança de fim de paciência nessa tolerância servil. Em lugar da passividade, uma intolerância democrática, legalista, aos poucos se levanta e nos sacode a cidadania. Temos, na História Pátria, muitos exemplos de heroica exigência de cumprimento da Constituição. As vozes legalistas têm a força do direito, para, dentro da lei e da ordem, sugerir que pensem na gravidade do que estão cometendo, aqueles que estão indo além de seus deveres e poderes. A força da democracia pode ser voz da intolerância cidadã.

O mistério Lula

Em 7 de junho de 2022

Andando pelo meu Rio Grande do Sul, percebo, nos lugares em que se reuniram para me ouvir, que as pessoas imaginam que, vivendo em Brasília, posso saber mais do que elas. No entanto, hoje todos têm o mesmo acesso à informação, desde que as redes sociais substituíram o monopólio da notícia. Agora, quem está no interior do Rio Grande do Sul – ou no interior do Acre – tem acesso às mesmas informações que tenho tido como vizinho da Praça dos Três Poderes. Claro que permanecem alguns mistérios. Um deles, para mim, foi aquela ida de Temer ao Palácio, em 9 de setembro, levando um rascunho de declaração, supostamente para fazer com Bolsonaro uma paz com Alexandre de Moraes, que nunca foi posta em prática. Segundo Bolsonaro, Moraes não cumpriu o que fora pactuado.

Outro mistério, que se tornou ainda mais forte aqui no Rio Grande depois da visita de Lula, e deixou os gaúchos da roda de chimarrão ainda mais desconfiados e curiosos: o que pretende Lula? Faz declarações que afastam e assustam eleitores, como dizer que vai desarmar todo mundo. Aqui no Rio Grande, o referendo de 2005 sobre armas deu 87% a favor delas. O estado foi o campeão das armas, bem acima da média nacional de 64%. Aliás, a lei do desarmamento não seguiu a vontade da maioria. Lula contrariou a maioria gaúcha na questão das armas – um assunto que a diplomacia político-eleitoral recomenda calar por aqui. Como se sabe, também brigou com o Agro. Aí, foi para o interior do Estado e não conseguiu chegar a Passo Fundo. Bloqueado por manifestações hostis. Cancelou o restante da viagem por razões de segurança.

Essa atitude de gerar conflito também aconteceu com parlamentares que ele recomendou serem assediados com pressão sobre suas famílias, em seus endereços privados. Faz xingamentos por todos os lados, deixando a interrogação: o que quer Lula? Tornar sua candidatura inviável?

Agora mesmo saiu um esboço de programa de governo do PT: revogar o teto de gastos que é constitucional, revogar a reforma trabalhista, as privatizações, controlar o câmbio, a mídia, ampliar o direito ao aborto. Tudo depende do Congresso e até de mudança constitucional; incluindo questões impossíveis de mudar, com fatos econômicos já consolidados, como estatais privatizadas. Implantar a censura, revogando o artigo 220 da Constituição, já que fala em "coibir a propagação de mentiras" (vão criar o Ministério da Verdade?). O programa tem um capítulo que é um deboche: Combater a Corrupção.

Tem gente assuntando por aqui, enquanto sorve o chimarrão quente para se proteger do frio: o que pretende Lula? Tornar sua candidatura inviável e ter um pretexto para desistir e se consolidar líder de um segmento sem correr o risco de uma derrota como fim de carreira? Lula fechou-se para a esquerda moderada ao declarar que o PSDB acabou. E faz afirmações típicas de extrema esquerda. Parece ter optado por se tornar um símbolo dessa esquerda que refuta o direito de propriedade, que é pela luta de classes, pela união de uma América Latina socialista. Isso gera mais rejeição, mas garante um lugar na galeria da liderança de esquerda mais à esquerda.

Constituição esfaqueada

Em 14 de junho de 2022

A primeira facada na Constituição foi desferida em 31.8.16, quando foi cortado um pedaço do parágrafo único do art. 52, na condenação da Presidente Dilma. Presidia o julgamento o presidente do Supremo, Ricardo Lewandowski e o Senado, Renan Calheiros. Num arrazoado semelhante ao que mais tarde iria liberar Lula da Lava-Jato, Lewandowski e Calheiros obtiveram 42 votos contra 36 para não inabilitar a condenada, como manda a Lei Maior. Já era o Senado se acumpliciando. Na opinião pública, houve omisso silêncio ao descumprimento claro da Constituição e isso encorajou novos cortes.

Em 14.3.19, o Presidente do Supremo, Dias Toffoli, por portaria, mandou abrir inquérito sobre agressões verbais à Corte, com base no Regimento Interno, como se fossem ameaças dentro das instalações da Casa, embora tivessem ocorrido nas redes sociais. E nomeou relator Alexandre de Moraes, sem sorteio. Não houve iniciativa do Ministério Público, como manda o art. 129 da Constituição. Foram facadas nos artigos 5º e 220 da Constituição. Em consequência, censura e punições por crimes de opinião. Prisões arbitrárias, jornalistas jogados em presídio, assim como presidente de partido e até deputado federal – numa facada mortal na inviolabilidade por quaisquer palavras, estabelecida no art. 53 e o antológico flagrante continuado, inventado para retirar o deputado de seu asilo inviolável às 11 da noite.

Em fins de abril de 2020, Sérgio Moro se demitiu do Ministério da Justiça e o segundo artigo da Constituição foi esfaqueado. Sem ligar para a harmonia e independência do poderes, o Supremo vetou nomeação pelo Presidente de um subordinado seu, o Diretor da Polícia Federal e ainda mandou revelar o conteúdo de reunião ministerial feita a portas fechadas em que o presidente cobrava ministros, inclusive Moro. Celso de Mello chegou a requisitar o celular do Presidente, no que recuou ao saber que não iria ser atendido. No mesmo ano, a pretexto da pandemia, aboliram-se cláusulas pétreas, só passíveis de alteração por uma Constituinte. Os direitos de reunião, de ir-e-vir e de culto foram sublocados, pelo Supremo, ao arbítrio de prefeitos e governadores. Deixava de existir garantia da ordem jurídica. Em 15.4.21, por 8 a 3, o Supremo confirmava *habeas corpus* de Fachin, declarando incompetência da 13ª Vara Federal de Curitiba para julgar Lula. Consagrava a impunidade, após ato semelhante em 4.8.20, quando proibiu a polícia de atuar em regiões cariocas tomadas pelo tráfico, também sob o relato de Fachin. Crimes sem castigo, pagam os inocentes.

Agora a Comissão Interamericana de Direitos Humanos, da OEA, interpela o Supremo sobre o que o Ministro Marco Aurélio batizou de Inquérito do Fim do Mundo – na verdade, fim do Direito no Brasil. Não há como responder que o suposto ofendido é que investiga, denuncia, julga e executa, sem acesso dos autos aos advogados dos investigados. Parte da nação assiste em silenciosa aprovação. Essa omissão é mais preocupante que o ativismo dos que esfaqueiam a Lei Maior. Mas há esperança. Como em Copa do Mundo, quando todos viramos técnicos, cada vez mais brasileiros agem como constitucio-nalistas, torcedores da Constituição, acompanhada como a seleção das leis garantidoras dos direitos – e observam a atuação de cada um dos 11 julgadores do Supremo em suas posições em campo. É dessa torcida que emana todo poder.

Amazônia cobiçada

Em 21 de junho de 2022

O duplo assassinato no Vale do Javari reacendeu as manifestações de uma cobiça que já dura quatrocentos anos. Ironicamente, as ações estrangeiras usuais têm sido mais discretas que a de brasileiros que agora construíram mais uma narrativa a justificar o sonhado condomínio internacional para *administrar* as riquezas naturais da área. Administrar significa dominar e usar. Quando estrangeiros fazem isso, apenas estão insistindo no que sempre fizeram; quando brasileiros se unem a eles, tentando lesar o primeiro fundamento da nossa República, que é a soberania (artigo 1º da Constituição), isso choca. Na minha infância, chamávamos os brasileiros que trabalhavam contra o Brasil em plena Guerra Mundial de quintas-colunas. Lembro-me de Brizola chamar esse tipo de gente de entreguista e vendilhão da pátria.

Agora, é um outro líder de esquerda, do partido de Brizola, que denuncia o crime de lesa-soberania: o ex-presidente da Câmara, ex-ministro de Lula e Dilma, ex-PCdoB, Aldo Rebelo, um estudioso da Amazônia e defensor dessa metade do nosso território. Não é uma questão de esquerda ou direita, mas de soberania nacional – o primeiro fundamento da nação. Vem de longe a cobiça. Os portugueses a combateram no século XVII, principalmente com Pedro Teixeira, que tirou holandeses, franceses, ingleses e espanhóis da nossa Amazônia, fixando a soberania com os fortes construídos de pedra no extremo da pátria. No início do século XX, acreanos decidiram ser brasileiros e não bolivianos, e se levantaram em armas liderados por Plácido de Castro. Rio Branco consolidou as fronteiras no Acre com a Bolívia, e no Amapá com os franceses.

Não são apenas os europeus, os cobiçosos. Em 1849, uma expedição científica da Marinha dos Estados Unidos voltou da Amazônia com a teoria de que a bacia amazônica faz parte da bacia do Mississipi: a direção dos ventos leva os navios da foz do Amazonas para os portos do sul dos Estados Unidos. Portanto, o Império Brasileiro deveria conceder aos americanos a livre navegação nos rios da Amazônia. Desconfiado, Pedro II pediu ao Barão de Mauá uma empresa de navegação nacional que preenchesse o vazio cobiçado. Os americanos já tinham anúncios em jornais, organizando expedições para explorar o Eldorado. Há cinquenta anos, o cientista Herman Kahn, do Hudson Institute, sugeriu inundar a Amazônia formando um lago gigantesco.

Brasileiros querendo entregar a Amazônia desrespeitam as memórias de Arthur Reis, Osny Duarte Pereira, Cândido Rondon, Jorge Teixeira, e outros, mas principalmente ofendem a brasilidade dos amazônidas de todas as etnias e origens, que sabem a razão da cobiça e seus disfarces, porque não são ingênuos nem cúmplices em relação à presença estrangeira por lá. Presença ilegal que é aplaudida por gente com o complexo de vira-lata, como chamou Nélson Rodrigues. Brasileiros da Amazônia sabem a diferença entre preservar – intocável e reservado para os estrangeiros – e conservar com sustentabilidade para o bem da natureza mais importante: a natureza humana. Ele sabem, todos os dias e noites, que essa Amazônia não é simplesmente do Brasil. É o Brasil.

Cadê a CPI das ONGs?

Em 28 de junho de 2022

Estava prontinha para começar a CPI das ONGs da Amazônia, com o apoio de 30 senadores, assinaturas mais que suficientes, no fim de agosto de 2019, mas Davi Alcolumbre, o senador do Amapá que presidia o Senado, demorava em pedir aos líderes que indicassem os membros de cada partido para começar a investigação. Parece que ele esperava pela Covid, para barrar a CPI. A pandemia veio, o Senado se encolheu, como tudo foi encolhido por uma campanha que queria encolher o país, as empresas e as pessoas. E assim foi até abril do ano passado, quando o ministro Barroso baixou liminar mandando o Senado abrir CPI para a Covid, passando por cima da fila de preferência, que tinha à frente a CPI das ONGs. O plenário do Supremo confirmou, com um único voto contrário, do ministro Marco Aurélio. Os senadores, contrariando a independência estabelecida no segundo artigo da Constituição, baixaram a cabeça, e se fez aquela CPI do circo que todos conhecemos.

A CPI das ONGs da Amazônia continua à frente da fila de espera. Como gritam agora por uma CPI do Ministério da Educação, no caso dos pastores, e como o duplo assassinato no Javari vitimou um europeu, é hora de lembrar da CPI das ONGs amazônicas. Por que não saem? O autor do requerimento, senador Plínio Valério, representa o Amazonas e diz que há 100 mil ONGs por lá. Com tanta ONG, nem haveria espaço para desmate, queimada, tráfico. Imagine cada ONG com dez pessoas, já dá um exército de 1 milhão de protetores da Amazônia. Dá três vezes o efetivo das Forças Armadas. A ex-ministra Damares Alves me diz que ONGs estrangeiras usam aldeias como zoológico humano para produzir e vender documentários milionários na Europa; ONGs que agem como donas de territórios indígenas.

Diante de provas de compra, no município de Coari, de 4 mil quilômetros quadrados de terras por holandeses via ONG, segundo o senador Valério, o presidente do Senado, Rodrigo Pacheco, em novembro último, prometeu para início deste ano a abertura da CPI.

A área em Coari equivale a um décimo da superfície da Holanda. Mas até agora nada. Já vamos para o segundo semestre, com campanha eleitoral. O senador Valério disse à revista Oeste que uma grande rede de televisão é contra. Por quê? Coari, segundo o senador, tem sob o solo imensa riqueza de petróleo e gás. Assim como na *Cabeça do Cachorro*, meu amigo aviador conta que muitos de seus voos vão lotados de canadenses, como *turistas*. E por lá, o chão está cheio de nióbio. Ainda segundo o senador Valério, tem ONG usando brasileiros como laranjas – em geral europeias.

Agora, a desculpa é que é ano eleitoral. Ora, esta CPI não é politizável; é de defesa dos interesses nacionais, bem acima de partidos políticos. Uma auditoria do TCU mostra que 85% do dinheiro de muitas ONGs são despesas da própria diretoria. O senador Valério identifica hipocrisia e picaretagem. Parece pior: infiltração para dominar nossa riqueza natural. Tem dinheiro brasileiro e tem dinheiro de governo europeu, que não é repassado direto, mas via organismos *protetores* da Amazônia. Temos todo o direito de saber. ONGs que sejam instrumentos de interesses estrangeiros na Amazônia precisam ser mostradas à luz de uma CPI, que está apta a começar. Por que não começa? O silêncio que se faz é indício de que algo precisa continuar escondido sob a floresta.

Abstenção decide

Em 5 de julho de 2022

Estariam, os brasileiros, se desinteressando por eleições? Segundo estudo sobre alienação eleitoral, do Instituto Votorantim, publicado ontem pelo Estadão, a abstenção, mais nulos e brancos, subiu de 18% para 25%, de 2006 a 2018. Significa que, a cada quatro eleitores, só três escolhem candidato. Esse aumento de alienação vem ocorrendo principalmente na região sudeste – São Paulo, Minas, Rio de Janeiro e Espírito Santo –, onde estão 63 milhões de eleitores, 46% do total, e a maior parte dos 30 milhões de idosos não obrigados a votar. Em países próximos, com voto facultativo, a alienação eleitoral foi decisiva.

No Chile, os constituintes acabam de entregar ao presidente Boric o texto da nova Constituição. Ela extingue o Senado de duzentos anos, cria cotas no parlamento, justiça diferente para as etnias originais, aumenta *direitos sociais* como aborto, e diminui o poder da polícia, entre outras mudanças. Tem 388 artigos, e é uma das mais extensas do mundo. Entre os 154 constituintes que trabalharam um ano, a maioria é da esquerda; apenas 37 de partidos de direita. Em 4 de setembro, ela será submetida a um referendo popular. Pesquisas indicam que apenas de 25% a 33% aprovam a nova Constituição. Como assim? Num plebiscito de 2020, 78% afirmaram querer uma nova constituição. Em maio do ano passado, elegeram os constituintes pouco mais de 5 milhões dos quase 15 milhões de chilenos aptos a votar. Quer dizer, apenas 36% escolheram quem faria a Constituição; agora, a maioria que se absteve de votar a desaprova. Esse é o preço da abstenção – deixar que a minoria decida, abrindo mão de um poder que a democracia oferece. Na Colômbia, há pouco, 18 milhões não votaram e 11 milhões elegeram o presidente Gustavo Petro.

Faltam três meses para a eleição de 2 de outubro. O voto é obrigatório, diferente do Chile e da Colômbia, mas as sanções para quem não votar são mínimas, e estão dispensados da obrigação os eleitores com mais de setenta anos. Esses, são cerca de 30 milhões.

Além disso, é bom lembrar que o *fique em casa*, que prejudicou os brasileiros, pode prejudicar também o poder da maioria, pedra de toque da democracia. Jovens de dezesseis e dezessete anos, que poderiam votar mas não são obrigados, não se empolgaram: hoje, são metade dos 2 milhões que se alistaram em 2002. Os que não votam, ou inutilizam seu voto, deixam que os outros decidam.

Para ser eleito em outubro, o governador ou presidente precisa ter maioria entre os votos válidos. Juscelino foi eleito com 36% dos votos; o segundo candidato teve 30% e o terceiro, 26%. E houve uma contestação muito grande por parte dos 56% que não queriam JK. Por isso, hoje há o segundo turno, entre os dois mais votados, obrigando-se a ter o vencedor mais da metade dos votos válidos. Mas os votos nulos e brancos não contam. No segundo turno da eleição presidencial de 2018, somadas as abstenções, votos anulados e brancos, foram 42 milhões de eleitores que não participaram da decisão. O perdedor, Haddad, teve 47 milhões de votos e o vencedor, quase 58 milhões. O equivalente à população da Ucrânia, ou da Argentina, não participou da escolha do presidente do Brasil.

O que serve para presidente ou governador, serve também para a escolha de nossos representantes no Legislativo. Eles terão o poder de fazer, alterar ou desfazer leis e até de mexer na Constituição, no que não for cláusula pétrea. Nós, eleitores, temos o poder de, dentro de três meses, escolher aqueles que podem impedir que a Constituição seja desrespeitada, e eleger aqueles que, nos poderes Legislativo e Executivo, garantam o futuro de nossas famílias com valores em que acreditamos. Se nos alienarmos na escolha, ficando em casa ou votando branco e nulo, perdemos a razão para reclamar das consequências.

Os complacentes

Em 12 de julho de 2022

O trágico incidente em Foz do Iguaçu mostra o quanto os ânimos estão acirrados por causa da eleição de outubro. Muita gente alerta para o risco de uma ruptura institucional. Essa gente deve estar em outro país, porque rupturas institucionais estão ocorrendo na cara de todos nós. A primeira foi em 31 de agosto de 2016, quando a presidente foi condenada mas não respeitaram o parágrafo único do artigo 52 da Constituição, pelo qual presidente condenado fica inabilitado de exercer função pública por oito anos. Presidia, a sessão de julgamento no Senado, o próprio presidente do Supremo, tribunal guardião da Constituição. Depois disso, infringiram até cláusulas pétreas do artigo 5º, em que direitos e garantias fundamentais foram cancelados, a despeito de o artigo 60 proibir sua abolição.

Além disso, o artigo 53, da inviolabilidade de senadores e deputados por quaisquer palavras, foi ignorado, assim como o artigo 220, que trata da liberdade de expressão por qualquer processo e a vedação da censura. E, culminando, veio o "inquérito do fim do mundo", assim chamado pelo ministro Marco Aurélio. Um inquérito que deixa perplexo quem pensa que é pedra de toque do direito o devido processo legal. No inquérito, quem se considera vítima ou ofendido é quem investiga, denuncia, julga e pune, seja quem for, mesmo sem ter foro no Supremo. Tudo isso sem falar nas intromissões em outros poderes, como mandar o Senado abrir CPI ou proibir o Chefe de Governo de nomear um subordinado.

Assim, preocupar-se com ruptura futura é passar recibo de alienação da realidade. E quem não fica preocupado com isso, age como o personagem do poema de Milton Niemöller, que relata que um dia levaram seu vizinho judeu, no outro, seu vizinho comunista, depois, seu vizinho católico e ele não se importou por não ser judeu, comunista e católico. No quarto dia o levaram e já não havia vizinhos para defendê-lo. Tem gente que até torceu para levarem seus concorrentes, mas veja o que escreveu Eduardo Alves da Costa em *No Caminho, com Maiakóvski*:

> Primeiro roubam nossa flor e nada dizemos, depois pisam no nosso jardim e matam nosso cão e não dizemos nada. Depois, o mais frágil deles entra em nossa casa, rouba-nos a luz e "conhecendo o nosso medo, arranca-nos a voz da garganta e já não podemos dizer nada".

Enquanto for com os outros, silêncio. Mas esse silêncio cúmplice também é um silêncio do suicídio de nossos direitos e liberdades. Está tudo posto na mesa; já aconteceu, já pisaram nas nossas flores, já levaram nosso vizinho. Poucas vozes gritam no Senado, onde se ouve o silêncio da omissão. O ativismo judicial se expande ante a passividade de senadores, nos quais o medo abafa a voz da garganta. No crime de estupro, a medicina legal estuda o hímen complacente. O Ministério Público, fiscal da lei, nada diz; falam alguns professores de direito, alguns juristas, e são raríssimas as denúncias pela mídia. No Brasil de hoje, o estupro da Constituição é admitido por mentes complacentes.

Eleição e segurança

Em 19 de julho de 2022

Por que Bolsonaro convidou embaixadores para ouvirem, na residência presidencial, um relato sobre questões domésticas da política brasileira? Porque – muitos embaixadores me dizem – a desinformação sobre o Brasil é muito grande, e fica melhor sem intermediários, ouvir da fonte primária. As narrativas com a repetição e sem contestação viram verdade. A maioria das notícias de depois do encontro, confirmaram isso. Estavam lá mais de cem embaixadores. Um deles me diz que se sentiu falta de alguns asiáticos, que talvez não tenham entendido o convite. "Foi um encontro inusitado, de falar sobre política interna em plateia internacional. Mas, afinal, quem começou a internacionalizar o doméstico foi o próprio TSE", observou. Depois que terminaram os cinquenta minutos de exposição de Bolsonaro, o presidente conversou amistosamente com os embaixadores. Poucos saíram logo depois de cumprimentá-lo. Alguns, saíram vinte minutos depois, outros ficaram uma hora na conversa com o Chefe de Estado.

Nos relatórios para suas chancelarias, os embaixadores certamente relataram a conversa final e informal e resumiram a argumentação do presidente sobre a segurança das eleições. Eles querem saber agora quais serão as conclusões do inquérito da Polícia Federal sobre a invasão dos computadores do TSE. O Brasil é importante para 150 países que recebem nosso principal produto: o combustível para o corpo humano. Para os vizinhos, o Brasil é a potência sul-americana e o resultado da eleição – na prática entre dois candidatos – vai definir os próximos anos. Vão contar que o presidente reafirmou que quer eleição limpa e transparente, para que não haja contestação; que os militares foram convidados para a Comissão de Transparência do TSE, mas suas sugestões de segurança, a fim de evitar outro hacker, não foram aceitas. "Ainda há tempo de adotar o que os militares da área cibernética sugeriram", disse o presidente.

Os presidentes do Supremo e do TSE, convidados, justificaram que não poderiam ir por razões de isenção. Imagino que os ministros do Supremo que emitem opiniões no exterior consideram que a isenção do magistrado só vale dentro das fronteiras do Brasil – o que é difícil crer. Fachin reafirmou, no mesmo dia, que o sistema é seguro, transparente e auditável. Mas não seria mais pacificador adotar o comprovante do voto digital acoplado a uma impressora? Por mais de uma vez foi lei aprovada no Congresso, e foi usado em 2002 em Sergipe e Distrito Federal. O Supremo derrubou. Dilma vetou, derrubaram o veto. E, recentemente, Barroso foi ao Congresso ajudar a derrubar de novo o projeto. Por quê? Não seria mais fácil ter o comprovante? Todos ficariam satisfeitos e confiantes. E por que não aceitar sugestões para mais segurança? Seria dividir com os militares da defesa cibernética a responsabilidade pela segurança da apuração. O eleitor certamente quer que o voto dado seja realmente computado para seu escolhido. E a transparência precisa dar-lhe certeza disso. Afinal, a eleição não é do TSE; é do povo, de onde emana todo poder. E a eleição é para decidir em mãos de quem ficará o poder político no Brasil. Imagino que os embaixadores observaram, nos seus relatórios, que o presidente, ao final, repetiu que eleição é questão de segurança nacional.

Bandeira e eleição

Em 26 de julho de 2022

A juíza gaúcha que ameaçou proibir a Bandeira Nacional e a cantora brasileira, que num palco californiano pisoteou a bandeira de seu próprio país, levaram para o topo das atenções nas redes sociais o nosso símbolo nacional. Ainda menino, via meu avô hastear a bandeira na fachada de casa em todos os feriados nacionais e durante a Semana da Pátria; no grupo escolar, ainda nos anos 1940, hasteávamos e arriávamos a bandeira todos os sábados, cantando o *Hino Nacional* e o *Hino à Bandeira* – que tem letra de Olavo Bilac. Eu ainda não tinha dois anos de idade e Sílvio Caldas gravava Fibra de Herói, com simples e bela letra do poeta Theófilo Barros Filho e música do consagrado maestro Guerra Peixe.

Hoje, os quartéis adotaram a vibrante Fibra de Herói, que tem por estribilho "Bandeira do Brasil/Ninguém te manchará/Teu povo varonil/Isso não permitirá". Na época, o mundo estava em guerra, mas o Brasil ainda não, embora naquele ano tenha sido afundado o 13º mercante brasileiro. Hoje, há uma quase guerra por causa da eleição de outubro, e ações contra a bandeira têm causado indignação ou indiferença. Eu me senti pisoteado. Cheguei a tuitar que a cantora pisoteava meus avós, meus pais, meus filhos – todos simbolizados pelo auriverde pendão da esperança, do poema de Castro Alves. Porque ela simboliza a todos nós, brasileiros – os vivos, os mortos e os que vão nascer. Li que a cantora fora beneficiada com 1,9 milhões de reais da Lei Rouanet em 2011, quando a tia dela era Ministra da Cultura. Assim, ela não pisoteava a bandeira, mas esperneava sobre o símbolo do Brasil.

A juíza gaúcha, coitada, recebeu um chega-pra-lá do TRE; a cantora alega que se arrependeu no momento seguinte, passando atestado de ciclotimia grave. Elas não têm noção sobre os valores da nacionalidade, as raízes que nos unem num país. Os símbolos são importantes. As pessoas os têm, as famílias, as empresas, as religiões, os clubes esportivos. E o nosso símbolo maior é a Bandeira, como é a Constituição, como lei maior. Pisotear uma e outra são agressões a todos nós. São amálgamas que nos unem, numa época em que parece haver, no ocidente, um movimento que visa à separação, ao apartheid, quem sabe para nos enfraquecer. Divide *et impera*. Ou seja, fracciona uma nação, separando seus nacionais, para facilitar a tomada do poder e impor a vontade do conquistador.

A bandeira tem quatro cores. As cores dos brasileiros têm todos os tons de pele, numa mistura genética que formou uma gente bonita, graciosa, bondosa, muito especial, a ocupar esse país-continente tropical. Quando estudávamos nossos heróis, no grupo escolar, Marcílio Dias me impressionava, porque defendeu a bandeira que os inimigos queriam arrancar do mastro de seu navio. E morreu misturando seu sangue rubro com as cores do pavilhão sagrado, verde-e-amarelo. A juíza e a cantora que atacaram a bandeira servem para sacudir nossas consciências a lembrar que somos todos guarda-bandeiras, e que a indiferença de muitos mostra que o nosso símbolo maior – que nos une na união que faz a força – está esquecido nas escolas e talvez em nossas casas.

Pesquisas e ruas

Em 2 de agosto de 2022

O jornalista é, antes de tudo, um cético. Começo parafraseando a conhecida frase de Euclides da Cunha sobre o sertanejo. Na natureza do jornalista está o ceticismo, a incredulidade, tal como São Tomé. A ingenuidade, a credulidade, são pecados no jornalismo. A priori, duvida. Não pode aceitar um fato à primeira vista, como se fosse uma questão de fé. Corre o risco de ser usado. Digo isso para me justificar: não é má vontade com as pesquisas; é uma questão de racionalidade, em que a dúvida é o melhor aliado. Tudo isso para dizer que não consigo me basear em pesquisas. Primeiro, porque elas já me enganaram há menos de quatro anos. Se eu permitir que me enganem de novo, a culpa é minha.

Estamos em agosto. No agosto de 2018, a pesquisa mais conhecida mostrava que Bolsonaro tinha a maior rejeição entre os candidatos; Witzel no Rio, Ibaneis no DF, Zema em Minas, eram azarões; Dilma estava eleita senadora pelos mineiros. Não sei por que milagre, o mais rejeitado dos candidatos acabou presidente da República. Agora vejo pesquisas que entrevistam 2 mil num universo de 156 milhões de eleitores. Quer dizer, a agência de pesquisa tem que descobrir 2 mil entrevistados em que cada um deles represente 78 mil eleitores. Explicam que é por um critério de amostragem. Para mim, é um milagre da ciência estatística. A propósito, aconselho ler o *Como Mentir com Estatística*, de Darrell Huff, lançado em 1954 e ainda hoje recomendado por Bill Gates.

Vejo investidores, banqueiros, empresários, fazendo planejamento para o ano que vem com base em pesquisas eleitorais. Pergunto se as pesquisas de mercado têm fornecido a eles caminhos seguros para apostarem no futuro. As pesquisas falam em margem de erro. Não consigo entender a matemática que dá um desconto de 5% ou 2% na psiquê do entrevistado. Não imagino que as agências estejam movidas pela intenção de apresentar um resultado de sua preferência ou interesse. Apenas imagino o quanto o método é carente de certezas.

Para antecipar resultado eleitoral, prefiro a boca de urna. Tampouco consigo me convencer que alguém que era do PT dois meses antes da eleição, tenha votado em Bolsonaro na hora de acionar o teclado da urna.

O mais difícil é acreditar que políticos estejam usando as pesquisas como réguas da sua programação de campanha. Só os ingênuos ou neófitos. Não o veterano político dotado, por natureza, de um instinto para povo, de um sexto sentido que lhe faz sentir o que o povo quer. Seria um populista, um demagogo? Provavelmente não. Pode ser um democrata, que sabe que o poder emana do povo e ausculta o que o povo quer, nos gritos, nas falas, nos gestos, nas vaias, nas ruas. No ceticismo jornalístico, vale o que vejo e não o que está escrito.

200 anos de independência

Em 8 de agosto de 2022

Está no Supremo um caso que é da Prefeitura do Rio de Janeiro: o local das comemorações da Data Nacional, neste ano festejando os duzentos anos da Independência. Será na avenida Presidente Vargas, no Centro, como tem sido, ou desta vez, por sugestão de Bolsonaro, na avenida Atlântica, em Copacabana, como tem sido o Réveillon? Mais uma vez, o partido Rede, que tem um senador e dois deputados, se reforça usando os votos do Supremo. Isso contraria o desejo expresso do presidente Luiz Fux:

> Essa prática tem exposto o Supremo a um protagonismo deletério [...] quando decide questões que deveriam ter sido decididas no Parlamento. Tanto quanto possível os poderes Legislativo e Executivo devem resolver *interna corporis* seus próprios conflitos. [...] conclamo os atores do sistema de justiça aqui presentes para darmos um basta na judicialização vulgar e epidêmica de temas e conflitos em que a decisão política deva reinar.

A conclamação vai completar dois anos no mês que vem.

Vai ser trazido de Portugal, para dar ainda mais significado à comemoração, o coração do príncipe Pedro, que proclamou a Independência. Ficará no Brasil por pouco tempo. Lembro-me de quando o corpo de Pedro I foi transferido ao Brasil, nas comemorações do sesquicentenário da Independência – que cobri, pelo *Jornal do Brasil*. Passou por todas as capitais antes de ser depositado no Monumento à Independência, no local onde ele gritou "Independência ou Morte!". Era o ano de 1972, e estávamos desfrutando do milagre econômico – o Brasil crescia mais que a China. Em 1970, tricampeonato no México, PIB 10,4%; 1971, 11,34%; 1972, 11,94%; 1973, 13,97%! Eu era repórter econômico do JB e dou meu testemunho: não foi o presidente Médici nem o ministro Delfim que causaram esse milagre, mas o otimismo e o entusiasmo do brasileiro.

O pior ano da tentativa de quebrar o país, 2020, pelo fique em casa e a suspensão de direitos e garantias fundamentais, o FMI previu que o PIB brasileiro despencaria 9%. Caiu metade disso, porque o brasileiro levantou, sacudiu a poeira e deu a volta por cima. Agora, o IPEA mostra que a pobreza extrema, que atingia 5,1% das famílias brasileiras, vai cair para 4% até o fim do ano – menos 22%. Enquanto isso, no mundo, a pobreza extrema sobre 15%. A propagação do pânico que paralisa exigiu uma maior presença social do governo, e o Bolsa Família, de 30 bilhões de reais/ano, virou Auxílio Brasil, de 115 bilhões de reais. A interrupção da corrupção institucionalizada fez sobrar recursos para isso, mesmo com redução de impostos. Depois do caos econômico do governo Dilma, já foram recriados 4,5 milhões de empregos com carteira assinada e, mais do que isso, assim que a pandemia aliviou, criaram-se 3,4 milhões de empresas, gente que experimentou a perda de emprego e se tornou dona do próprio negócio.

É o brasileiro, de novo, otimista, entusiasta, empreendedor. No Nordeste, o milagre não é apenas das águas; é do nordestino. O empreendedorismo se repete: prefere, por exemplo, uma renda própria de 5 mil reais a ter 2 mil reais com carteira assinada. Indústrias de laticínios vendendo tudo; de confecções, produzindo em dois turnos e terceirizando; o consumo subiu e se buscam empregados. Nesta terça-feira, começa o pagamento do auxílio de 600 de reais – dá mais um ânimo para quem precisa. O acolhimento popular do presidente ao Nordeste têm sido sinal da situação. Enquanto isso, Paulo Guedes e Campos Neto vão desfrutando dos resultados: inflação em queda aqui, enquanto sobe nos Estados Unidos e Europa; PIB em alta aqui, enquanto cai nas grandes economias. Mais razões para festejar o bicentenário do Brasil Independente.

A lei e o crime

Em 16 de agosto de 2022

A 16ª Câmara Criminal do Tribunal de Justiça de São Paulo acaba de confirmar a condenação de uma funcionária com vinte anos de empresa, por fraudar vale-alimentação, como gerente desse benefício. Aproveitando-se da confiança dos patrões, fez 117 operações fraudadas, totalizando 2,7 milhões de reais. A condenação é de três anos, dez meses e vinte e um dias... em regime aberto! Ou seja, é apenas um registro de que foi condenada. O resto da pena é "prestação de serviços à comunidade" e perda de bens e valores – isto é, valores que restam, de que ela ainda não desfrutou e bens que ela talvez tenha deixado em nome dela. Um estímulo a quem deseje se aproveitar de cargos de confiança, tendo o mesmo desvio de caráter daquela mulher.

No mesmo dia, em Brasília, o juiz da 10ª Vara Federal mandou para o arquivo processo contra Lula, Dilma e Mercante, acusados de obstrução à justiça – evitar a colaboração premiada do líder do PT, senador Delcídio do Amaral. Argumentou que Lula e Dilma têm mais de setenta anos, e a prescrição cai para a metade. Aí, o Ministério Público oficiou ao juiz sobre o prazo vencido. O juiz, diferente de Alexandre de Moraes, arquivou. Já havia ocorrido isso com outros processos contra Lula que, pelo Supremo, estariam erradamente em Curitiba. Como se vê, até o CEP e o calendário contribuem para que a justiça não seja consumada.

No sábado, morreu de câncer o ex-diretor da Petrobras, Paulo Roberto Costa, aos sessenta e oito anos. Estava condenado a setenta anos, mas como colaborou com a justiça, estava *cumprindo* pena em casa. Foi o primeiro a contar como funcionava o esquema de corrupção institucionalizada, envolvendo Petrobras, empreiteiras e partidos políticos. Também na semana passada, os que revelaram o organograma da corrupção foram punidos pelo Tribunal de Contas. A pessoa que estava no centro do organograma virou ficha limpa e é candidata a voltar ao cargo que ocupava. Os integrantes do Ministério

Público, o chefe Rodrigo Janot e o coordenador da Lava Jato, Deltan Dallagnol foram condenados pelo TCU a pagar 2,8 milhões de reais por gastos no inquérito. Jornais mostram que ministros do TCU gastam bem mais do que isso em viagens a Paris, Londres, Roma, Viena, Dubai, Aruba, Argel e Maldivas.

Na noite de domingo, Abílio de Brito estava sentado em frente à sua modesta casa, na zona norte de Teresina. Um assaltante chegou de moto e exigiu o celular. Abílio não tem, não saberia usá-lo por uma deficiência mental. Levou dois tiros na cabeça. O jovem criminoso roubou-lhe a vida, em vez do celular. O crime é banalizado. Acabo de ouvir de novo o vídeo em que um ex-presidente da República menciona que, por falta de perspectiva, jovens são presos roubando celular. Todos os dias se vê assaltante preso ser devolvido às ruas na audiência de custódia, para desespero da polícia. Como dizer a uma criança que o crime não compensa, se as novas gerações estão vendo esses maus exemplos? Os que elegemos para fazer leis têm sido lenientes com os criminosos. As leis penais brasileiras não desestimulam o assalto, a corrupção. No próximo dia 2 de outubro, é o momento de escolher legisladores que mudem isso.

Religião e eleição

Em 23 de agosto de 2022

A religião nunca esteve tão presente em campanhas eleitorais como agora. Talvez se possa dizer que Deus e o diabo estão nos comícios. O presidente Bolsonaro vem participando há tempos das marchas para Jesus com a recente participação ativa da primeira-dama, Michelle, que é evangélica. Lula acaba de afirmar, em comício, que não precisa de pastores e padres para falar com Deus. Basta fechar-se no quarto para conversar horas com Deus. No dia seguinte a essa declaração, Bolsonaro levou Michelle à missa, na Igreja de Nossa Senhora da Esperança, em Brasília.

Meu antigo colega de Jornal do Brasil, o ex-deputado Fernando Gabeira, com o brilho de sempre, sugere no jornal que se trate na campanha de grandes temas nacionais, em lugar do debate religioso, de tempos em que não havia separação entre estado e religião. Sim, o estado é laico – a gente repete. Mas há realmente separação entre estado e religião? Já no preâmbulo da Constituição, os constituintes declaram que a promulgam "sob a proteção de Deus". Entre as cláusulas pétreas da Constituição está a inviolabilidade de crença, assegurado o exercício dos cultos e proteção aos locais religiosos, assim como a assistência religiosa em lugares de internação coletiva, como presídios e quartéis. No artigo 143, alegação de crença religiosa pode substituir o serviço militar obrigatório, e o artigo 150 proíbe instituir impostos sobre patrimônio, renda e serviços de templos de qualquer culto.

Em aparente contraposição, o artigo 19 proíbe o serviço público de estabelecer cultos ou igrejas, de subvencioná-los ou embaraçá-los ou manter com eles relações de dependência ou aliança. Por isso o estado seria laico? Olho para nossa Suprema Corte de Justiça, e vejo um crucifixo, símbolo cristão, dominando o plenário onde se anunciam as decisões. Nos gabinetes de chefes de poder, governadores, prefeitos, em geral há imagens religiosas. Está até no papel-moeda: "Deus seja louvado", posto por Sarney em 1986, imitando o *In God we trust* do dólar. O Código Penal brasileiro (artigo 208) pune com até três anos de prisão quem escarnecer de algum fiel, ou perturbar cerimônia religiosa, ou vilipendiar objeto de culto. Estado laico?

Tenho visto manifestações políticas atacando imagens que são sagradas para a religião. Para uns, seria combate à idolatria; para outros, cometimento de sacrilégio. Questões como aborto, casamento entre pessoas do mesmo sexo, ideologia de gênero, educação sexual para crianças, liberação de drogas, valores familiares, têm sido, na verdade, objeto desta campanha eleitoral, porque são temas que misturam religião e política. O estado tem a função de garantir, entre as liberdades, a de ter ou não ter religião. Estado laico não deve significar estado antirreligioso, como o comunismo da União Soviética, que tentou banir a religião – e as raízes da Rússia são profundamente religiosas. Hoje, a Nicarágua persegue padres, tal como aconteceu em Cuba. No Chile, queimaram igrejas recentemente. O estado brasileiro não tem religião, como o Vaticano ou o Irã, ou como tem a Argentina, onde o segundo artigo da Constituição afirma que o governo federal apoia o culto católico. Em suma, o estado brasileiro pode ser necessariamente laico, mas não os eleitores nem os candidatos.

As marcas do voto

Em 29 de agosto de 2022

Meu amigo exigente me revelou que vai continuar escolhendo candidato pelo critério de *menos pior*. Diz que começa excluindo corrupto e mentiroso, depois faz um balanço das virtudes e defeitos do demais candidatos e decide por aquele a quem ele consegue suportar. Não é novidade esse critério; ao contrário, parece ser um dos mais realistas para avaliar os que se metem na política. Também mais prático, porque o eleitor que não suporta a política e que exige perfeição de caráter, de princípios, de capacidade administrativa, de conhecimentos gerais, acaba se inclinando ao voto em branco, à anulação do voto ou à abstenção – o que é um desastre triplo. Primeiro porque essa atitude em nada interfere na contagem de votos, segundo porque o eleitor transfere aos outros o seu poder de escolha, e terceiro porque o cidadão perde a razão para criticar aquele legislador ou governante escolhido num processo em que ele recusou participar.

Falta um mês para a eleição e é bom lembrar, como lição, o que está acontecendo no Chile. Sábado, os 15 milhões de eleitores chilenos irão obrigatoriamente às urnas para aprovar ou rejeitar uma nova constituição. Todas as pesquisas estão prevendo uma rejeição em torno de 60%. A constituição de 388 artigos extingue o Senado, cria justiça indígena, diminui o poder da polícia, aumenta a possibilidade de aborto e atende a muitas inspirações de cunho marxista – tudo o que contraria um país de maioria conservadora. Como aconteceu? É que, sendo o voto facultativo, a maioria se absteve, ficou com preguiça de votar, e apenas cerca de um terço dos eleitores elegeram os 154 constituintes, dos quais uns 120 são de esquerda. Agora, no plebiscito, com voto obrigatório, tudo indica que os que se abstiveram vão anular o trabalho de mais de ano dos constituintes

Aqui, a campanha eleitoral está nas ruas, nas redes sociais, e nos meios de informação. Se a medida do interesse forem as entrevistas e os debates na TV, até agora o engajamento do eleitor está baixo.

Longas e entediantes perguntas nas entrevistas e excesso de luzes e de apresentadores no debate, não conseguiram atrair mais gente para o show. Mas, se forem consideradas as manifestações nas redes sociais, os marqueteiros dos partidos vão acabar percebendo que os comícios do passado acontecem hoje nos celulares, com uma grande vantagem: a participação ativa dos eleitores. Os que não aprenderam isso em 2018 vão ficam em desvantagem. Aqui o voto é obrigatório, mas as sanções são minúsculas. Mas fica o aviso: na Colômbia, 18 milhões se abstiveram e 11 milhões elegeram o presidente de esquerda.

Nossa tendência é nos concentrarmos na escolha do chefe do Executivo; mas o presidente e o governador só conseguem realizar suas promessas se tiverem legislativos favoráveis. Faltando um mês para o 2 de outubro, é hora de pensarmos em escolher – seja qual for o critério – além do presidente e do governador, também o senador e os deputados. O bom uso do poder do voto influencia o futuro de seus filhos e netos bem além dos quatro anos de mandato. Administrações desastrosas deixam marcas nos nossos bolsos, no nosso bem-estar e no moral na Nação.

A constituição é nossa

Em 6 de setembro de 2022

A maioria do povo chileno acaba de rejeitar o projeto de uma quarta Constituição. Desde 1833 o Chile teve três constituições. Nós já tivemos sete: a de 1824, do Império; 1891, da República; 1934, abolida pelo ditador Vargas com a de 1937, a polaca; 1946, da redemocratização; 1967, do Governo Militar e 1988, da Nova República. Agora temos a Constituição 1988.5, que tem sido feita por um tribunal que deveria ser constitucional, mas age como constituinte – sem nenhum voto que o legitime como tal. Chegou a mexer em cláusulas pétreas, o que só uma constituinte original poderia fazer. O artigo 60 da Constituição diz que nem mesmo emenda Constitucional pode mexer em direitos e garantias individuais no artigo 5º, que o Supremo sublocou a prefeitos e governadores durante a pandemia.

O artigo 5º é o primeiro do capítulo mais importante da Constituição, que trata dos direitos e Garantias Fundamentais. A despeito de ser intocável, o Supremo, sem atribuições para isso, passou poderes a prefeitos e governadores, para suspender o direito de ir e vir, liberdade de culto, direito de reunião, acesso ao trabalho. E mais: ele próprio passou por cima da inviolabilidade do lar, a livre manifestação do pensamento. Até o caput do artigo 5º foi desrespeitado, com decisões que contrariam o "todos são iguais perante a lei, sem distinção de qualquer natureza". Ninguém esquece que, em 2016, no impeachment de Dilma, presidiu o julgamento no Senado o presidente do Supremo, guardião da Constituição. Mas ele não impediu que o parágrafo único do artigo 52 da Constituição fosse violado.

A *constituição* que vai sendo montada no Supremo põe um artigo derrogado do regimento interno do Tribunal acima dos artigos 127 e 129 da Carta de 1988. O artigo 43 do Regimento Interno do Supremo, feito em 1980, diz que a Corte pode abrir inquérito para investigar crime ocorrido em suas dependências. Mas, a partir de 5 de outubro de 1988, quem faz isso é o Ministério Público, "essencial na função jurisdicional do Estado", a quem compete "promover, privativamente, a ação penal". O "inquérito do fim do mundo" (como chama o ministro aposentado Marco Aurélio) foi criado pelo suposto ofendido para investigar supostas ameaças ao próprio Supremo, que não foram praticadas nas dependências da corte, por pessoas que não têm foro no Supremo e que supostamente não cometeram atos de maior poder ofensivo.

Além disso, a nova constituição do Supremo, como sugeriu o jurista Ives Gandra, passou por cima do artigo 53, da inviolabilidade do mandato por quaisquer palavras, no caso do deputado Daniel Silveira; ignorou o artigo 220, da liberdade de manifestação do pensamento sob qualquer forma e sem qualquer restrição ou embaraço, que veda toda e qualquer censura de natureza política, ideológica e artística. Tudo isso seria apenas ridículo, se não tivesse posto, no presídio, jornalistas, presidente de partido, deputado, e se agora não estivesse bisbilhotando, como fazem as ditaduras, conversas entre empresários. É uma ação deletéria – como disse Fux no discurso de posse – contra o próprio Supremo como instituição. E atinge a Constituição, lei básica, garantidora do sistema de leis, direitos e liberdades, que mantém a democracia. Na República Romana, os senadores assassinaram César porque ele queria tornar-se ditador e mudar a Constituição. Aqui, o Senado brasileiro trata com respeito cúmplice os césares que mudam a Constituição.

Uma rosa no Supremo

Em 12 de setembro de 2022

De uns anos para cá, a rotineira troca de presidente do Supremo tem virado notícia. No século passado, rendia uma notinha num canto do jornal. Talvez tenha começado essa exposição, quando o presidente Marco Aurélio instalou a TV Justiça, para divulgar os julgamentos em plenário. Cresceu quando Joaquim Barbosa assumiu a presidência e participou de memoráveis debates sobre o mensalão. Ele renunciou de repente e até hoje ninguém sabe por quê. Lewandowski, presidente do Supremo, entrou para a história ao presidir o julgamento de Dilma, quando foi rasgado o parágrafo único do artigo 52, ficando a condenada elegível – e o povo de Minas teve que completar a condenação. Depois, veio Carmen Lúcia, anunciando aos quatro ventos, no dia da posse, que "cala-boca já morreu". Mal imaginava que, mais tarde, um cala-boca mais forte do que nunca partiria do Tribunal guardião das liberdades de pensamento e de expressão. Toffoli marcou sua presidência criando um inquérito sem Ministério Público, com base num artigo do Regimento Interno, derrogado pela Constituição.

Depois veio Luiz Fux, cheio de boas intenções. No discurso de posse, reconhecia as críticas de que o Supremo significa *judicialização da política* e *ativismo judicial*. Diagnosticou que o Supremo estava exposto "a um protagonismo deletério"– e conclamou seus pares "a darmos um basta na judicialização vulgar e epidêmica de temas e conflitos em que a decisão política deva reinar". Fux ficou dois anos na presidência vendo o protagonismo deletério só aumentar. Agora entra Rosa Weber, reafirmando na posse que o Judiciário não age *ex officio*. Sendo assim, como irá conviver com um inquérito interno que desconhece o devido processo legal? E assume em tempos de quebra do sistema acusatório: a acusação, a PGR, não vê crime mas o juiz Moraes não arquiva o inquérito. O juiz continua polícia e promotor – com o que não pode ser juiz.

Rosa Weber é primeiro lugar no vestibular e em todo curso de direito da Federal de Porto Alegre. Como vice de Fux, vinha revezando com ele o encargo de administrar o Supremo. Encargo que não representa nenhuma autoridade sobre os demais ministros. São onze cabeças, onze supremos. Pode conclamar seus pares, como fez Fux, mas não pode obrigar. Lembro do tempo em que ministros do Supremo mandavam para o arquivo as questiúnculas políticas que os partidos enviavam ao Tribunal, quando não tinham força para resolvê-las nos plenários do Legislativo. Terá ela vontade de corrigir os desvios? No discurso de posse, o que fez foi defender a autonomia do Supremo, embora tenha mencionado "excessos de poder e comportamentos desviantes". Será uma voz sem eco, como foi a tentativa de matar o cala-boca?

O mais conveniente resgate para o Supremo é o auto resgate. Vai precisar dominar vaidades e egos. E a tentação de fazer leis, quando os legisladores decidem não fazer. Afirmou que o Judiciário dá a última palavra, até para conter as maiorias parlamentares. O Supremo não pode inventar leis, se os legisladores, com mandato popular, não quiseram legislar sobre o tema. E muito menos agir como superiores à própria Constituição. Rosa Weber só terá um ano, porque será aposentada em 2 de outubro do ano que vem. Um ano para realizar as boas intenções dela em relação à democracia, às liberdades, ao direito e ao Judiciário. Estará rósea a imagem do Supremo?

Supremo político

Em 20 de setembro de 2022

O que é judicialização da política, que tanto preocupou o ministro Luis Fux, quando assumiu a presidência do Supremo? Ele fez um apelo a seus pares, para que dessem um basta no que estava desgastando a Suprema Corte, ao assumir questões que deveriam ser resolvidas no Congresso. Não foi ouvido por dois anos, e a Corte está cada vez mais desgastada, usada como instrumento de partidos que deveriam resolver questões políticas no foro político, e não no foro judicial.

Vejam, por exemplo, a atitude de dois pequenos partidos: a Rede, que tem apenas um senador e dois deputados; e o PSOL, que não tem senador e apenas oito deputados de 513. São os que mais recorrem ao Supremo. Ora, os eleitores brasileiros decidiram assim; limitou-lhes representatividade no Legislativo federal; em outras palavras, não lhes deu poderes para fazer leis por conta própria. Tampouco lhes deu muitas vozes para ocuparem a tribuna da Câmara e do Senado. Eles compensam isso usando o Supremo como alavanca de suas pretensões políticas e legislativas. O Supremo lhes dá a voz e o voto que os eleitores não lhes deram. Não é assim que funciona a democracia, em que prevalece a vontade da maioria. O Supremo então acrescenta, na balança política, o peso que o sistema democrático não deu a pequenos partidos.

Há casos atuais desse uso nas mãos da própria presidente do Supremo. A ministra Rosa Weber é relatora de uma ação, liderada pelo PSOL, contra o indulto concedido ao deputado Daniel Silveira. Em primeiro lugar, é paradoxal que um partido com oito deputados endosse o desrespeito à própria inviolabilidade do mandato de deputado por quaisquer palavras, do artigo 53 da Constituição. Em segundo lugar, conceder indulto é atribuição do presidente da República, sem condicionamento algum (artigo 84 XII). Mas o PSOL usa o Supremo como palanque em sua causa de oposição.

Outra ação do PSOL que está com Rosa Weber: o partido quer liberar o aborto até doze semanas. A lei prevê a possibilidade de aborto em caso de estupro, risco de vida da mãe e má-formação encefálica do feto. O PSOL quer ampliar a lei, mas não tem voto para isso. Então usa o Supremo para mudar a lei, sem que a Corte tenha recebido mandato para agir como Legislativo. Mas já fez isso em outras vezes, criando crime de homofobia e alterando o conceito de família que está na Constituição, artigo 226.

Tudo isso com o pretexto do que está no artigo 5º, XXXV: a lei não excluirá da apreciação do Poder Judiciário lesão ou ameaça a direito. Aí, é uma festa para partidos pequenos, alegando direitos – que, na verdade, não estão no artigo 5º, mas são invenções políti-co-ideológicas. Assim sendo, que sejam resolvidas entre os legítimos representantes do povo, com mandato específico para fazer leis. O Supremo é para interpretar a Constituição; não para mudá-la ou suprimir artigos e inventar outros. Até vinte anos atrás, quando um partido recorria ao Supremo em questões semelhantes, a reação era *arquive-se,* por se tratar de questão interna do Legislativo. O Supremo adorou ser ativista político, e está se expondo ao desgaste que era exclusivo dos políticos.

Primavera na urna

Em 27 de setembro de 2022

No próximo domingo, as urnas nos esperam para que decidirmos nosso próprio futuro e de nossos filhos e netos. Vamos dar procuração para outros brasileiros agirem em nosso nome, fazendo e mudando leis, administrando o dinheiro de nossos impostos. Não é o único momento em que o poder emana do povo, mas é o mais importante, porque formaliza a outorga do poder. Votei pela primeira vez em 3 de outubro de 1960. Meu eleito, Jânio Quadros, renunciou no ano seguinte, criando uma crise que nos tirou o voto direto para presidente. De Castello a Tancredo-Sarney, seis presidentes foram eleitos pelo Congresso.

Quando voltou a eleição direta para presidente, em 1989, a polarização Lula x Collor no segundo turno foi semelhante à de hoje, com ânimos à flor da pele, esquerda e direita se digladiando. Eu cobri aquela campanha, mediei o debate final entre os dois, comentei várias vezes o IBOPE, transmiti os resultados – mas não lembro dos nomes dos ministros do Tribunal Eleitoral nem dos juízes do Supremo daquela época. Naquele tempo, esses tribunais agiam com discrição, sem intromissão ou ativismo. Collor ganhou e depois sofreu impeachment. No Supremo, foi inocentado sob a constatação de que notícia de jornal não é prova. Assumiu o vice Itamar, que nos deu o Real e o fim da hiperinflação.

Depois vieram eleições presidenciais com disputas entre PSDB e PT, entre mais esquerda e menos esquerda. Após o desastre da corrupção e apropriação do Estado, apareceu Bolsonaro, despertando uma maioria que o elegeu em 2018. Naquele ano, houve polarização direita x esquerda, mas atenuada porque Lula estava cumprindo pena. Condenações anuladas e liberado para ser candidato, pelo voto de juízes que hoje comandam o TSE, Lula voltou à cena e a campanha ficou acirrada, embora ele não tenha se exposto às ruas. Agora, faltam cinco dias para ser julgado pelos eleitores. Os dois candidatos acham que vencem no 1º turno; um olha para as pesquisas e outro olha para as ruas. Como nunca houve tanta pesquisa, elas foram tão noticiadas quando a movimentação dos candidatos. Vai ser um teste definitivo das pesquisas, que erraram feio na última eleição presidencial.

Nunca vi uma campanha tão animada nem uma escolha tão fácil. Afinal, os dois submetidos ao julgamento das urnas são bem conhecidos. Lula foi presidente por oito anos e comandou o PT que governou seis anos depois dele. Uma exposição de catorze anos no governo. Bolsonaro, no próximo domingo, terá três anos e nove meses de presidência. O que os dois fizeram e deixaram de fazer é conhecido por todos. De nenhum eleitor será aceita a desculpa de "eu não sabia".

No último dia 22, entrou a primavera, estação das flores, da renovação da vida. Vamos votar em plena primavera. Que tudo que ela simboliza nos inspire a contribuir para que se espalhe uma longa primavera sobre todos nós, brasileiros, até nossos bisnetos.

Frustrações da urna

Em 4 de outubro de 2022

A indecisão na eleição presidencial desse domingo frustrou os dois lados que agora vão para o segundo turno. O lado de Lula, porque acreditou nas pesquisas que traziam indicação de vitória no primeiro turno. O lado de Bolsonaro, que viu nas ruas e no oceano verde-e-amarelo a indicação de ganhar fácil no primeiro turno. Assim como as ruas deixaram Bolsonaro com ilusão, as pesquisas iludiram Lula deixando-o confiante a ponto de ausentar-se das ruas.

As pesquisas reincidiram nos erros graves da eleição de 2018. Em nove empresas de pesquisas, nenhuma previa Bolsonaro com 43 pontos. Iam de 31 a 39. Entre as nove principais, apenas duas não apontaram Lula como vencedor em primeiro turno. O *agregador de pesquisas* do Estadão cravou 51 a 36 com a vitória de Lula. Em São Paulo, maior eleitorado, as pesquisas deram pouca importância a Tarcísio e ao Astronauta. Pontes elegeu-se senador com mais de 50% dos votos, e Tarcísio liderou o primeiro turno. Aqui, em Brasília, as pesquisas foram surpreendidas com Damares; acertaram no governador, mas erraram a classificação dos demais.

Deputados e senadores eleitos estão se mobilizando em busca de uma CPI para apurar se pesquisas tentam manipular o eleitor, fazendo-o crer num resultado que possa influenciar na decisão do voto. Sempre achei complicado tirar conclusões com uma amostra milesimal do eleitorado que não é homogêneo. Com o sangue humano, o laboratório pode tirar resultados com uma gota, mas com o cérebro emotivo do eleitor, é difícil até consultando uma amostra de 1%, que seriam 1.560.000 eleitores – mas entrevistam de 2 mil a 7 mil pessoas. Amostragem de 0,0013 do todo – um eleitor representa 78 mil? Ponha-se muita ciência nisso. Acompanhei 25 eleições em sessenta e dois anos e nunca vi tanta pesquisa como agora. Noticia-se mais sobre pesquisa do que sobre os candidatos e suas intenções e programas. Impõem sobre o eleitor uma enxurrada de pesquisas, como se fossem eleições diárias. Com que objetivo?

Quem acreditou em pesquisa ficou com a impressão de que o presidente se fortaleceu, como mostraram as manchetes do *day after*; já quem acreditou nas multidões das ruas, ficou desconfiado dos resultados. Tudo porque apareceu essa adivinhação que oferece uma bola de cristal diária como revelação do resultado das urnas. Nesta eleição presidencial pode ser que as pesquisas tenham querido entregar ao eleitor um fato consumado, mas o resultado disso nos candidatos pode ter sido o contrário, pois a consequência foi relaxar os músculos de Lula e estimular a atividade de Bolsonaro, que já fez maioria aguerrida na Câmara e no Senado. Formou um Congresso praticamente inviável para seu adversário.

Esta saturação de pesquisas e de empresas de pesquisa, revela uma atividade rentável, que encontra quem compre e encontra quem acredite. Mas desvia o eleitor do tema principal, que é não a torcida numa bolsa de apostas, mas pensar e debater sobre o passado do candidato, seu caráter, seu desempenho em cargo público, suas ideias e suas intenções. Muitas pesquisas, na prática e no cotejo com a realidade das urnas, mais parecem agências de apostas e de propaganda.

Voto útil

Em 11 de outubro de 2022

Os brasileiros estão fixados no próximo dia 30, em que serão decididos o presidente da república e doze governadores. No entanto, as eleições que mais importam já se realizaram no dia 2: a escolha dos poderes legislativos no nível federal e estadual. O Legislativo é o mais poderoso dos poderes. Ele pode tirar presidente e governador; aprovar e tirar ministro do Supremo desembargador do Tribunal de Justiça. A Câmara e o Senado formam o único poder que pode mudar a Constituição, desde que não seja cláusula pétrea. O Congresso Nacional e as Assembleias podem mudar, criar, revogar leis; podem aprovar ou recusar propostas do presidente da República ou do governador. E suas composições, sua cor política e ideológica, já foram decididas no dia 2. É um destino que já está escrito.

No Senado e na Câmara, depois de décadas de força centro-esquerda, o eleitor escolheu dar maior peso à direita e ao centro-direita e fez um Congresso conservador, que assume no próximo ano. A esquerda raiz ficou minoritária em menos de 20% no Senado e pouco mais de 25% na Câmara. Um presidente de esquerda teria imensa dificuldade para governar. O Congresso que saiu das urnas no dia 2 é o sonho de presidente de direita. O partido do candidato à reeleição terá a maior bancada na Câmara e a maior no Senado. A soma de seus apoiadores, na Câmara e no Senado, ficará com grande poder de decisão. O mesmo na relação entre as novas Assembleias legislativas e os governadores. Por exemplo, a do maior colégio eleitoral do país, São Paulo, onde vai haver 2º turno, está pronta para um governador de direita ou centro-direita. O partido de Bolsonaro fez a maior bancada e os apoiadores de Tarcísio vão ocupar no mínimo 55% das cadeiras. Seria problema difícil para um governador de esquerda.

Para o novo Senado, foram eleitos críticos do ativismo de ministros do Supremo. Senadores como Moro, Mourão, Damares, Magno Malta, certamente vão somar-se aos outros para induzir o Supremo a voltar à letra da Constituição e anular aquilo que o ministro Marco Aurélio chamou de "inquérito do fim do mundo". Afinal, já anularam, contrariando a razão jurídica, sob pretexto de incompetência territorial, condenações perfeitas e acabadas. E como a Constituição (artigo 57 §4º) proíbe reeleição para o mesmo cargo no período imediatamente seguinte, Rodrigo Pacheco já não estará com o poder de sentar sobre requerimentos de impeachment. Privatizações, reformas, defesa da vida e da família, lei penal mais severa, questões fundiárias e ambientais, tributos e burocracia, terão voto suficiente para deslanchar e modernizar o país, com o voto fácil do Congresso que recém saiu das urnas. Fazer o oposto disso, com esse novo Congresso, será inviável.

No 1º turno, buscou-se voto útil para induzir a terceira via a uma decisão no dia 2. Agora, os resultados na Câmara e no Senado nos põem diante de um voto útil inevitável. Um voto prático e racional. Diante do Legislativo de direita e centro-direita, a pergunta é: quem poderá governar com esse Congresso?

Seria inútil escolher um presidente que venha ficar paralisado, tentado a procurar repetir o mensalão, via emendas, ante um Congresso com a esquerda em minoria. O voto do primeiro domingo de outubro cria o dilema a ser votado no último domingo do mês, entre governabilidade e ingovernabilidade. A sorte está lançada desde 2 de outubro.

O voto e o crime

Em 18 de outubro de 2022

Desde a antiga Grécia – se atribui a Ésquilo – diz-se que na guerra, a primeira vítima é a verdade. Pois é o que estamos vendo, cada vez mais, à medida em que se aproxima o dia decisivo, na guerra eleitoral. A verdade é vitimada todos os dias. No debate na Band, foi uma enxurrada de mentiras. A mitomania está em seu ponto alto. Pior que a mentira deslavada, que todos percebem, é a mentira disfarçada de informação, camuflada como se fato fosse. César Maia criou o verbete factoide: tem forma de fato, mas não é fato; é o fato deformado, adulterado, para enganar quem simplesmente o engole passivamente, sem verificar se está engolindo informação envenenada.

O TSE fez campanhas contra isso mas, como estamos vendo, não tiveram efeito desejado. Já participei de 24 eleições e vi muitas outras, desde 1945 – a primeira depois da ditadura. Mas nunca encontrei tanto baixo nível como agora. Portanto, as campanhas da Justiça Eleitoral não deram resultado, anuladas pela alta temperatura emocional da campanha. Além disso, o TSE vem sendo mobilizado pelos partidos todos os dias, não apenas contra calúnias, injúrias e difamações, mas contra fatos do passado e do presente. E a Justiça apressada acaba fazendo censura, o que é proibido pela Constituição, no artigo 220. Por exemplo, na informação jornalística dos cumprimentos do ditador Ortega a Lula, que é notícia e não *fake news*; ou o caso de um documentário da Brasil Paralelo.

Agora o baixo nível desceu mais, com os tiros contra o veículo do candidato Tarcísio em Paraisópolis, São Paulo. Se foi atentado planejado – e já estavam prevenidos para isso, ante indícios – ou bloqueio para não entrar, não importa; acaso é que não foi. Não foi o caso de um tiroteio em que o candidato decidiu intrometer-se entre dois fogos. O fato é que se o veículo não fosse blindado, Tarcísio poderia estar ferido ou morto. O episódio faz lembrar do 6 de setembro de 2018, quando Adélio Bispo enfiou uma faca na barriga do candidato

Bolsonaro, que só sobreviveu porque atendido imediatamente por cirurgiões competentes da Santa Casa de Juiz de Fora.

O triste é que o fato de Paraisópolis, que impediu a entrada do candidato ao governo de São Paulo, se junta ao do complexo do Alemão, visitado pelo candidato à presidência, Lula, dias antes. Revela a existência de territórios dominados pelo crime, em que a lei brasileira não entra. O ministro Fachin e o Supremo contribuíram para agravar isso, ao impedir a entrada da polícia em tempos de pandemia. São santuários do crime, territórios "liberados", em que o poder criminoso permite a entrada de um candidato e bloqueia a entrada de outro. Quer dizer, é o crime participando ativamente da campanha eleitoral. Isso levanta uma terrível pergunta: tem a justiça eleitoral o poder de garantir voto livre aos eleitores que moram nessas comunidades dominadas pelo crime? Ou lhes será imposto o candidato que interessa às organizações criminosas?

Lixo eleitoral

Em 25 de outubro de 2022

Nas redondezas dos locais de votação o chão costuma ficar coberto de papéis, propaganda descartada. É o lixo que resta da eleição. Neste ano, com a mais censurada campanha, outro lixo que terá que ser varrido do Brasil é a cultura da mordaça. A despeito de a Lei Maior proibir expressamente qualquer tipo de censura, guardiões da Constituição ignoram o artigo 220 e aplicam censura a fatos do passado e presente e até do futuro, no caso da Brasil Paralelo, num documentário a que nem sequer assistiram, como revelou o ministro do TSE Raul Araújo, no dia da decisão de 4 a 3.

Até os dois principais jornais americanos, *Wall Street Journal* e *New York Times*, se preocuparam com as decisões do TSE. Uma das decisões que escandalizou os jornais americanos foi confirmada ontem pelo Supremo. O "poder de polícia" do TSE foi aprovado até pelos três ministros do Supremo que integram o TSE. Votaram em causa própria. A resolução confirmada contraria princípios constitucionais, segundo o procurador-geral: a liberdade de expressão, a isenção do juiz, a inércia do juiz, o direito ao recurso, a colegialidade da decisão. Uma única pessoa decide o que não é verdade – e censura. Até a Inquisição era colegiada.

Não houve, no Congresso, qualquer emenda à Constituição que revogasse o artigo que proíbe a censura. Assim, o Supremo aplica normas como se fosse Poder Constituinte e Legislativo. Tribunais administrativos, como TCU e TSE estão indo além de suas prerrogativas. O poder original do povo só foi delegado a deputados e senadores para fazer e desfazer leis. E as intervenções do TSE na liberdade de expressão não pacificaram as eleições.

Eles acreditam que o eleitor não tem discernimento para avaliar os argumentos dos lados em disputa. E resolveram tutelar pessoas civilmente capazes. Tornaram-se árbitros para decidir o que é verdade. O ministro aposentado Marco Aurélio, crítico desse comportamento, quando foi presidente da Justiça Eleitoral e juiz de eleições, agiu como aquele árbitro de futebol que passa despercebido. Hoje, juízes da eleição parecem mais importantes que os candidatos e os eleitores. Nesses últimos anos, temos visto juízes votando em casos de que são parte, como no "inquérito do fim do mundo" e como ontem. Qualquer estudante de direito sabe que isso é inadmissível. Esse será um bom tema para o novo Senado, assim como a aplicação da censura constitucionalmente vedada. A partir de fevereiro, um novo Senado certamente vai tratar disso.

Enfim, no domingo será revelada a decisão desse episódio que começou quando uma maioria de 8 a 3 do Supremo anulou processos já concluídos em suas instâncias decisivas. Agora isso vai desaguar no domingo. Embora os embates da campanha, nunca foi tão fácil decidir, porque os dois candidatos são bem conhecidos. Um, pelo que fez em catorze anos de governo do PT; outro, pelo que tem feito em três anos e dez meses de presidência. A decisão da maioria vai afetar o presente e o futuro de todos, e deixar frutos ou restos de lixo pelos anos vindouros, para nossos filhos e netos. Valores, liberdades, bem-estar, respeito à Constituição estarão sendo digitados nas urnas de domingo.

Futuro em jogo

Em 1º. de novembro de 2022

E leição decidida; próximos quatro anos com presidente petista. Como serão? Será preciso perguntar à bola de cristal? Ou apenas projetar, nesses próximos quatro, os catorze já passados e conhecidos? Para 60 milhões de eleitores, os catorze anos já não contam; ou sequer lembram ou não querem lembrar. Na época, eram crianças ou adolescentes, 21 milhões de eleitores de hoje. Muitos outros ainda só recebem notícia de uma única fonte – a fonte que lhes mostra a sua versão dos fatos. Assim decidimos os próximos quatro anos. Aparentemente, não serão fáceis para o presidente eleito. A Câmara de Deputados está com 73% de centro-direita e o Senado, com 67%; além disso, a maior parte dos governadores foi eleita pelo grupo que apoia o presidente que sai.

O presidente que entra vai receber um raro legado, longe da "herança maldita" de outros tempos. Inflação e desemprego em queda, PIB, arrecadação federal e investimentos em alta, balança comercial superavitária, endividamento público em baixa, otimismo entre empreendedores, credibilidade do governo, impostos em baixa, obras de infraestrutura por toda a parte, inclusive água para o Nordeste, e ministérios e estatais imunizados de partidos políticos – uma grande oportunidade para o novo chefe do governo, se estiver de bem com a maioria centro-direita do Congresso.

O Senado ainda precisa empurrar o Supremo de volta ao segundo artigo da Constituição, para que o tribunal deixe de ser também legislador e constituinte. Não vai adiantar simplesmente tirar ministro, a menos que o novo presidente indique realmente juízes e não advogados com causa. A judicialização da política, lamentada no discurso de posse de Fux, mostra que o tribunal ficou entre dois fogos, por não se manter acima da fogueira das vaidades. Antes era acusado de contribuir para tirar o PT do poder; agora é acusado de contribuir para tirar Bolsonaro do poder. Ativismo não é próprio de juízes. Juízes são isentos por natureza; já a natureza de advogados é defender causas. Fazer o Supremo abandonar o ativismo é um desafio para os poderes com mandato popular.

Numa eleição de 124 milhões de votos, decidida por pouco mais de 2 milhões de eleitores, mostra duas metades e destaca o quanto o não votar pode ser decisivo. Trinta e dois milhões de brasileiros deixaram que os outros decidissem. Não há como não lembrar de Pilatos, que lavou as mãos enquanto o povo optava por quem seria libertado ou crucificado.

O eleito leu um belo discurso após o resultado. Bonitas palavras, como discursos do século passado – ser um presidente de todos, por exemplo. Nada encontrei, entre as palavras, sobre a intenção de prevenir a corrupção, nem uma disposição sobre o teto de gastos, a conquista do equilíbrio fiscal aprovada no período Temer. Das palavras ditas, resgatei a afirmação de que o crescimento econômico será repartido entre toda a população. Anunciou a volta das "conferências nacionais" da esquerda e avisou que vai refazer tudo: "é preciso reconstruir este país na política, na economia, na gestão pública, nas relações internacionais"– um indicador da volta daqueles catorze anos de PT. Acentuou que ninguém está acima da Constituição – parece recado ao Supremo. Chegou a falar no "orgulho que sempre tivemos do verde e amarelo da bandeira"... mas uma parte sincera do discurso foi a afirmação de que a eleição "colocou frente a frente dois projetos opostos de país". Agora um projeto vai se opor ao outro. Se o Congresso permitir.

Fome de mentira

Em 7 de novembro de 2022

Antes das eleições, o Brasil tinha 33 milhões de famintos. Uma semana depois, a maioria ficou alimentada. Restaram 1,9 milhões abaixo da linha de pobreza. O candidato e a mídia vinham repetindo, como fazia Goebbels, que o Brasil tem 33 milhões de famintos. Claro que quem tem olhos para ver não via isso, ou as ruas estariam cheias de pedintes do tamanho de três Portugal. Mas o candidato e sua mídia repetiam: 33 milhões de brasileiros famintos. Agora aparece o Banco Mundial para estragar a narrativa: há bem menos brasileiros em extrema pobreza. Despencou de 25 milhões em 1990 para 1,9 milhões em 2020. Para os padrões econômicos internacionais, extrema pobreza é de quem ganha menos de US$ 2,15 por dia. O Auxílio Brasil corresponde ao dobro desse valor.

Só o Paraguai conseguiu semelhante proeza na América Latina. Outros estão dobrando a pobreza. Mas a mitomania tupiniquim, gostou dos 33 milhões e ficou a repetir. Certa vez, Lula explicou a Jayme Lerner que bastava citar um número que ninguém tinha como checar. Se referia a "25 milhões de crianças de rua sem ter onde morar", conforme relato do próprio Lula, sobre uma palestra que ele fizera em Paris. Lula contou que o arquiteto Jayme Lerner observara que com essa multidão de meninos, não conseguiríamos sair às ruas e Lula confessou, rindo, que inventava os números. Agora impressionou brasileiros desinformados e que não acreditam naquilo que seus próprios olhos veem nas ruas. Mas apareceu agora um jovem economista da FGV tentar amenizar o tamanho da mentira ao dizer que de 2020 para 2021 a miséria subiu.

O engodo desmoralizado pelo Banco Mundial foi usado na campanha eleitoral. Mas ninguém entrou no TSE reclamando da *fake news*. Aliás, se entrasse, dependeria do juízo do Tribunal, que tem o dom divino de separar a mentira da verdade numa campanha eleitoral. Até aqui nenhuma novidade, já que é do conhecimento público o desequilíbrio da balança da Têmis tupiniquim. Imaginem que agora, depois das anomalias mostradas pelo argentino, apenas pelo fato de Marcos Cintra ter cobrado uma explicação do TSE, o ex-Secretário da Receita foi bloqueado nas redes sociais e tratado como bandido, com prazo de 48 horas para a Polícia Federal colher depoimento dele. O ex-presidente do TSE, ministro Marco Aurélio, não viu crime em expressar opinião, e também expressou a dele: "é difícil conceber sessões com dezenas de votos apenas para um determinado candidato". Palavras de quem já presidiu eleições.

Derrogam-se os artigos 5º, inciso IV, e 220 da Constituição, que tratam da livre manifestação do pensamento sem anonimato e da liberdade de expressão e vedação da censura. O crime de opinião já foi criado há três anos pelo Supremo. Resta-nos a vergonha de estarmos exportando para ditaduras o estímulo para censurar liberdades. A Nicarágua acaba de imitar o Brasil. Aprovou a Lei Especial de Delitos Cibernéticos, com até dez anos de prisão para quem postar o que, para a ditadura Ortega, seja *fake news*. A verdade pode ser julgada mentira. E vice-versa. Mentir sobre 33 milhões de famintos vira verdade quando a mentira é publicada muitas vezes.

Transição para baixo

Em 15 de novembro de 2022

Lula, quando fala, assusta, como disse a decepcionada economista Elena Landau, que o apoiou no segundo turno. "Lula não aprendeu com os erros do passado". Na verdade, parece que voltou ainda mais disposto a recrudescer nos erros. Agora mesmo aceitou o jatinho para ir ao Egito, como aceitou o sítio e o triplex. Henrique Meirelles já recolheu os flaps e não está disposto a pousar no novo governo. "Boa sorte!", desejou ironicamente Meirelles, que vê um período diferente daquele primeiro ano de Lula, em 2003, em que a economia mundial derramava suas bênçãos sobre o Brasil. Hoje, a economia chinesa, desacelerada, faz uma grande diferença. Depois do desprezo pelo "tal mercado", Lula foi condenado com duras palavras por editorial da *Folha de São Paulo*, que tanto o apoiou. Pérsio Arida, falando ontem em Nova Iorque, parecia Paulo Guedes; será que fica na equipe de transição?

Investidores, empregadores, produtores, ainda não sabem o que virá. Fernando Haddad em lugar de Paulo Guedes pode ser apenas um bode na sala, para dar lugar a alguém que tenha assistido a mais de dois meses de aula de economia. Boulos para Habitação seria tão irônico quanto Stédile para a Reforma Agrária. Os nomes que circulam podem ser de fogo amigo de quem está de olho no ministério, ou *fake news* para assustar, mas bem que Lula poderia mostrar algum nome que acalmasse a incerteza que faz os investidores apertarem fundo o pé no freio. Enquanto isso, ele pega o jatinho de 54 milhões de dólares com matrícula americana de um empresário de plano de saúde, que, como ele, já andou preso, e voa para o Egito dos faraós.

As manifestações de rua continuam, e os comandantes das três forças armadas deram um aviso direto, sem intermediários, às instituições e ao povo: estão ao lado do povo, fonte do poder, e lembram que a lei diz que não é crime a manifestação crítica contra as instituições, vale dizer, o Supremo, o Congresso, o presidente ou mesmo o Exército. A nota adverte que o Legislativo, casa do povo, tem que ser respeitado – isto é, não se pode prender deputado nem censurar parlamentar e em rede social –, e que os parlamentares precisam corrigir possíveis arbitrariedades e desvios autocráticos – vale dizer, o Senado precisa fazer o Supremo voltar à Constituição e ao devido processo legal. A nota reitera que as forças armadas estão a serviço do povo brasileiro, e que as autoridades a serviço desse povo precisam atender reivindicações legais e legítimas.

Fingir que não viu, não leu e não ouviu é esconder-se como avestruz. Desrespeitaram direitos e garantias individuais que são cláusulas pétreas da Constituição e do direito natural. Crise institucional ter origem num tribunal constitucional é a última causa que se pode imaginar. Parecemos um país ciclotímico e masoquista. Quando a nação se encaminha para a grandeza, pensa que não merece e provoca uma guinada para cair de novo. Desta vez, a guinada veio de uma elite da política, da justiça e da mídia, usando eleitores desinformados. Planejada ou não, muitos sentem nesses dias uma transição para baixo.

Exceção democrática

Em 22 de novembro de 2022

Manifestantes permanecem na frente dos quartéis, principalmente diante do Quartel-General do Exército, inconformados com a maneira de como ministros do Supremo vêm tratando a Constituição e a eleição. Começou em 2015 quando, no julgamento de Dilma conduzido pelo presidente do Supremo, fingiram desconhecer parte do artigo 52, que mandava que a condenada ficasse inelegível. E Dilma virou candidata ao Senado por Minas Gerais. Depois, fizeram o mesmo com Lula, inventando um entendimento de territorialidade que anulou processos em que o réu, condenado, já cumpria pena. Depois de solto, ainda ficou excluído do impedimento da Lei da Ficha Limpa e se tornou candidato – palavra que quer dizer "cândido", limpo.

Há três anos, veio o "inquérito do fim do mundo", como chamou o ministro Marco Aurélio, em que a suposta vítima é que começou a ação, sem Ministério Público, nomeou um relator sem sorteio, e o relator virou delegado, promotor, juiz – e vítima, ao mesmo tempo.

A livre expressão do pensamento e a liberdade de opinião ficaram à mercê do arbítrio; a censura foi instituída. Durante a pandemia, passaram por cima de direitos pétreos da Constituição, como o de locomoção, de reunião, de trabalho e até de culto. Invadiram outros poderes. O Congresso foi atropelado até com prisão de parlamentar que, pela Constituição, é inviolável por quaisquer palavras. O presidente da República foi proibido de nomear um subordinado.

As eleições também foram atingidas pelo autoritarismo. A Constituição exige publicidade do serviço público. Com o hermetismo das apurações digitais, e para evitar repetição das dúvidas da reeleição de Dilma, o Congresso aprovou o comprovante impresso do voto digital. Dilma vetou e os deputados derrubaram o veto com 368 votos e os senadores com cinquenta votos. Mas esses 418 parlamentares foram derrotados por oito ministros do Supremo. Se tivessem respeitado a decisão dos representantes do povo, seria fácil esclarecer as suspeitas de hoje. Essas suspeitas foram a gota que faltava para levar o povo às ruas. As pessoas descobriram a prática do poder que emana do povo, consagrado no primeiro artigo da Constituição e base da democracia.

O presidente está calado, porque é parte interessada na eleição. Mas o vice-presidente, senador eleito general Hamilton Mourão, tuitou que há um "estado de exceção" por "ações inconstitucionais e ilegítimas" do Supremo. O desembargador Sebastião Coelho, ex-corregedor do Tribunal de Justiça do DF, diz que "o Estado Democrático de Direito está rompido, porque o Supremo viola a Constituição". Ele calcula que mais de 80% dos juízes de primeira e segunda instância "não estão de acordo com o que está fazendo o STF". Quase metade das OAB estaduais estão exigindo uma posição da OAB nacional, tão calada quanto o Senado, onde a maioria finge estar em outro mundo. Moraes, ao bloquear contas de pessoas físicas e jurídicas ligadas ao agro, provocou ainda mais reação, já que a lei diz que não é crime a manifestação crítica contra os poderes constitucionais. A exceção ao estado de direito acredita que protege a democracia.

O poder original

Em 29 de novembro de 2022

Nunca se valorizou tanto o único parágrafo do primeiro artigo da Constituição: "Todo o poder emana do povo, que o exerce através de seus representantes eleitos ou diretamente, nos termos desta Constituição". Democracia vem do grego: demos é povo, e *kratos* é poder. É o regime em que o povo é origem do poder. O povo transfere seu poder pelo voto, mas mantém seu poder original. Quem foi escolhido pelo voto está representando o povo. Autoridade sem voto recebe poder de modo indireto, através de mecanismos criados pelos representantes eleitos. Os constituintes cuidaram de registrar a origem do poder logo no primeiro artigo, como a anunciar que a Constituição tem origem no povo e serve para impor limites ao Estado, que está a serviço do povo. O supremo poder é do povo. O povo é o alfa e o ômega – início e fim – em uma democracia.

Na democracia, vale a vontade da maioria do povo, expressa por plebiscito, referendo ou eleição. O último referendo foi em 2005, em que 64% dos eleitores decidiram que é livre o comércio de armas. No entanto, há quem insista em contrariar essa vontade expressa de uma maioria de quase dois terços. Já a última eleição mostrou o vencedor com pouco mais da metade dos votos válidos. No segundo e decisivo turno, se abstiveram, votaram em branco e anularam o voto, quase 38 milhões de eleitores. O vencedor teve 60 milhões de votos, e vai governar para 215 milhões de brasileiros. A pequena diferença entre os dois candidatos exigiu esclarecimentos sobre o sistema digital de voto, e as dúvidas se mantiveram, servindo como gota que transbordou um cálice cheio de violações sucessivas à Constituição nos últimos anos.

Duas medidas poderiam evitar a inquietação que hoje paira sobre o país. Se o Supremo não tivesse derrubado a decisão de mais de 70% dos congressistas sobre o comprovante impresso do voto, estaríamos tirando dúvidas e conferindo as apurações com a transparência estabelecida pelo artigo 37 da Constituição. E se os presidentes do Senado – Alcolumbre e Pacheco – tivessem atendido a requerimentos de senadores para investigar violações da Constituição – que atingiram o devido processo legal, a liberdade de expressão, a autonomia dos poderes –, já se teria dado um basta precoce nos avanços extraconstitucionais de guardiões da Constituição. Ministros do Supremo se tornaram legisladores, constituintes e políticos – é o argumento mais comum dos requerimentos que dormitam à espera de agendamento no Senado.

Hoje se teme o risco de convulsão, por causa da inação do presidente do Senado, ao tempo em que ministros do Supremo agem cada vez mais além de seus limites. Sobre a censura, há silêncio dos que pensam estar sendo beneficiados por ela. Sentindo que o Senado não os está representando, esse povo apela aos quartéis, formando um crescente pedido de ajuda. Esse povo exerce a alternativa da democracia direta, prevista no primeiro artigo da Constituição. Se os representantes nada fazem, nem dão satisfação – ao contrário, silenciam ou ironizam – essa gente desapontada com as instituições fermenta seu poder legítimo que é o poder original. A falta de repostas não resolve; só agrava. Há uma corda cada vez mais esticada.

AI-5 reeditado

Em 6 de dezembro de 2022

A proposta de emenda à Constituição, do senador Renan Calheiros, legaliza o "inquérito do fim do mundo", derroga a cláusula pétrea da livre manifestação do pensamento, cassa direitos civis e políticos e transforma o Supremo em tribunal para crimes políticos e de opinião. Ganhou o apoio de 33 senadores, e o presidente do Senado enaltece a iniciativa. O relator vai ser o senador Davi Alcolumbre. Apresentada como uma lei geral contra a intolerância política, a proposta contém intolerância à crítica, às liberdades, ao direito de protestar, amordaçando o cidadão que é origem do poder, a quem os políticos, as autoridades, as instituições de Estado devem servir e escutar. Em suma, a proposta é uma abolição final da democracia, tão ferida nesses últimos anos quanto a própria Constituição.

A proposta confere ao Supremo, que deveria ser um tribunal constitucional, a atribuição de julgar "infrações contra o Estado Democrático de Direito". Parece ironia, pois o Supremo criou um inquérito sem Ministério Público, em que julga pessoas sem foro privilegiado, e em que é vítima, delegado, promotor e juiz ao mesmo tempo – o que é exatamente o abandono do devido processo legal, caraterística do estado de direito. Pelo projeto, é crime xingar políticos e autoridades, como se já não existisse, no Código Penal, punições para a injúria, a calúnia e a difamação. Outra ironia é que tanto o autor da proposta quanto quinze de seus apoiadores são investigados ou processados por crimes contra os pagadores de impostos.

Tem cinco propostas o *pacote de defesa da democracia*, que trata de proteger os políticos contra mandados de busca e apreensão perto de eleições, zelando por suas reeleições. Uma dessas propostas tira o poder do presidente da República de escolher livremente seu ministério, proibindo que o ministro da Defesa seja militar da ativa ou da reserva. Quer dizer, presume que um militar na Defesa seja um risco para a democracia. Essas propostas absorvem a legislação já criada pelo TSE e pelo Supremo – que não são órgãos legislativos

– punindo aquilo que, no ponto de vista do interessado, seja falso nas redes sociais, cortando a remuneração de trabalhadores do mundo digital e bloqueando suas contas nas plataformas. *Tribunais da Verdade*, como em ficção orwelliana. deputados e senadores, na Constituição invioláveis por quaisquer palavras, já perderam suas prerrogativas, sem que isso cause escândalo no parlamento e na mídia.

Parte dessa *opinião pública* está satisfeita com a censura, porque ela atinge sua concorrente, que é a rede social. E não defende a Constituição, que é a âncora do estado de direito. Usa de bom grado a mordaça e ainda quer impô-la aos livres. O cerco começou há quatro anos e vai se fechando. O Brasil vai ficando parecido com outros países latino-americanos, subjugados pela restrição às liberdades básicas. A cidadania não percebeu como o totalitarismo avançou, pois boa parte é desinformada. Muitos ficaram hipnotizados por suas fontes de notícias e só acordaram nas eleições, mas já era tarde. Só agora descobrem que a Constituição foi esfarrapada. Ironicamente, um deputado foi preso porque supostamente pedia a volta do AI-5. E aí está ele, o Ato, camuflado de defesa da democracia. Tática de tiranos.

Senhores e vassalos

Em 13 de dezembro de 2022

O TSE acaba de diplomar Lula e Alckmin, isto é, atestou que eles ganharam a eleição presidencial e estão aptos a tomar posse diante do Congresso Nacional. O presidente do TSE e o presidente eleito fizeram discursos em que defenderam as mesmas teses. Disseram que o outro lado ataca a democracia, que precisa ser defendida evitando mentiras, enquanto controlam a liberdade de expressão. Explicaram que a ação do Supremo e do TSE é defesa da democracia, num estado de direito. E a gente aceita, porque temos a fraqueza de engolir discursos que são o oposto do que testemunhamos e comprovamos – é da nossa cultura. Moraes afirmou que jamais houve uma fraude no sistema eletrônico, e Lula ousou apregoar que as urnas digitais "são de confiança reconhecida no mundo todo". Nós achamos natural esse tipo de discurso.

A bandeira de São Paulo traz a inscrição latina *non dvcor dvco*, que significa "não sou conduzido, mas conduzo". Em democracia, isso deveria estar cunhado na alma de cada cidadão. Mas, na nossa cultura, agimos como súditos, vassalos, dependentes, tutelados, esquecendo que somos cidadãos, pagadores de impostos, eleitores. Quem escolhe e sustenta deputados, senadores, vereadores, prefeitos, governador, presidente, é o povo. Por isso cada um de nós é origem do poder. Por nós, povo, é que fizeram uma Constituição, para submeter o estado a nós, e nos submetermos todos as leis feitas com base na Lei Maior. Nós, o povo, não somos uma massa uniforme; cada um de nós é uma pessoa para a qual até Deus permitiu o poder do arbítrio. As leis que nos desencorajam a cometer crimes, são as mesmas que nos garantem a vida, a propriedade, as liberdades de ir e vir, de reunião, de expressão, de opinião. Mas, com a cultura da vassalagem, muitos de nós acham natural que alguma autoridade decida o que podemos e o que não devemos dizer.

Lula e Moraes, na diplomação, defenderam uma liberdade restrita ao que eles julgarem ser a verdade. Precisou de uma eleição para que pelo menos metade da Nação despertasse na defesa da Constituição e das liberdades. O devido processo legal foi violentado há três anos, sob silêncio da mídia, do Senado, da OAB. Mas principalmente do povo, para quem existe o Estado. Durante a Copa no Catar, percebeu-se o quanto é conveniente para os que se apropriaram das instituições do Estado, a alienação pelo futebol. Um gol do time preferido serve para não se perceber omissão no Senado, ou ativismo no Supremo. E os senhores do patrimonialismo – que alguns chamam de mecanismo – vão pondo em prática, passo a passo, a volta à apropriação do Estado e aos privilégios e benesses com poder aquisitivo, ante o silêncio dos verdadeiros senhores, o povo.

A tirania é viciante para os tiranos. A vontade de mandar aumenta a cada dia na razão direta da vontade de calar a crítica, as vozes que alertam sobre o avanço do totalitarismo. Vão repetindo os discursos sobre democracia e liberdade e quem está viciado em ser vassalo aceita, porque é cômodo. É mais fácil ser conduzido que conduzir. O antídoto para isso é popularizar a Constituição como bíblia da cidadania. Eliminaria a intermediação de intérpretes, que acabam sucumbindo à tentação de serem donos e condutores da lei maior.

A esfinge

Em 20 de dezembro de 2022

O presidente do Congresso já convidou os parlamentares para a posse dos novos presidente e vice, às 15 horas do próximo dia 1º. Faltam onze dias, aí incluídas as festas de Natal, para Lula ter o ministério de 37 nomes decidido e anunciado, e apenas esta semana para aprovar em definitivo a PEC da gastança, que só vai valer para o ano que vem. E o eleitor de Lula ainda não foi informado exatamente qual é o programa de governo. Quando se alerta para o desequilíbrio fiscal, ele não fala em cortes. Mais de novecentas pessoas aparecem como integrantes do governo de transição e de olho em cargos. Lula vai ter que acomodar ministros e cargos de confiança, na bacia das almas da partilha.

Cada vez que sai um anúncio, aparece um problema, como com a ministra da Cultura, a cantora Margareth Menezes, que dizem ter se anunciado. Segundo o TCU, irregularidades num contrato com o próprio Ministério da Cultura, ao tempo de Lula presidente, e deve para a Receita Federal e Previdência. Aloisio Mercadante, já anunciado presidente do BNDES, é presidente da Fundação Perseu Abramo. Precisa de um fura Lei das Estatais, para ter que esperar só trinta dias, em vez de três anos exigidos por lei. Só que a lei, aprovada às pressas na Câmara, parece que vai ser derrubada pelo calendário no Senado, perdendo a chance de quadruplicar a verba de propaganda das estatais. Aliás, fala-se num ministério para a propaganda do governo. Simone Tebet deve estar amuada porque o ministério que queria vai para o ex-governador do Piauí, Wellington Dias. Calheiros e Barbalho se esforçam para pôr Renanzinho no Planejamento. Lula dissera que não iria trazer de volta o passado, mas Luiz Marinho, Alexandre Padilha, Mercadante, Haddad, José Múcio e Mauro Vieira desmentem isso. A Petrobras está entre Dilma e a ex-presidente da Agência Nacional do Petróleo no governo de Dilma. Parece não haver novos talentos a revelar na equipe.

Vai ter Ministério dos Povos Originários para o PSOL, no país de um índio preso por liberdade de expressão; Ministério de Portos e Aeroportos – sem explicar por que não vai haver um Ministério para as Rodoviárias, que são bem mais populares; voltam os Ministérios da Pesca, dos Esportes, das Cidades, das Mulheres e aparece o da Igualdade Racial. O que Paulo Guedes fazia, na Economia, vai ser feito por quatro ministros: Fazenda, Planejamento, Gestão e Desenvolvimento. Josué, o filho do ex-vice de Lula, José Alencar, foi convidado para Indústria e Comércio recriado, mas já pensou e ficou fora da partilha; o segundo convidado, do Grupo Ultra, não aceitou. Educação deve ir para o ex-governador do Ceará, Camilo Santana, que é agrônomo, tendo sido secretário de agricultura de Cid Gomes. Cada Ministério tem sua estrutura de Secretaria Executiva, Chefia de Gabinete, Assessoria Parlamentar, Controladoria, com toda a burocracia correspondente. Vai ficar bem caro para o contribuinte.

O PT olha desconfiado para os partidos que vão avançando sobre o novo governo; com a decisão do Supremo sobre emendas, Lula perde poder de baganha para liberação de verbas, com um congresso majoritariamente centro-direita; a esquerda raiz olha desconfiada para as concessões que vão ser feitas ao centrão; as centrais sindicais e o MST estão com esperanças em risco; os economistas que apoiaram Lula estão com medo da gastança, desequilíbrio fiscal, inflação, juros mais altos e dívida pública em elevação; o agro, carro-chefe da economia, está parado em planos e investimentos, à espera de definições. O ministro da Agricultura é dos que ainda não foram escolhidos. O mundo hoje é de escassez, diferente da época de abundância no primeiro governo Lula. O resultado eleitoral foi quase empate, mas o discurso de Lula é de vencedor com ampla maioria. Lula tem um vice ligadíssimo ao ministro Moraes, que se sente transbordante de poder. Imagino que Lula percebe que foi usado para impedir a reeleição de Bolsonaro. Agora está com essa gigantesca esfinge pela frente, a dizer-lhe: "Decifra-me ou devoro-te".

O maior poder

Em 27 de dezembro de 2022

Ao estabelecer os poderes da República, o segundo artigo da Constituição começa pelo Legislativo. Depois vem o Executivo e, por fim, o Judiciário. Escritos assim, com inicial maiúscula, numa ordem que não é a alfabética, mas de importância. Portanto, já mostrando que quem faz e desfaz leis e tem o poder de mudar a própria Constituição, é o parlamento dos representantes do povo. Depois vem o Poder Executivo, cujo chefe é também eleito, com mais votos que qualquer parlamentar. Por fim, o Judiciário, composto por juízes que não têm voto, mas votam em julgamentos em que interpretam as leis e as aplicam. No dia de Natal, a editora do *Wall Street Journal*, Mary O'Grady, alertou para uma inversão dessa ordem constitucional de poder no Brasil. A Suprema Corte estaria emasculando o Legislativo, e beneficiou Lula com seu ativismo político, segundo o artigo-editorial. O título, na página de opinião, resume: *A Volta de Lula e a Ameaça Judicial à Democracia no Brasil*.

Está confirmando, essa visão do *Journal*, a proposta de mudar a Lei do Impeachment, entregue há dez dias pelo ministro do Supremo, Ricardo Lewandowski, ao presidente do Senado, Rodrigo Pacheco. Pelo anteprojeto, ministros do Supremo não podem ser condenados por interpretação das Constituição; pedaladas fiscais não são motivo de *impeachment*, mas o presidente criticar o Supremo ou o TSE pode ser crime de responsabilidade. O que vê o segundo jornal americano em tiragem não tem sido notado por boa parte do noticiário brasileiro em relação às ações inconstitucionais, contra direitos fundamentais, contra cláusulas pétreas. E contra mandatos parlamentares do poder que está em primeiro lugar na Constituição e são "invioláveis por quaisquer palavras". Triste comparar a atualidade com dezembro de 1968, quando um discurso em plenário da Câmara, pelo deputado Márcio Moreira Alves, provocou o AI-5.

A partir de 1º de janeiro, haverá outro chefe de Poder Executivo; um mês depois, haverá outra legislatura na Câmara e no Senado. A eleição do primeiro turno resultou em 73% de centro-direita na Câmara e 67% no Senado. A propósito disso, a editorialista do *Journal*, registrou que o ministro Gilmar Mendes se antecipou a dificuldades futuras do novo governo, garantindo um fura-teto para programas sociais. E, no dia seguinte, o Supremo alterou hábitos internos do Legislativo, interferindo nas emendas de relator. Quando o deputado Daniel Silveira foi preso, houve silêncio geral, consentindo que o mandato não é inviolável, como manda a Constituição. O devido processo legal deixou de existir quando passou a haver um interminável inquérito sem o promotor da ação, que é o Ministério Público e, pior, em que a suposta vítima é que investiga, julga e pune.

Há pouco, Moraes decretou mais prisões por crime de opinião, de um jornalista e um humorista – que deveriam estar na primeira instância, se fossem denunciados pelo Ministério Público por, digamos, crime de injúria ou calúnia. Espalha-se o medo de ser preso pelo arbítrio ao abrir a boca e criticar ministro do Supremo, a despeito da liberdade fundamental de expressão do pensamento, do inciso IV da Constituição. Se criticar o presidente, ou jogar futebol com um clone de cabeça presidencial, não haverá problema, pois o Comandante Supremo das Forças Armadas se mantém dentro das quatro linhas. Quem for punido por criticar ministro do Supremo, não tem a quem recorrer.

[2 0 2 3]

O povo paga

Em 3 de janeiro de 2023

Em seu discurso de posse, Lula afirmou que não carrega ânimo de revanche. Logo em seguida, se desmentiu. Não fez um único agradecimento pela herança bendita que recebeu nas contas públicas, na inflação menor que Estados Unidos e Alemanha, no crescimento excepcional em anos difíceis, nas reservas externas. No enxugamento da máquina estatal, obviamente não haveria agradecimento, porque o que promoveu é um inchaço do Estado com 37 ministérios e o cancelamento de oito planos de privatizações. Desmente, a ausência de ânimo de revanche, a revogação de decretos do governo anterior e até a ameaça, no discurso, que alguns poderiam interpretar como dirigida a si próprio: "Quem errou, responderá por seus erros". Em seguida um partido da aliança com Lula, o PSOL, entrou no Supremo pedindo a quebra de sigilo e prisão do ex-presidente.

O Lulinha paz e amor, que lhe deu o primeiro mandato, morreu. Voltou zangado. Botou um ministro da justiça que promete enquadrar todos os que não se comportarem. O cidadão, é claro, espera de um ministro, que é também de Segurança Pública, que nos dê segurança e tire as armas de guerra dos bandidos, liberte territórios legalmente brasileiros que estão emancipados da lei brasileira, que se manifeste prioritariamente contra males como drogas e corrupção. O senador Sérgio Moro, sobre o discurso de Lula perante o Congresso, estranhou que não tivesse sido mencionada a palavra corrupção; que o presidente pelo menos tivesse expressado que seu governo não toleraria corrupção. Mas não se fala em corda em casa de enforcado.

Lula continua a usar seu chavão de três refeições por dia. Graças ao mundo digital, a gente vê que esse foi seu discurso na primeira posse. Agora acrescentou a picanha com cerveja. Talvez esse venha a ser um dos problemas que ele próprio cria ao gerar a esperança. Graças à propaganda disfarçada de notícia, o povo não se deu conta que, após catorze anos de governo petista, continua pairando o chavão de três refeições por dia. A mesma notícia-propaganda mostra a biografia da catadora que pôs a faixa presidencial em Lula, que tem trinta e três anos de idade, ou seja, quando começou o primeiro governo do PT, tinha treze anos. Até chegar aos vinte e sete anos viveu em governo petista. E não teve alternativa senão catar lixo. É verdade que não se livrou dos lixões nos governos Temer e Bolsonaro. É verdade também que o último presidente igualmente criou esperanças, como as recentes, duramente frustradas e está pagando por isso. A diferença é que Temer e Bolsonaro não se promoveram na demagogia.

Gratidão é um sinal de caráter. Faltou agradecer ao governo anterior pela herança bendita que recebeu. Ao contrário, Lula diz, no discurso, que recebe "terríveis ruínas". Agora resta gastar para não frustrar esperanças. Por isso já se dispôs a acabar com "a estupidez do teto de gastos". Sua ministra da Gestão confirma isto: teto de gastos só atrapalha quem quer gastar. Mas a consequência é que vai atrapalhar também o controle da inflação, dos juros e da dívida pública. Apostam que a origem do poder, o povo, não sabe que Estado gasta, mas não produz os recursos. Que a fonte de pagamento é só uma: o povo – ricos e pobres.

Sensatez é preciso

Em 9 de janeiro de 2023

Domingo, 8 de janeiro, é um dia que ainda não terminou. O que não começa bem, em geral não acaba bem. Em quarenta e sete anos de Brasília, vi muitas invasões de prédios públicos, ministérios e Congresso, com fogo e depredações, sempre de esquerda e apelidados de movimentos sociais. Nunca vi a invasão simultânea das sedes dos três poderes, e pela direita, com depredações. Os mais radicais usaram a massa de gente pacífica – que talvez tenha acordado quando o estrago já estava feito. E se assemelharam aos extremismos anteriores, com a diferença de que passaram a ser chamados de terroristas, não de movimentos sociais. Foram feitas 1.200 prisões e o auditório da Academia da Polícia Federal foi depositário de detidos, lembrando o Estádio Nacional do Chile, quando Pinochet derrubou Allende. Prisões decretadas pelo ministro Moraes, mas que estão no colo de Lula.

No despacho que determinou a remoção dos acampamentos, a detenção dos ônibus, o afastamento do governador, Moraes comparou a situação com os primórdios da II Guerra, em que Chamberlain cedeu a Hitler em nome da pacificação. "A democracia brasileira não irá aceitar mais a ignóbil política de apaziguamento". Foi uma declaração de guerra, como a que ele já havia anunciado no discurso de posse na Presidência do TSE. A invasão de domingo foi equivalente à entrada dos alemães na Polônia, pela comparação do ministro Moraes. Acrescento que os presos no ginásio – idosos, mulheres, crianças – são semelhantes aos judeus da época. Parece declarada a guerra, país dividido ao meio. Ânimos à flor da pele, a ponto de o presidente querer mencionar *nazistas* e pronunciar *stalinistas* num ato falho. Extremos se assemelham nos métodos.

Acirram-se os ânimos dos dois lados, com mais velocidade que em 1930. Aqueles eram tempos de trem, navio, telegrama, jornal impresso. Hoje, o mundo digital torna tudo instantâneo. Depois de domingo, na segunda-feira, manifestações contrárias às de domingo, nas principais capitais. O que vai ser? Camisas vermelhas *versus* amarelas? *Fascistas versus comunistas?* deputados e senadores, presidente da República, ministros do Supremo, com um pouco de humildade, precisam perceber que não são os donos do país nem das pessoas, mas servidores dos brasileiros. Defendam a democracia, sobretudo praticando-a, com respeito à Constituição, ao eleitor que os elege e ao contribuinte que os sustenta. E, sobretudo, mantenham olhos e ouvidos bem abertos para entenderem o que quer a diversidade de seu povo, seu mandante. Liberdade e ordem são essenciais para esse exercício. Em democracia, os diferentes convivem.

O domingo, na verdade, começou em março de 2019, quando o presidente do STF, Dias Toffoli, criou um inquérito que cabe numa ficção de Orwell. No *day after*, uniram-se em Brasília os chefes dos três poderes, os 27 governadores, PGR, frente de prefeitos. Sobressai o discurso da sensatez no momento crítico, do governador do mais poderoso estado. Tarcísio de Freitas disse:

> Peço a Deus que nos proporcione sabedoria para que a gente construa a pacificação, lembrando que a pacificação demanda gestos. Gestos de todos. Gestos do Judiciário, gestos do Legislativo, gestos do Executivo, gestos dos Estados. A gente tem que aprender a construir gestos para que a gente possa ter, no final das contas, desenvolvimento e dignidade, que só serão alcançados por meio de diálogo.

É a forma sensata de tentar inverter o destino daquilo que, começando mal, termina pior.

Dois desafios

Em 17 de janeiro de 2023

"Lula parece não ter se dado conta do desafio que tem pela frente". A avaliação foi feita pelo ex-ministro da Fazenda, Mailson da Nóbrega, em entrevista ao Correio Brasiliense, nessa segunda-feira. Maílson disse que Lula frustrou as expectativas de economistas e do mercado, que esperavam que o novo mandato fosse uma repetição do primeiro, mas está semelhante ao período de Dilma, "com intervencionismo muito forte, percepção equivocada do papel das estatais, como se o Brasil voltasse aos anos 1970, 1980 ou no período de derrama do Tesouro e do BNDES, do período Dilma". Um alerta baseado na primeira quinzena de governo, em que o calor do discurso de posse inflamou os discursos dos ministros.

O pacote de Haddad foi frustrante; foi uma tentativa de marketing que não mostrou saídas para o excesso de gastos. Ao mesmo tempo em que estoura o escândalo das Americanas, com pedaladas de 20 bilhões de reais, e o Grupo Guararapes anuncia o fechamento de sua fábrica no Ceará, com perda de 2 mil empregos. A insegurança jurídica, agora alardeada pelo jornalista americano, Glenn Greenwald, não anima produtores, empregadores e investidores nacionais e estrangeiros, tampouco o novo tamanho do Poder Executivo federal.

Maílson deve ter olhado o aspecto econômico do desafio, mas o presidente parece não estar também percebendo o tamanho do desafio político, exposto pelo retrato do país no dia 30 de outubro: Lula tem metade do eleitorado – isso sem a gente saber as preferências dos 37 milhões que não votaram. Os acontecimentos de 8 de janeiro, com depredações nas sedes dos três poderes, não podem ser considerados apenas atos criminosos; foram também atos políticos. Os responsáveis pelos crimes devem responder na justiça, mas os atos políticos devem ser respondidos com atos políticos que não inflamem ainda mais as cabeças que comandam braços, mãos e pernas.

E o presidente, ao que parece, está lidando com pombas e falcões nas suas próprias avaliações e no seu entorno. Já fez declarações de pacificação, mas também já lançou palavras de guerra. No café com jornalistas, fez provocações desnecessárias aos militares; agora pretende conversar com eles, talvez num almoço, ainda nesta semana. Já houve até uma preliminar, com o ministro da Casa Civil, Rui Costa, almoçando ontem com os comandantes militares, tendo o ministro da Defesa, José Múcio, como anfitrião. É preciso reconhecer que as invasões se constituíram um pretexto conveniente para mostrar força, mas estão esquecendo da proporcionalidade dessa força, no país dividido ao meio. Isso serve para as duas forças que se opõem. E quem está no poder tem mais responsabilidade com a paz, porque detém os meios do Estado. Os dois grandes desafios, econômico e político, interagem; um alimenta o outro.

Pedra e vidraça

Em 24 de janeiro de 2023

Essas pouco mais de três semanas do novo governo estão cheias de emoções. Para nós, jornalistas, para os de governo e para os da oposição, para investidores, empregados e patrões. Tempos extremamente difíceis para o trabalho exitoso de cartomantes, jogadores de búzios, detentores de bolas de cristal e afins. Se "no Brasil, até o passado é imprevisível", parece que estamos nas mãos do acaso, que vai armando a cada dia um quebra-cabeças em que seguimos animados pelo consolo de que "a esperança é a última que morre". Tudo isso ainda sem o ingrediente mais barulhento da política, que vai ser jogado dentro do Legislativo, que reabre quando este mês terminar.

Na Argentina, repetiu-se o susto da moeda conjunta, tentando ligar o peso de quase 100% de inflação com o real de menos de 6%; e o BNDES vai ser de novo internacional – BIDES, talvez – ai ajudar com quase 4 bilhões de reais um gasoduto para transportar gás de xisto, que é muito poluente, da Patagônia para o Brasil, que tem o seu gás do pré-sal; em Davos, foi o medo de termos 120 milhões de pedintes famintos e a sugestão de não se comprar nem um palito de fósforo dos empresários direitistas. Em Brasília, a surpresa de ter ao lado do presidente um comandante do Exército de inteira confiança numa sexta-feira e no sábado já tê-lo destituído por falta de confiança. E ainda temos a vergonha de Yanomâmis, vítimas principalmente de desnutrição – e são 20 mil pessoas que ocupam um território igual ao de Pernambuco, habitado por 9 milhões. E quem aplica suas economias no mercado, ganha um susto adicional ao saber que a Americanas deu uma pedalada deu 20 bilhões de reais. É chavão, mas não é um país para amadores; o problema é que faltam profissionais.

Isso sem falar nas consequências da catarse do dia 8, em que brasileiros destruíram seu próprio patrimônio, incluindo preciosidades históricas, artísticas e culturais. Agora, a justiça não quer saber se a pessoa vivia um sonho impossível com fuga da realidade, pois muitos ainda não entenderam o que está acontecendo. Nada de mal em haver ideias opostas; o problema é a radicalização, como se o oposto fosse sempre o mal. É o Deus e o diabo de religião transposto para a política. Não há debate racional possível.

O país está dividido, e não é de agora. Quem estava contra o governo nos últimos quatro anos, agora é governo; é vidraça. Quem era vidraça, agora é pedra. Só que seria melhor manter a metáfora apenas como imagem, e não sair apedrejando vidros do Supremo ou do Palácio do Planalto literalmente. Embora seja acaciano, oposição e situação são essenciais para o embate democrático. Nos últimos quatro anos, os dois lados se queixaram do adversário. A tentação agora é dar o troco. Como oposição e como governo. Lula, ontem na Argentina, falou em "tentações autoritárias que até hoje desafiam nossa democracia". Não nos deixeis cair em tentação, porque a carga de energia potencial anda beirando o limite.

Eleição decisiva

Em 31 de janeiro de 2023

Nesta quarta-feira, se trava no Senado uma eleição que só perde em importância para as eleições de outubro. Na Câmara, já está praticamente decidida, com imensa maioria de votos reelegendo o deputado Arthur Lira. No Senado, o favoritismo de Rodrigo Pacheco tem pela frente a candidatura de Rogério Marinho. Na verdade, não se trata apenas de Rodrigo Pacheco, mas da dupla Pacheco-Alcolumbre. O atual presidente parece confiante no *já ganhou*, e se movimentou menos que seu antecessor, senador Alcolumbre, que tem sido um cabo eleitoral incansável. Alcolumbre quer garantir sua permanência na presidência da mais importante das comissões, a de Constituição e Justiça, comissão que filtra tudo que pretenda tramitar no Senado.

Na segunda-feira, Pacheco reuniu-se com a bancada do PT, dias depois de ter recebido, em casa, o próprio presidente Lula. Dizem que até ministros do Supremo têm se preocupado em pedir votos para Pacheco. Afinal, ele não despachou nenhum dos mais de sessenta requerimentos de seus pares, pedindo investigações de descumprimento da Constituição por parte de guardiões da Magna Carta, no Supremo. Talvez, se tivesse dado andamento a alguns requerimentos, teríamos pacificado o ambiente institucional e político dentro de processos democráticos e evitado os atos de 8 de janeiro.

O candidato Rogério Marinho promete agir para trazer de volta o equilíbrio sonhado por Montesquieu entre os três poderes. O que se vê, hoje, é o Supremo tendo constrangido o Executivo no governo passado, e passando por cima na inviolabilidade parlamentar "por quaisquer palavras" – como estabelece o artigo 53 das Constituição. Vivemos hoje sob um inquérito em que os supostos ofendidos investigam, denunciam e julgam, com ausência do devido processo legal. Já assistimos ao Supremo transferir, para prefeitos e governadores, cláusulas pétreas que nem mesmo os congressistas podem mexer: direito de ir e vir, liberdade de reunião, acesso ao trabalho, ao culto, entre outros. A censura, banida pelo artigo 220, vigora; a liberdade de expressão está sujeita ao arbítrio de quem decide se é *fake news* ou *ato antidemocrático*.

O Senado é a câmara alta, a câmara revisora e o lugar apropriado para julgar desvios da Constituição; a omissão sobre esse papel castra a Casa que representa os estados da Federação. Resgatar o Senado dessa letargia institucional é também a restauração de textos literais da Constituição em direção à meta da Justiça, que é a pacificação. O que o dia 8 de janeiro é algo que os senadores precisam interpretar ao escolher, pelo voto secreto, quem será o dono da agenda. O Senado é essencial no restabelecimento pleno da Constituição, visando à paz social. Democracia é equilíbrio entre poderes, e não hegemonia do Judiciário, imposta pelo medo. Daí a importância da eleição de hoje, que pode significar a paz, com volta à normalidade institucional e à plenitude do estado de direito.

A verdade e a mentira

Em 7 de fevereiro de 2023

Na posse de Mercadante no BNDES, o presidente da República, queixando-se de uma suposta difamação contra o Banco, afirmou que "Nós vivemos um momento no Brasil em que as narrativas, mesmo que mentirosas, valem mais do que muitas verdades ditas muitas vezes". Será que é apenas um momento, ou um aperfeiçoamento de séculos?

A primeira página do *Correio da Manhã* de 9 de março de 1919, está toda ocupada por um discurso de Ruy Barbosa, em que há um trecho dedicado às verdades e mentiras. Ruy Barbosa afirmou que há mentira em toda a parte, nos programas, nos projetos, nas reformas, nas convicções, nas soluções. "Mentira nos homens, nos atos e nas cousas. Mentira no rosto, na voz, na postura, no gesto, na palavra, na escrita. Mentira nos partidos, nas coligações, nos blocos". E segue, discursando na Associação Comercial do RJ:

> há mentira nas instituições, nas eleições, nas apurações, nas mensagens, nos relatórios, nos inquéritos...mentira nos desmentidos. Uma impregnação tal das consciências pela mentira, que se acaba por não discernir a mentira da verdade, que os contaminados acabam por mentir a si mesmos, e os indenes (íntegros), ao cabo, muitas vezes não sabem se estão ou não mentindo.

Não é que Ruy Barbosa esteja atual como Lula; é que, desse discurso de 1919 até hoje, nós continuamos convivendo com esse tipo de cultura, como cúmplices já que só nós, eleitores, somos capazes de mudar essa situação, pelo voto e pela cobrança de nossos mandatários. Passaram-se cento e quatro anos desde esse desabafo de nosso mais ilustre jurista – e a gente relê o que o jornal da época publicou, e descobre, assustado, que está no jornal de ontem, com palavras do presidente da República. E que, mais de um século depois, poucos, como Ruy, se escandalizam com as mentiras. Parece que a maioria prefere fingir que as aceita. Depois, acabam convivendo com a mentira e são reféns dela.

Na homilia de domingo, no Mosteiro de São Bento de Brasília, o bispo de Formosa, Dom Adair, relembrou uma antiga fábula judaica sobre a Verdade e a Mentira, que se banhavam num poço. A Mentira, aproveitando-se de uma distração da Verdade, saiu do poço, vestiu-se com as roupas da Verdade e saiu pelo mundo. Vestida de Verdade, a Mentira foi bem recebida por todos. Saída sem roupas do poço, a Verdade percebe que as pessoas fogem dela, pois ninguém quer saber da Verdade nua e crua.

A Mentira vestida de Verdade conta, todos os dias, narrativas com as mesmas intenções e as repete tanto que nossos cérebros acabam ecoando a mentira como verdade. Não exigimos que a travestida Mentira demonstre o que nos impõe; apenas aceitamos sem perceber que estão nos treinando para não discutir. A rebeldia da desconfiança é desestimulada pela ameaça de censura e desaprovação social. A dúvida em busca da verdade sob as vestes da mentira nos desnuda perante os outros, que se afastam como se afastaram da Verdade. E quando passarmos a mentir para nós mesmos, é porque a Verdade talvez já esteja afogada no fundo do poço.

Luz no 8 de janeiro

Em 14 de fevereiro de 2023

Em entrevista a Christiane Amanpour, da CNN, o presidente Lula afirmou, em Washington, que "todas as forças que deveriam cuidar da segurança de Brasília estavam comprometidas com o golpe". Passados trinta e sete dias do 8 de Janeiro, ainda persistem dúvidas sobre a atuação do governador afastado de Brasília, Ibaneis Rocha, e seu secretário de segurança demitido, o ex-ministro da justiça, Anderson Torres, que está preso; sobre as reações do ministro da justiça, Flávio Dino, e do chefe da Segurança Institucional da Presidência da República, general G. Dias; sobre a atuação de integrantes da PM do Distrito Federal; sobre a abertura de portas do Palácio; sobre os alertas das agências de informações; sobre a saída antecipada de Bolsonaro do país; sobre quem realmente entrou nas sedes dos três poderes; sobre quem exatamente destruiu patrimônio público nas invasões; e, finalmente, sobre quem está preso e por quê.

A Advocacia da União entrou na vara cível com pedido de indenização de 20,7 milhões de reais por danos ao patrimônio da União, contra 54 pessoas, três empresas, uma associação e um sindicato. Supõe-se que haja indícios suficientes para demonstrar que destruíram ou contribuíram para destruir bens públicos. Apurar tudo isso é uma necessidade histórica, em nome da legalidade e da justiça. Por algum motivo, o Poder Executivo, desde o início, faz campanha contra CPI entre os representantes do povo brasileiro. Mas não é possível que um acontecimento com impacto mundial, não seja objeto de uma investigação ampla por parte do Congresso Nacional, o primeiro dos poderes, não apenas sobre as consequências, mas também sobre as causas, e com acusações graves, como essa do Chefe de Estado do Brasil numa entrevista na capital dos Estados Unidos. Apurar as causas é buscar lições na história para que o episódio não se repita.

O Congresso Nacional precisa investigar por que aconteceram as invasões; quais suas causas remotas e imediatas. Há muito que investigar, pela recuperação das garantias e liberdades, para reforçar o estado de direito. Entre as causas remotas, certamente terá que examinar atos do Judiciário sem amparo no devido processo legal; prisões arbitrárias, desrespeito à inviolabilidade dos mandatos de congressistas, mau funcionamento do equilíbrio entre os três poderes; a transparência das apurações eleitorais; a própria atuação do Congresso Nacional ante o enfraquecimento das garantias individuais; o comportamento do chefe do Executivo e muitas outras questões que contribuíram para o desfecho de 8 de janeiro.

E há as prisões em massa, em que os acampavam em frente ao QG do Exército apelando por intervenção militar foram embarcados indiscriminadamente em ônibus e estão presos desde 10 de janeiro. Assim como já conhecemos quem jogou o relógio no chão, queremos ver a cara de quem fez seis furos com pedra portuguesa na tela As Mulatas de Di Cavalcanti. O Ministério Público já ofereceu denúncia contra 835 pessoas. Dessas, 189 por invasão e depredação em sedes dos poderes. A maioria, no entanto, por uma genérica incitação ao crime e associação criminosa. No presídio para mulheres, há 360 presas, quase todas longe de suas casas e suas famílias. Ontem, começou uma CPI na Assembleia do DF, mas o tamanho dos fatos exige que o Congresso entenda a sua responsabilidade no momento em que o ato antidemocrático de invasões e vandalismo pode ser visto como oportunidade para buscar, no foro próprio – que é o Parlamento –, os erros das instituições, e promover mudanças que tornem real, no Brasil, a democracia, que é o governo do povo para o povo. Estará o Congresso à altura da gravidade de todos esses acontecimentos.

Medo fantasiado

Em 21 de fevereiro de 2023

Assisti, aos vinte e três anos, em 1964, à derrubada do presidente João Goulart. A principal justificativa era de um necessário contragolpe preventivo, para evitar que Goulart e a esquerda instalassem uma ditadura comunista. Quase sessenta anos depois, sinto a volta da narrativa do contragolpe preventivo, agora a pretexto de evitar que Bolsonaro e a direita instalassem uma ditadura fascista. Desta vez não foram as armas dos fardados, mas as canetas dos togados. Nem as Forças Armadas nem o Judiciário têm mandato popular para tomar decisões de tão grande importância, supostamente como protetoras do regime democrático. Em 1964 e agora, houve prisões genéricas *preventivas*.

Os dois acontecimentos se parecem; apenas com sinais diferentes e com a mesma falta de legitimidade – que só é conferida pelo voto popular, origem do poder. Nem militares nem juízes têm o voto do mandato popular. Em ambos os casos, o Congresso Nacional ficou encolhido. Em 1964, elegeu o general Castello Branco presidente. Agora, foi um expectador passivo, mesmo quando foi esmagado o artigo 53, da inviolabilidade do mandato. Pode-se dizer que deputados e senadores, intimidados pela quantidade de processos que respondem, não estiveram à altura da procuração que lhes foi outorgada pelo voto de milhões de brasileiros. Ou seja, também nesse último contragolpe o Poder Legislativo, o primeiro na ordem dos três poderes como mostra a Constituição, esquivou-se para um lugar secundário.

As Forças Armadas saem dos últimos acontecimentos sem a pecha de golpismo de 1964, que ainda vinha sendo usada. Impossível chamar agora de golpista instituição que se recusou a atender ao apelo de uma massa por intervenção militar. Agora, militares estão sendo criticados por terem se mantido na legalidade. Já o Supremo herdou a pecha; tem sido criticado por não seguir a Constituição nem o devido processo legal. Adotou a novidade do ativismo a pretexto de evitar suposto golpe fascista. Suponho que já sinta que está numa camisa de onze varas para encontrar uma saída que signifique o "retorno aos quadros constitucionais vigentes", que foi a palavra de ordem no contragolpe de Lott no 11 de novembro de 1955, que garantiu Juscelino presidente, com Goulart vice.

Golpes e contragolpes sempre provocam dores. Ontem, em Brasília, saiu mais uma vez o bloco do Pacotão – alusão ao Pacote de Abril editado por Geisel, criando o senador biônico. Em 1978, o Pacotão debochava de dois generais, o presidente e seu sucessor, chefe do SNI, fazendo trocadilho com o Aiatolá do Irã: "Geisel, você nos atolou/ Figueiredo, você também vai nos atolá". Ninguém foi preso ao fim do desfile. Hoje, há centenas de homens e mulheres desesperados em presídios pelo 8 de Janeiro, e o povo ainda não sabe quem realmente entrou nos palácios e quem realmente quebrou patrimônio de todos. Muito menos se sabe como entraram e quais foram as causas remotas do que desbordou na invasão das sedes dos três poderes. É a grande oportunidade de o Poder Legislativo, renovado por eleição, mostrar que faz jus à representação popular. É nos plenários políticos e não apenas na polícia, que deve ser investigado o grave acontecimento político do 8 de Janeiro. Está nas mãos de deputados e senadores demonstrar que são o primeiro dos poderes numa democracia – e não o último, num medo fantasiado de democracia.

De impostos e cavalos

Em 28 de fevereiro de 2023

Um ministro do governo Lula foi denunciado por asfaltar estrada no Maranhão, que dava acesso às suas propriedades, com dinheiro do orçamento da União. Nada aconteceu, porque fora em tempos de deputado federal, e não durante sua atuação como ministro das Comunicações. Nossa hipocrisia vigente, estabelece barreira de calendário para o caráter das pessoas. Pois, agora, o Estadão mostrou que o mesmo ministro, Juscelino Filho, pegou um jatinho da FAB, recebendo diárias por nossa conta, e foi a São Paulo. Deu uma passadinha pela Claro, pela Telebras e pela Anatel, e foi a Boituva aplacar a sua paixão pelos cavalos quarto-de-milha. Foi assistir ao Oscar da raça e, de quebra, à inauguração de uma praça com o nome de um cavalo de seu sócio. Tudo por conta dos impostos que você paga todos os meses. O mesmo Estadão acrescentou, ontem, que o ministro não declarou seus cavalos ao TSE, por estarem em nome de laranjas, e que seu único projeto como deputado no ano passado foi de criação do Dia do Cavalo.

Só para lembrar: uma nação se organiza como Estado, para que o Estado preste serviços públicos. É para prestar serviços que o Estado cobra impostos. Não se pagam impostos para sustentar o Estado, mas para que o Estado preste bons serviços de justiça, segurança, saúde, educação, infraestrutura. O que o ministro faz, e tantos outros, se chama de patrimonialismo. Julgam, esses servidores do público, que são donos do Estado. Não são. São empregados do Estado, vale dizer, são servidores do povo, origem do poder. São escolhidos pelo povo, através do voto, e sustentados pelo povo, através dos impostos. Não é o povo que é seu servo. São eles os servidores. Quando o povo não tem consciência disso, é enganado e o poder se inverte. Os que se apropriam do Estado ficam poderosos e deixam o povo na servidão, para trabalhar, pagar impostos e continuar pedinte e dependente. Nada disso está relacionado com democracia.

Nesta quarta-feira, a gasolina e o álcool ficam mais caros. O governo alega que não pode deixar de cobrar quase 29 bilhões de reais a mais de quem abastecer seus veículos nesse ano. Ouvi gente na mídia afirmando que isso é só pra quem tem poder aquisitivo de ter um carro. Qualquer criancinha sabe, no entanto, que o preço do combustível afeta toda a cadeia econômica. Sequer dispensa de demonstração uma tal verdade evidente. Pagaremos 29 bilhões de reais em PIS/CONFINS, mais os acréscimos generalizados. Na visão comum do contribuinte, se imposto for para prestar bons serviços públicos, dá para aceitar. Mas se for para pagar diversões equestres de ministro, é injusto.

Os impostos são injustos quando mal cobrados e mal usados. O governo fala em conseguir, do Congresso, uma reforma tributária em seis meses. Certamente para aumentar a carga tributária, já que o orçamento deste ano está com déficit de 231 bilhões de reais, e engordou o Estado: agora são 37 ministérios. Todo mundo sabe que, quanto mais pesada é a carga fiscal, maior é a sonegação e maior a vontade de produzir menos para pagar menos impostos. A cobrança de imposto é detestada já no Velho Testamento. A carga fiscal desestimula o empreendimento que gera emprego. E quando governos gastam consigo mesmos, são como os senhores feudais da Idade Média, que cobravam impostos para sustentar a corte. Contribuintes e cobradores de impostos precisam pensar nisso, ao avaliar uma reforma tributária e os gastos cavalares.

Neurônios algemados

Em 14 de março de 2023

A Nicarágua de Daniel Ortega acaba de suspender relações com o Vaticano, porque o Papa comparou o regime de Ortega com o comunismo soviético e o nazismo de Hitler. "Ditaduras grosseiras", postou o Papa Francisco, sugerindo *desequilíbrio* de Ortega. Imediatamente, o ditador mandou fechar a Nunciatura Apostólica. A nota oficial nicaraguense anunciando a suspensão usou palavras conhecidas por aqui: "terrorismo golpista que divulga notícias falsas". Na escalada totalitária, a primeira liberdade que Ortega suprimiu foi a de expressão, antes de tirar as outras liberdades. Assim fizeram Stálin e Hitler. Assim fazem todos os regimes totalitários.

Os nossos constituintes de 1988, marcados pelo AI-5, trataram de preservar a liberdade de expressão. Na cláusula pétrea que é o artigo 5º, está o inciso IV, que estabelece: "é livre a manifestação do pensamento, sendo vedado o anonimato". O artigo 220, que trata da comunicação social, garante que "a manifestação do pensamento, a criação, a expressão, e a informação, sob qualquer forma, processo ou veículo, não sofrerão qualquer restrição". A seguir, o §2º veda qualquer tipo de censura política, ideológica e artística.

Por que insistir com esse óbvio, que é o respeito à Constituição? Porque ela não está sendo respeitada. É preciso esfregar a Constituição na cara de quem censura e na cara de quem se omite da obrigação de denunciar o desrespeito. Teríamos um regime de liberdade de expressão – portanto democrático – se a Constituição fosse praticada, mas muita gente defende a sua própria liberdade de expressão, mas não a de quem discordam. Carregam ideais totalitários, pelos quais as pessoas são livres para pensar – desde que pensem como se lhes impõem. São censores a policiar seus concidadãos. Assim, agem Hitler, Stálin e totalitários políticos e religiosos de todos os tempos. Isso já foi questão de vida ou morte. Durante a pandemia, censuraram informações que poderiam salvar milhares de vidas.

Na pequena Jacutinga, RS, um diretor de escola foi afastado porque leu, na rádio do município vizinho, um artigo de J.R.Guzzo, publicado pela revista Oeste. O presidente do PT local o denunciou por crime de racismo, porque o articulista identificava os eleitores de Lula como senzala. O diretor não leu isso em sala de aula, mas num debate político radiofônico, a que fora convidado pela emissora. O episódio mobiliza a Câmara de Vereadores e a Secretaria de Educação, e faz um barulho que nos leva ao perigo real. Gramsci substituiu as armas de Stalin por palavras em salas de aula, porque o que um professor diz ao microfone de uma rádio é exercício da liberdade de expressão sem anonimato, é público. Mas na privacidade de uma sala da aula, se prega as maluquices da moda ideológica revolucionária para nossas crianças, fica no anonimato e vai abduzindo corações e mentes. Enquanto se censura a cidadania, a pregação corre solta.

No nosso país, grassam modismos disfarçados de libertadores, que na realidade são liberticidas. Quem já leu o *1984*, de George Orwell, identifica bem essa ditadura que começa com o controle da expressão do pensamento e pretende desembocar em outra *A Revolução dos Bichos*. Já existe um virtual Ministério do Pensamento, impondo e criando palavras e conceitos, ainda que contrariem a lógica e o conhecimento científico. A justiça e o mérito são sacrificados ante verdades inventadas – e quem expõe o ridículo dessas teses, é denunciado como infectado por alguma neofobia. As pessoas estão sendo de tal forma patrulhadas, que têm medo de resistir e mostrar que não querem ser enganadas. se encolhem com medo da opressão. É um processo em que a opinião está sendo criminalizada, para formar seres acríticos e inermes. Até quem faz a propaganda disso acabará sem liberdade para decidir como a propaganda. Quando esse acólito da seita perceber que foi usado, já será tarde; o regime já passou da fase primária de dominar a liberdade de expressão, e já terá controlado as liberdades de ir e vir, de se relacionar e, sobretudo, de pensar. Então vai ser tarde, já não serão livres, porque seus neurônios já terão sido algemados.

Congresso encolhido

Em 21 de março de 2023

O Poder Legislativo é o primeiro dos poderes, como mostra a ordem em que se encontra, no segundo artigo da Constituição. É através dele que o povo exerce o poder, como diz o parágrafo anterior ao artigo 2º. Decisivo, portanto, para a democracia. No entanto, o Legislativo, por vontade própria, se diminui, se encolhe, parece assustado ante os outros dois poderes. Agora mesmo, um ministro do Supremo, Lewandowski, suprimiu um trecho da Lei das Estatais, que havia sido aprovado pela maioria da Câmara e do Senado em 2016 – a proibição de ministros e secretários estaduais ou municipais, de serem guindados ao conselho ou direção de estatais. Um único ministro do Supremo se mostra mais poderoso que centenas de congressistas.

A Lei das Estatais foi um dos grandes avanços pela moralização das empresas públicas, e veio motivada pelos escândalos apurados na Lava Jato, que atingiram a Petrobras e a Caixa Econômica, entre outras. Agora, é essa lei moralizadora que está sendo vítima de cirurgias, castrando sua proteção contra a apropriação das estatais. Para que o ex-integrante da campanha de Lula, Aloísio Mercadante, fosse presidente do BNDES e o senador Jean Paul Prates presidisse a Petrobras, reduziram a quarentena de três anos para trinta dias. Agora, o PCdoB obteve a liminar de Lewandowski para que o ex--governador de Pernambuco, Paulo Câmara, possa ser nomeado presidente do Banco do Nordeste. Lembro-me do tempo em que os jornais fiscalizavam essas coisas e nós, jornalistas, adjetivávamos isso como casuísmo. E também lembro de que a oposição fiscalizava, pressionando as decisões de plenário e as mesas da Câmara e do Senado. Eram tempos em que assuntos políticos se decidiam nos plenários do Legislativo federal, onde os representantes do povo exerciam seu poder de tomar decisões.

Hoje, ao menor indício de que, pelo voto, não vão decidir, ou a maioria vai ganhar, correm ao Supremo, como um menino ameaçado na escola corre para saia da mãe. E o Supremo atende. Em outros tempos, o Supremo respondia que era assunto interno do Legislativo, usando uma expressão latina: *interna corporis*. A senadora Soraya Thronicke recorre ao Supremo por sua CPI do 8 de Janeiro, agora só com 15 assinaturas confirmadas, sugerindo mais uma interferência do STF, como aconteceu com a CPI da Covid. O senador Alessandro Vieira também está no Supremo pedindo para o Judiciário decidir uma questão interna do Legislativo, sobre tramitação de Medida Provisória, num embate entre Câmara e Senado.

O ministro Fux, quando assumiu a presidência do Supremo, advertiu que o Tribunal entrar em assuntos políticos que devam ser resolvidos nos plenários políticos do Congresso é desgastar o Supremo. Mas quem mais se desgasta é o Legislativo, à mercê do Executivo por liberações de emendas, e à mercê do Supremo, porque é o tribunal que julga deputados e senadores. Parece uma *operação casada*: o juiz do Supremo, que é julgado pelo Senado, é o mesmo que julga o senador ou o deputado. Desse empate, é impossível gerar os pesos e contrapesos idealizados por Montesquieu. Se deputados e senadores fossem julgados pelo Superior Tribunal de Justiça, como governadores e desembargadores, talvez se desatasse o nó. O que assistimos é o Legislativo se encolhendo como o último dos poderes. Isso põe em perigo a democracia, porque não consegue representar a origem do poder, que é o povo.

Pesos sem contrapeso

Em 28 de março de 2023

As pedras das ruas sabem que passamos por um período de desequilíbrio entre os três poderes, que é como um vírus a infectar a Democracia, a ferir garantias, liberdades e o devido processo legal. Em outras palavras, há um desequilíbrio institucional. Depois de ler meu artigo da semana passada, sobre o Congresso encolhido, um ministro do Judiciário me enviou este endosso: "Super preciso, Alexandre! Temos hoje um Judiciário hipertrofiado, um Legislativo atrofiado e um Executivo ideologizado. A democracia despencou com esse tripé". Isso me faz refletir sobre os pesos e contrapesos com que Montesquieu idealizou o equilíbrio entre os três poderes. Se o Legislativo se atrofia, não pode ser contrapeso ante o peso do Judiciário e as seduções do Executivo. E Legislativo atrofiado significa representação popular atrofiada. Então despenca o significado de democracia como governo do povo.

Quanto ao Executivo ideologizado, sempre houve tons de ideologia, mas exacerbou-se quando, depois de três décadas de esquerda com matizes diferentes no governo federal, a direita antes silenciosa e tímida reapareceu e surpreendeu ganhando eleição. Veio a polarização e os ânimos extremaram as posições. Agora o atual quer apagar o anterior. Este primeiro trimestre de novo governo faz lembrar a Árvore da Conhecimento do Bem e do Mal, do Gênesis. "Sereis como deuses", prometeu a serpente tentadora. Quem cai na tentação, fica convencido que pode estabelecer o que é bem e o que é mal, julgando-se imbuído desse conhecimento. O chefe do Executivo fica tentado a cancelar o que tenha sido bem construído pelo governo anterior, e rotula o bem de mal. As consequências apareceram nestes três meses, mostrando que muito de bom foi substituído por aquilo que hoje não dá certo. O Legislativo, como órgão fiscalizador em nome do povo parece ter dispensado seus instrumentos e ainda não percebeu os efeitos disso.

No Judiciário, juízes tentados pelo "sereis como deuses", passam a decidir o que é aproveitável e o que é dispensável na Constituição, e se arvoram também a fazer leis, em vez de limitarem-se a aplicá-las. Há reação no próprio Judiciário, onde se ouve cada vez mais a ironia de que "a Suprema Corte tem a prerrogativa de errar por último". Revogar direitos pétreos e entregar o poder de revogá-los a prefeitos e governadores foi ainda mais grave que desrespeitar a inviolabilidade de parlamentar por quaisquer palavras. Isso sem falar do inquérito que o ministro Marco Aurélio chamou de "Fim do Mundo". Depois das tentações do Gênesis, o Apocalipse.

O primeiro dos poderes numa democracia – e na Constituição – é o Legislativo, o poder atrofiado. É o poder que representa a população e os estados que compõem a União. Se o Legislativo não acordar, continuaremos nesse *Estado Democrático de Direito* apenas como marca de fantasia. Povo e estados federados sub-representados. Talvez precise de diálogo mas, antes do diálogo, será necessária humildade como antídoto ao veneno da serpente – o orgulho e a vaidade inoculados nos que caíram em tentação. No período militar, o Executivo se impunha aos outros poderes – e a história hoje chama aquele período de ditadura, por causa disso. Como se chamará amanhã o atual período de hipertrofia do Supremo?

Arcabouço

Em 4 de abril de 2023

O Arcabouço só vai para o Congresso depois da Páscoa, e o ministro da Fazenda admite que é preciso ainda fazer uma revisão no texto. Isso indica que o anúncio apressado na quinta-feira passada teve duas razões: não deixar a volta de Bolsonaro ocupar sozinha o noticiário daquele dia e lançar um balão de ensaio, para saber como a novidade é recebida. No fundo, é uma proposta destinada a derrogar a Lei do Teto de Gastos – que saiu depois de um impeachment motivado por contas públicas. A Lei das Estatais também foi motivada pelos acontecimentos – aquilo que a Lava Jato apurou, principalmente na Petrobras.

Como o governo quer gastar mais – e para isso inchou-se em 37 ministros – e não quer que o rotulem de fura-teto, inventou um eufemismo para isso: arcabouço fiscal. Imediatamente os áulicos aderiram e passaram a chamar o fura-teto de arcabouço. Só que o arcabouço não se sustenta sem alicerces; é uma licença para gastar, que tem consequência na necessidade de arrecadar mais. O ministro da Fazenda acaba de informar que precisa arrecadar mais 150 bilhões. Ou seja, cobrar mais 150 bilhões de reais dos brasileiros, ainda neste ano. Nada mais simples e fácil que mandar cobradores de impostos aumentarem a arrecadação, como faziam os senhores feudais da idade média. Só que, como demonstra a Curva de Laffer, imposto demais desestimula a atividade econômica e faz cair a arrecadação.

O governo vai repetindo suas verdades, mas só os que têm preguiça de pensar ou os distraídos vão cair nesse primeiro de abril repetido mil vezes. O Datafolha mostra o pessimismo subindo e o otimismo caindo. O presidente já percebeu isso; faz reunião com ministros e os convoca para uma cruzada de otimismo, que venda melhor imagem do governo e exorta seus auxiliares não caírem em lamentações. O problema é que muitos estão preocupados é com seu próprio futuro.

O governo que precisa de propaganda, precisa ter bons produtos. O arcabouço vai entrar no Congresso já envolto em dúvidas sobre a qualidade do método e seus resultados. E por mais que esteja embrulhado em dourado, quem faz as contas e vê que elas não fecham, sente-se embrulhado também. Aplicar o dinheiro dos impostos na prestação de bons serviços públicos é cumprir a principal tarefa de um governo. Imposto não é para sustentar administração pública inchada, para dar lugar a políticos de partidos que trocam a partilha do Poder Executivo com voto no Congresso.

Insegurança agrária

Em 12 de abril de 2023

O *general* de Lula e do MST, João Pedro Stedile, acaba de ameaçar os proprietários rurais com um abril cheio de invasões, numa Jornada Nacional em Defesa da Reforma Agrária, para punir latifúndios improdutivos. Anunciou que vão plantar árvores para mostrar a defesa do meio ambiente. O irônico é que invadiram, este ano, fazendas de eucaliptos e derrubaram as árvores de onde sai celulose para fazer papel – e é inesquecível aquela imagem de invasores *tratorando* laranjais de onde sai o suco que nos põe em liderança no mundo. Mais irônico é falar em latifúndios improdutivos, quando todas as terras produtivas já estão ocupadas – e interessante que a tal reforma agrária aparece depois que o governo Bolsonaro entregou mais de 400 mil títulos de terra em quatro anos, o dobro do que Lula e Dilma entregaram de 2003 a 2015.

O ministro da Agricultura, Carlos Favaro, diz que invasões não serão toleradas, acompanhando o governador de seu estado, Mato Grosso. Outros governadores se manifestaram no mesmo sentido. A polícia de São Paulo há pouco prendeu José Rainha Júnior por extorsão, o que quer dizer *paga ou invadimos* ou *paga que saímos*. Deixando de lado essa intenção bandida, a tal jornada de abril é oxigênio para manter acesa a chama da ideologia que estimula movimentos como esses. Uma ideologia de intelectuais que usa desempregados como massa de manobra, enquanto os faz acreditar numa utópica reforma agrária na ponta do arco-íris. Os da reforma real suaram anos para receber seus títulos de terra.

O INCRA registrou apenas dezesseis das invasões que ocorreram nesses cem dias de governo, mas pelas redes sociais se sabe que elas pipocam por todo o país. O agro, que já tem inquietações suficientes com o clima, o mercado, a insegurança jurídica na área tributária, agora tem mais essa, depois da paz fundiária dos anos Bolsonaro. Acresce que tem ainda pela frente o Supremo com o tal marco temporal de terras indígenas, em que seria melhor ouvir um professor de português, para dizer o que significa um verbo no presente do indicativo.

Não custa repetir que o direito de propriedade é cláusula pétrea na Constituição, inscrito na mesma linha do direito à vida. Só que, para o cúmulo da insegurança jurídica, nem cláusula pétrea tem sido respeitada pela Suprema Corte que, em lugar de aplicar a Constituição, a tem modificado, mesmo sem poderes para isso. Diante do silêncio do governo, com a única exceção de Carlos Favaro, a ameaça de Stedile junta-se a tantas outras ameaças que tornam cada vez mais difícil viver num país com tantas inseguranças.

Propaganda enganosa

Em 18 de abril de 2023

Existe crime de opinião no Brasil? Nove entre dez juristas vão dizer que não, que a Constituição, em cláusula pétrea, garante a liberdade de opinião, vedado o anonimato. No entanto, nos dias de hoje, foi criado, com a omissão da mídia, o crime de opinião, não previsto nas leis brasileiras, que tem sido tratado com mais rigor que os chamados crimes comuns. Esclareça-se que caluniar, difamar e injuriar não é manifestação de opinião. Criticar aqueles que estão a nosso serviço nos três poderes não é uma permissão, uma concessão, mas um dever de todo cidadão atento, pagador de seus impostos, mandante de todos os mandatários postos no poder por seu voto. Se não for assim, não é democracia. Se deputados, senadores e vereadores não representarem seus eleitores, não é democracia; se prefeitos, governadores e presidente da República não prestarem serviços para os que são origem de seu poder, não é democracia; se juízes não forem escravos, mas senhores, das leis que são chamados a aplicar, não é democracia; se os próprios juízes tomarem a iniciativa de submeter pessoas a julgamento, não é o devido processo legal da democracia.

O Brasil passa por um vale de trevas. Os criminosos comuns estão cada vez mais cheios de regalias e poder. A opinião crítica dos cidadãos está cada vez mais ameaçada por prisões arbitrárias e sem o devido processo legal. Estou em Portugal há quase duas semanas, e talvez isso me aguce a comparação entre a pátria-mãe e a ex-colônia. Portugal está organizado, fácil de viver, com segurança pessoal, patrimonial e jurídica. É o melhor destino turístico dos europeus; só o Algarve recebe o mesmo número de turistas estrangeiros que o Brasil inteiro. Responsabilidade dos nossos governantes, nossos legisladores, nossos juízes, nossos eleitores. A natureza nos deu tanto e nós fizemos tão pouco...

Agora, nosso Executivo quer fazer uma política externa de colônia, escolhendo de quem sermos escravos; nossos legisladores não sabem que seu único senhor é o eleitor e nossos magistrados mais altos se julgam ungidos para estar acima da Constituição. O plenário do Congresso não pode ser substituído pela cabeça de um juiz do Supremo. Nem o Congresso está jungido a outro poder que não seja o povo. O povo que vive mal se conforma porque nunca conheceu o bem-estar, nem um país que respeite o cidadão, que lhe dê a segurança de sacar dinheiro de madrugada num caixa eletrônico numa ruela escura; em que as pessoas se respeitem e respeitem suas cidades como sua própria casa. No Brasil, estamos sempre esperando o assalto, o furto, o vigarista, porque é o país onde o crime compensa – que o diga André do Rap.

O vice-prefeito de Porto Alegre, Ricardo Gomes, fez um libelo magnífico no Fórum da Liberdade, lembrando que, em 1215, a Magna Carta das Liberdades já estabelecia que ninguém será preso ou privado de sua propriedade, ou exilado, ou de alguma maneira destituído, a não ser por julgamento legal de seus pares. Pois oitocentos e oito anos depois, no Brasil, não há quem exija o juiz natural, a liberdade de opinião, a ausência de censura, o direito à remuneração pelo seu trabalho, a imunidade parlamentar, o direito de reunião sem armas, e o devido processo legal. Sem isso, *Estado Democrático de Direito* é apenas rótulo de propaganda enganosa.

Calando o povo

Em 25 de abril de 2023

O juiz do Supremo, ministro Gilmar Mendes, aderiu aqui em Portugal à campanha contra a liberdade de opinião nas redes sociais. Num painel chamado de *Futuro da Democracia na Era Digital,* do Fórum Internacional Brasil-Europa (FIBE), ele chegou a afirmar que "se há uma mãe de todas as reformas, eu diria que é a da responsabilidade das plataformas digitais". Assim como esse ministro do Supremo, muita gente se sente incomodada pelo megafone digital oferecido para cada cidadão expressar sua opinião. Quando começavam a ecoar os decibéis digitais emitidos pelo povo até então sem voz, Umberto Eco (O Nome da Rosa) escandalizou-se com a novidade, ironizou que ela dá voz "a uma legião de imbecis", e lamentou que, agora, pode percorrer o mundo uma besteira que antes ficaria restrita à mesa de um bar. "Normalmente, eram imediatamente calados, mas agora têm o mesmo direito à palavra que um Prêmio Nobel", disse Eco em 2015.

Seriam as manifestações de um grande escritor e de um juiz supremo, uma reação à tecnologia que deu voz e nome ao povo afônico e anônimo? Ampliar a voz de cada um não seria a ampliação do poder popular, vale dizer, um reforço na democracia? Não poderíamos pensar que os poderosos, que dominam o povo, temem perder poder para os que ganharam a voz digital e universal? Ecoa, Umberto, o desejo dos que querem calar a voz do povo, no raciocínio elitista de que os senhores da palavra são gente da estirpe de ganhador do Nobel? Quem tem ouvidos feridos pela voz do povo e quer que bocas calem? Vamos fazer leis para que digam apenas o que permitimos que vibre em nossos sensíveis e preconceituosos tímpanos? A quem vamos dar o direito de falar no mundo digital e de quem vamos restringir esse direito? Hipocrisia é defender a diversidade, mas não aceitar a diversidade de ideias. Porque, no fundo, liberdade é uma questão de ideologia política: só admitimos liberdade plena de opinião para os que concordam conosco.

Esta semana, pode ser votada no plenário da Câmara urgência para um projeto que restringe a liberdade nas redes sociais e nelas interfere até financeiramente. O relator é um deputado do Partido Comunista. Ora, todo mundo sabe que é da natureza do Partido Comunista a censura e o totalitarismo. Isso já contamina o projeto. E agride a Constituição, que nos artigos 5 e 220 garante a liberdade de opinião e de expressão em qualquer plataforma e veda a censura de qualquer natureza. Para punir a calúnia, a injúria e a difamação que houver nas redes sociais, já existe o Código Penal. E notícia falsa sempre existiu, séculos antes de aparecerem as redes sociais. E vemos todo tempo que mentira repetida vira verdade, e que o que era apedrejado como falso pode ressuscitar como verdade – basta comparar as *verdades* da pandemia com os fatos que hoje testemunhamos. Aliás, fomos muito censurados nas redes sociais naquela época de inquisição contemporânea... A mídia que sofre com a concorrência da comunicação social digital, apoia essa inquisição. Agora o projeto quer que as plataformas policiem os usuários e ficarão todos sob uma *Entidade de Supervisão*, que parece o Ministério da Verdade do profético *1984,* de Orwell.

Paraguai vencedor

Em 2 de maio de 2023

O povo paraguaio acaba de eleger novo presidente. Santiago Peña, de quarenta e quatro anos, sucede seu correligionário do Partido Colorado, Mário *Marito* Abdo, amigo paraquedista de Bolsonaro. Peña fez 43% dos votos, superando a coligação centro-esquerda com 27%. Foi também uma derrota da igreja progressista, que apoiou o perdedor. É a maior vitória da centro-direita, porque elegeu quinze dos dezessete governadores, e a maioria da Câmara e do Senado. Mais do que isso, o vitorioso em confiabilidade foi o sistema eleitoral eletrônico com comprovante impresso. Em duas horas, resultado confiável. Um modelo para o Brasil.

O eleitor paraguaio parece estar bem informado. Percebeu que os governos de esquerda da América Latina não andam bem. O da Argentina é um fiasco. No câmbio livre, são necessários 300 pesos para comprar US$ 1. E pensar que o ministro da Fazenda do Brasil queria moeda única com o Mercosul... No entanto, o governo do Brasil quer ajudar com financiamentos, pois lá é ano eleitoral. O problema é achar garantias. O chileno Boric, depois que um plebiscito recusou sua constituição neo-esquerdista, perdeu o rumo e já não sabe o que fazer. Na Bolívia, a vitória de Arce parecia dar força a Evo Morales, mas o país ficou capenga com a hostilidade ao investimento privado e o câmbio fixo; sem reservas, está com dificuldades de importar. Na Colômbia, o presidente Petro perde maioria no Congresso e ganha protestos nas ruas; no Peru, acabou na prisão o presidente esquerdista Castillo e a vice anda perdida; os protestos nas ruas já deixaram 39 mortos. No México, Obrador tentou restringir a oposição numa lei eleitoral e agora enfrenta as ruas.

Quando não produz apenas fracassos, a esquerda latino-americana tem sucesso ao implantar ditaduras, como é de sua ideologia. Cuba é a mais antiga delas; além de antiga, antiquada. Nicarágua e Venezuela lhe seguem os passos. É de sua natureza: censura, prisões, autoritarismo. Uma vitrina para os brasileiros mirarem, com espelhos ao fundo. Votamos assim, teremos um destino assim. Deixamos de amar a Constituição, que nos garante como Estado Democrático de Direito; o descumprimento de leis é corrente; a existência de três poderes é lesada pela hegemonia do Supremo, o único Poder sem a chancela do voto popular.

O Paraguai atrai investimentos brasileiros com um sistema tributário sensato e segurança jurídica. No Brasil, há fuga de capitais e de gente, por insegurança pessoal, patrimonial e jurídica. Se tivéssemos o comprovante do voto eletrônico, como no Paraguai, poderíamos garantir a vontade dos eleitores. Por enquanto, vivemos mais um degrau para o totalitarismo: o projeto para censurar as redes sociais, sem respeitar Constituição, que em 1988 baniu "toda e qualquer censura". A história nos conta que ganhamos a Guerra do Paraguai. Mas foi em 1870. Agora eles estão ganhando.

Como vai acabar?

Em 9 de maio de 2023

Visitei o Parlamento português, e lá me perguntaram sobre as bases constitucionais das decisões do Supremo nesses últimos anos. Respondi que sei tanto quanto os portugueses. Que se eu ler um artigo da Constituição, encontro uma norma fácil de entender; se me inteirar de decisões do Supremo sobre o mesmo tema, encontro, muitas vezes, conclusão oposta. Suponho que os juízes da Suprema Corte estejam dotados da percepção do que está implícito nas letras, palavras e frases da Constituição. Eu, parvo cidadão não-supremo, só consigo ler o que está explícito, como acredita o doutor Ulisses, presidente da Constituinte, no discurso com o qual nos entregou a Constituição. Como cobri diariamente os trabalhos dos constituintes, até com um programa semanal na TV chamado *Brasil Constituinte*, e não querendo ficar só nesta leitura constitucional, fico augurando que os principais relatores da carta magna, Bernardo Cabral e Nélson Jobim, expliquem, já que não consigo, para os deputados portugueses, o que está a acontecer. Sim, e expliquem também para os brasileiros.

Há um silêncio grande na mídia, que eu prefiro interpretar como de perplexidade. Talvez seja a reboque daquele refrão em que decisão da Justiça não se discute; se cumpre. Ou do temor, também vindo da sabedoria popular, de que não se briga com quem usa saia: mulher, padre e juiz. Já na minha rebeldia pró justiça, não consigo me aquietar nessa antiga paixão pela Constituição. Durante o governo militar, eu andava com ela no bolso, principalmente quando presidia o centro acadêmico, na PUC, em Porto Alegre. Constituição, para mim, é garantia, fundamento, fundação, ordem. Hoje nem os princípios do devido processo legal estão à vista, como juiz natural, inércia do juiz, ministério público essencial, ampla defesa, contraditório...

Meu consolo é que, almoçando com uma juíza criminal veterana, soube que ela tem a mesma dúvida sobre se vivemos num estado de direito. E o pior: ela sente isso entre a magistratura em geral. No Palácio de Queluz, onde nasceu e morreu nosso proclamador da independência, advogados paranaenses que encontrei, me garantem que o estado de direito já deixou de existir. Ocioso perguntar como aconteceu, mas sim "como deixamos que acontecesse?" A quem responde o Supremo? Um mandatário de Minas Gerais, que preside o Senado e é advogado, não se percebe responsável perante o Parlamento, a Constituição, os mineiros e o país.

Eu não gostava das aulas de latim, mas aprendi muitas frases dos antigos romanos, como esta, do advogado Cícero, autor de *Da República* e *Das Leis*: *Quousque tandem, Catilina, abutere patientia nostra?* "Até quando abusarás da nossa paciência?" A corda da paciência cidadã parece estar sendo esticada, até que nos retirem todas as nossas liberdades. Um deputado português me perguntou como pode acabar. É outra resposta que não tenho. A razão me alerta que, num caso assim, um dia a corda esticada rebenta inevitavelmente, de um lado ou de outro, o que prenuncia que não acaba bem.

No Mar Vermelho

Em 16 de maio de 2023

O presidente do Conselho da Renner afirmou, no Estadão, que somos o país do futuro que não chega. Tenho demonstrado isso em palestras. Jogamos fora as oportunidades postas à nossa porta. Parecemos masoquistas, sofrer é o nosso prazer. Ganhamos, de graça, o que para os outros países é um sonho inalcançável: ausência de catástrofes naturais, de guerras com vizinhos; clima ideal: chuva e sol nas doses certas; água abundante, por cima e por baixo; minerais de toda sorte no subsolo; amplidão territorial, grandeza em rios e florestas; solo onde tudo dá. Talvez querendo nos punir por não termos conquistado o direito de ter tudo isso, tratamos de provocar para que dê errado, para que a natureza não cometa a injustiça de privilegiar-nos sem mérito. Nossas escolhas nas urnas contribuem para isso. Nossa passividade infla os fracassos.

Meu colega Luiz Edgar de Andrade enganou-se quando reportou que De Gaulle dissera que o Brasil não é um país sério. Mas se não tivesse sido um engano de informação, seria *bene trovato*. Para compensar – e anular – tudo o que ganhamos no Gênesis, provocamos um apocalipse no território nacional. Nem Noé conseguiria salvar-nos nesse dilúvio de passividade – ou sem-vergonhice? Agora vivemos um regime de exceção, e nossa indiferença é como se estivéssemos em pleno estado de direito. A comunicação digital deu voz a todos – e os totalitários reagiram porque a democracia que propagam é a deles; só eles podem ter voz, o povo não. Povo, para eles, é apenas uma anônima audiência.

Os tutores tradicionais do pensamento, incomodados, procuram calar a voz do povo. Afinal, está na Constituição que todo poder emana do povo. Os tutores esperam que o povo se acomode com o que está escrito. Assim, se esgota no papel o poder popular e não é exercido. Mas, mesmo quando tenta exercer, o povo tem sido enrolado. Por exemplo, os brasileiros elegeram seus representantes no Congresso, mas quem manda é quem não tem voto. Os representantes no

Congresso têm o poder nominal de fazer leis mas, nas verdadeiras liberdades democráticas, esse poder é apenas literal. Quem baixa regras, mesmo, é o topo do Judiciário. Derroga até aquilo que, cheios de esperança, considerávamos direitos e garantias fundamentais e pétreas, inquebrantáveis.

E lá vamos nós, jogando nosso potencial no lixo, nosso futuro no passado, nossos filhos e netos num beco sem saída. Posso falar nisso, pois desde 1940 acompanho esse espetáculo de país alegre e sem rumo, na penitência de pecador por ter recebido um paraíso e não ter conseguido convertê-lo em terra prometida, ao contrário do que fizeram os israelenses com um deserto. Talvez um Sinai esteja dentro de nós, e habitamos o deserto, submissos a ele e a falsos Moisés. Talvez apenas não tenhamos ânimo e coragem para separar as águas e atravessar o mar vermelho.

Pela constituição

Em 23 de maio de 2023

Nesse 23 de maio, fez noventa e um anos que quatro estudantes paulistas morreram por uma Constituição. Getúlio Vargas havia assumido o poder pela Revolução de 1930, e governava discricionariamente, arbitrariamente, segundo sua vontade, sem assembleias que representassem o povo no poder Legislativo. A federação deixara de existir – país unitário. São Paulo já era o estado mais importante – e o mais atingido. Não se conformou com isso. E começaram manifestações; em 25 de janeiro de 1932, aniversário da cidade, 100 mil pessoas se reuniram na Praça da Sé. No dia 23 de maio, numa esquina da Praça da República, houve confronto entre manifestantes e um grupo armado pró-Vargas. Fuzilaria e muitos manifestantes mortos, entre eles, quatro jovens estudantes, que entraram na história do Brasil como MMDC: Martins, Miragaia, Dráusio e Camargo. O Obelisco do Ibirapuera, o mais alto monumento da cidade, foi construído para abrigar os corpos dos quatro precursores da Revolução Constitucionalista de 1932. A avenida 23 de Maio, que liga São Paulo de norte a sul, lembra a data do sacrifício dos quatro por uma constituição. Vozes pela Constituição, que foram caladas, estão inscritas no panteão que compartilha a Praça dos Três Poderes com o Palácio do Planalto, o Congresso e o Supremo.

Hoje, gritariam de novo, porque convivemos com uma situação parecida. Temos Constituição, mas só é cumprida se o Supremo quiser. Somos chamados de República Federativa, mas a prática tributária mostra que o sistema é unitário, porque tudo depende do governo federal. Estados e municípios andam de pires na mão, à mercê da caridade política federal. A existência de três poderes apenas está escrita na Constituição, mas a prática é a hegemonia do Supremo sobre os demais – ironicamente, o Judiciário é o único que não tem representação popular, não recebe a procuração do voto. A Constituição, como garantidora de liberdades básicas e do devido processo legal, não tem se imposto a decisões monocráticas de juízes do Supremo. Os direitos de reunião, de opinião, de expressão, estão reprimidos pelo medo, ante atitudes que dispensam inquérito legal, Ministério Público, juiz natural e contraditório.

O anterior chefe do poder Executivo foi impedido de nomear subordinados, o presidente do Senado tem medo de adotar os remédios previstos na Constituição para retornar à normalidade democrática. Prisões em massa de manifestantes sem flagrante e cassação de mandato de deputado sem justa causa, deixam os mandantes e os mandatários com medo de se manifestarem. É diferente de 1932 nos meios e aparências, mas não nas consequências.

A prisão em massa de manifestantes e a conversão deles em réus, certamente tem o efeito de atemorizar e dissuadir os que pretenderem manifestar nas ruas seu desejo de ver cumprida a Constituição, a exemplo dos paulistanos do 23 de Maio de 1932. Afinal, os mais radicais – ou ingênuos – queriam ver a Constituição ultrapassada também por forças militares. Erraram de endereço. Gritaram em vão diante dos quartéis. O alvo deveria ser os ouvidos de Rodrigo Pacheco. Mas, enfim, exerceram o livre direito de expressão sem anonimato, garantido pela Constituição. Mas os teimosos pela Constituição voltaram domingo às ruas – e na icônica Curitiba – em favor de um deputado injustiçado. Não temeram, tal como os paulistas de 1932. Haverá, um dia, um obelisco ou uma avenida para eternizar os que lutam hoje pela Constituição.

Acolhida de Maduro

Em 30 de maio de 2023

Minha candidata ao Prêmio Nobel da Paz é a Operação Acolhida. Desde junho de 2018, já entraram no Brasil mais de 800 mil venezuelanos, que deixaram seu país natal por causa da fome e perseguições políticas. Segundo o órgão de refugiados da ONU, já deixaram a Venezuela 7 milhões de pessoas, a maioria indo para a Colômbia, porque é vizinha e tem a mesma língua. Os que vieram para o Brasil pela Operação Acolhida, em geral chegaram famintos, subnutridos, doentes e foram alimentados, tratados e encaminhados, do extremo norte do Brasil, para os estados brasileiros, para terem vida digna para si e família. O Exército Brasileiro cumpriu uma honrada missão humanitária nessa operação. Por isso, foi estranho ver gloriosos Dragões da Independência, do 1º Regimento de Cavalaria de Guardas, formados em alas, apresentando lanças para honrar o causador do êxodo de venezuelanos, Nicolás Maduro, enquanto subia a rampa do Palácio do Planalto.

O povo venezuelano já foi feliz. Tinha a maior renda per capita da América Latina; eram os *sauditas* sul-americanos do petróleo; o combustível, lá, era quase de graça; só dirigiam carrões americanos; abarrotados de divisas, importavam o que de melhor havia no mundo. Mas veio Hugo Chaves e seu bolivarianismo, uma versão sul-americana de marxismo. Se Marx não deu certo na União Soviética, em cerca de setenta anos de poderes divinos sobre as pessoas, por que não tentar na América latina, onde a memória do povo não tem Tolstói para contar a história? Quem sabe um Bolívar revisado? Com isso, destruíram a Venezuela. Chaves morreu há dez anos e Maduro é seu sucessor, com esse Bolívar de propaganda, que contrasta o Bolívar libertador.

Hugo Chavez inventou uma união de países sul-americanos para ver se, por aqui, viceja o marxismo. A UNASUL foi criada em 2008 por ele, com o apoio de Lula. Não sobreviveu ao estatuto do Mercosul, que exige democracia de seus integrantes. Como Lula não exige isso de Evo, de Ortega nem de Maduro, quer recriar a UNASUL, talvez com outro nome. Doutor Goebbels fazia isso, tal como antes fizeram os bolcheviques. Troca o nome e faz o mesmo. É o que pretende fazer com os presidentes visitantes, depois da recepção especial com que celebrou Maduro ontem, no Palácio do Planalto e no Itamaraty.

O doutor Freud estudou o mecanismo de fuga, com seus pacientes em Viena. Lula foge das questões internas que não consegue resolver viajando. China, Japão, Europa, Estados Unidos... e agora Brasília, reunindo vizinhos para propor a paz no mundo e a bem-aventurança na América Latina. Não consegue se impor, como gostaria, ao Congresso Nacional, porque ainda vive na primeira década do milênio. Mas sonha com liderança externa e gera propaganda com essa reunião em Brasília. Áulico não falta para aplaudir o argumento dele de que há preconceito contra Maduro, numa narrativa sobre as consequências de seu governo. Só que a realidade não está em Brasília, na boca de Lula, mas em Pacaraima, com a Operação Acolhida mostrando o que acontece ao norte da fronteira com a Venezuela.

Ícaro brasileiro

Em 6 de junho de 2023

O presidente quase ficou sem dezessete ministérios. E não conseguiu tirar o COAF do Banco Central nem extinguir a FUNASA, nem dar Cadastro Ambiental Rural e Agência de Águas a Marina Silva nem a demarcação de terras indígenas a Sônia Guajajara. Vetou duas mudanças e, com isso, se contrapôs à maioria do Congresso, que vai examinar o veto. Pagou caro a aprovação por um triz da nova estrutura de governo: o recorde de 1,7 bilhões de reais em emendas liberadas no dia da votação. Se Lula ficou surpreso com esse resultado é porque anda afastado do país, voando demais. Na intimidade, culpa seus articuladores políticos, embora saibamos que Artur Lira teve boas razões para avisar ao governo de que o problema está mais acima.

Talvez seja difícil para o presidente entender que foi eleito pela metade dos eleitores. A outra metade é oposição. Na melhor das hipóteses para ele, o país está dividido ao meio; ele não teve vitória esmagadora que justifique sua postura vingativa. Além disso, a eleição que renovou a Câmara mostrou que cerca de dois terços dos deputados vêm de partidos e votos de centro-direita; a renovação de um terço do Senado aumentou a bancada conservadora para mais de 60%. Resta ao governo apelar ao fisiologismo; liberou emendas e agora cogita dar ministérios a partidos que ainda não receberam. Motivos para refazer o ministério é que não faltam. Ministros inexperientes não têm noção de como se relacionar com deputados e senadores.

Mesmo os experientes ex-governadores, hoje no ministério, estão gerando desgastes ao governo, como o ministro da justiça, Flávio Dino, e agora o ministro da Casa Civil, Rui Costa, que, sem ser provocado, fez um discurso preconceituoso ofendendo Brasília e os brasilienses, e levantando até os petistas da bancada do DF contra o ministro coordenador do governo. Nunca se havia ouvido antes um governador chamar ministro de "um idiota completo", como disse ao *Correio Braziliense* Ibaneis Rocha (MDB) referindo-se a Rui Costa.

Ontem, Costa acompanhou o presidente em uma feira do agro na Bahia, setor que Lula chama de fascista. Vai ser difícil ser aceito pelo setor mais dinâmico da economia.

Não foi apenas a escolha do ministério inchado, mas também o espírito de revanche e desmanche. O teto de gastos, a privatizada Eletrobras, o marco do saneamento, e a autonomia do Banco Central estão entre as tentativas de desmonte, e afastam de Lula os notáveis que assinaram a Carta pela Democracia que o apoiou. E já aparecem editoriais com forte crítica ao governo, em órgãos que apoiaram a candidatura do PT. O programa econômico é claudicante; essa última novela de carro popular revela a reprise do agrado às montadoras e mostra como a área econômica está insegura, indecisa e é incipiente no ramo.

O falado semipresidencialismo já é uma prática há mais de quatro anos, e Lula não percebeu, assim como não percebeu as mudanças em duas décadas. Fica incomodado e voa para fora do país – até quer um avião maior –, afastando-se das dificuldades internas. Viagens que causam mais críticas que elogios, como essas geradas pela política externa de incensar o ditador Maduro em Brasília. Dia 22, será a 11ª viagem internacional – uma por quinzena. O próximo destino é Paris, tratar de clima. Depois, voa ao Papa. Na verdade, para tratar de clima, só voando para o sol, que é responsável pelo clima da Terra. Ícaro tentou isso, sem saber que as asas iriam derreter.

Brasil colônia?

Em 13 de junho de 2023

Se nos tempos de Juscelino existissem as ONGs, o Ministério Público e os partidos políticos de hoje, JK não conseguiria construir Brasília. As obras seriam embargadas por destruir o cerrado, o Lago Paranoá não seria criado por uma barragem que desviaria cursos d'água e causaria uma extensa inundação do cerrado. O Brasil hoje estaria condenado a acompanhar seu limite litorâneo, a maior parte das fronteiras terrestres estariam vazias e mais vulneráveis e não seríamos o maior exportador de grãos do planeta; ao contrário, estaríamos importando alimentos e, quem sabe, haveria guerra por alimentos e por espaço para produzi-los, aumentando a ambição sobre o centro-oeste brasileiro. O cerrado seria um lugar deserto com emas e lobos e o Brasil, um país semicolonial.

Lembrei disso ontem, quando a presidente da União Europeia prometeu ao presidente do Brasil 20 milhões de euros para o Fundo da Amazônia. Fico curioso por saber quem será beneficiado com esse dinheiro. Seriam os filhos dos amazônidas ribeirinhos, que crescem longe de escolas? As famílias de caboclos distantes de um posto de saúde? Os que levam dias de canoa para comprar ferramentas, roupa e mantimentos? Os que plantam e criam? A Alemanha, na União Europeia, acabar de restituir ao Brasil um fóssil de cento e dez milhões de anos. Mas é apenas um fóssil. Quantos bilhões de euros já saíram da Amazônia em minérios raros e preciosos, madeiras, acervo medicinal e biológico? 20 milhões de euros é uma compensação ínfima.

O ex-presidente da Câmara e ex-ministro da Defesa (e ex-PCdoB) Aldo Rebelo, insiste em nos alertar para a ação de ONGs, partidos de esquerda e Ministério Público, contra obras de desenvolvimento na Amazônia, como a rodovia Porto Velho-Manaus, a hidrovia Araguaia-Tocantins e a Ferrogrão, paralisada há mais de dois anos por decisão do Supremo. No mesmo sentido, o Ibama impediu a Petrobras de pesquisar na foz do Rio Amazonas. Parece que querem manter a Amazônia intocada pelos brasileiros, como reserva futura para outros países. Se o ambientalismo ideológico de ONGs e MP de hoje estivesse ativo na época, não teríamos as hidrelétricas de Itaipu, Tucuruí, Ilha Solteira, Furnas – e o Brasil seria um país de apagões, com usinas a óleo e a carvão. Belo Monte foi um marco para essa militância se formar.

Esta semana, em Lavras do Sul, RS, o prefeito e a comunidade econômica do município reuniram-se para um grito contra isso. O subsolo do município tem capacidade de fornecer 300 mil toneladas/ano de fosfato. O Brasil importou ano passado 1,67 milhões de toneladas do minério, necessário para o agro fazer as plantas crescerem. Mas ONGs e Ministério Público estão na Justiça, bloqueando a mineração. Temos uma CPI das ONGs, que pode examinar tudo isso. Lavras do Sul mostra que não podemos ficar em passividade colonial. O conhecimento de hoje permite exploração sustentável. O conhecimento não pode permitir que aceitemos que se trave o desejo de todo brasileiro de progredir. A pobreza e a fome são tragédias reais e concretas quando um país rico não consegue que essa riqueza enriqueça a vida de seus habitantes. É como se uma metrópole nos estivesse paralisando.

Justiça só com Deus

Em 20 de junho de 2023

A juíza Gabriela Hardt, substituta de Sérgio Moro, finalmente se livrou da Lava Jato. Tentou ser transferida para Florianópolis, mas não conseguiu e, agora, reconsideraram um pedido dela para a 3º Turma Recursal, em Curitiba. Foi ela que condenou Lula no caso do Sítio em Atibaia. Antes dela, o juiz titular foi Eduardo Appio, hoje afastado para apurações. Imagino que a juíza deve estar sentindo em relação à Justiça o mesmo que boa parte dos brasileiros. O promotor Deltan Dallagnol já perdeu o mandato que recebeu de 344 mil paranaenses; dizem que o ex-juiz Sérgio Moro é o próximo alvo. Parece vingança.

Em abril de 2021, o Supremo, por 8 x 3, anulou os processos de Lula na 13ª Vara, argumentando que os casos do triplex, do sítio e do Instituto Lula nada têm a ver com o objetivo de investigar corrupção envolvendo a Petrobras. Dois anos depois, o entendimento do Supremo aparentemente não serviu para o caso do celular do ajudante de ordens de Bolsonaro, já que cartão de vacina nada tem a ver com as invasões de 8 de janeiro. Mas a Operação Venire foi incluída na investigação de milícias digitais.

Na Lava Jato, as condenações consideraram que as empreiteiras envolvidas retribuíam contratos superfaturados com a Petrobras. A devolução de 6 bilhões de reais equivaleu a confissões dos réus, assim como 43 acordos de leniência, que preveem a devolução de R\$ 24,5 bilhões. A responsabilidade agora na 13ª Vara, é do juiz Fábio Nunes De Martino, que vem de Ponta Grossa. Não encontrei registros de entrevistas dele, o que conta pontos no seu currículo. Porque juiz falar fora dos autos tem sido frequente e é um risco para a credibilidade da Justiça. Agora mesmo o presidente do STM, brigadeiro Joseli Camelo, resolveu palpitar sobre o tenente-coronel Cid, e fez prejulgamento.

O Judiciário virou foco das atenções e, nesta semana, o Senado decide se o advogado de Lula, Cristiano Zanin, será juiz do Supremo. Imagino que um advogado se transformar em juiz supremo deva ser uma mutação gigantesca. A natureza do advogado é defender alguém ou alguma causa; a natureza do juiz é defender a lei e a justiça, como um fiel de balança, de modo impessoal e sem preferências de outra natureza que não seja pela isenção. O público deve ter ficado surpreso quando o site de notícias *G1* mostrou que o gabinete que pode ser de Zanin no Supremo e era de Moraes, tem 350 metros quadrados – certamente mais amplo que a maioria das residências dos brasileiros. Está no deslumbrante anexo do Supremo, que disputa em grandiosidade e sofisticação com os palácios dos outros tribunais e o da Procuradoria da República. Tudo construído com os impostos pagos pelo mesmo povo a quem devem prestar o serviço da justiça.

Como nunca antes, vejo o Judiciário na boca do povo. Como numa Copa do Mundo, em que todo mundo vira técnico de futebol, milhões de *juristas* e de *juízes* andam pelo país digital, escrutinando tudo e julgando os próprios juízes – não apenas nas decisões políticas relativas às liberdades, de que são torcedores, mas também no trato com a corrupção, o tráfico e decisões que premiam impunidade. O triste é cada vez mais as pessoas, inclusive estudantes de direito e agentes da justiça, como a juíza Gabriela Hardt, ficam desanimados e descrentes na justiça. Abre-se, aí, um vácuo na estrutura da nação. É por isso que tanto se vê abandonar a esperança no cumprimento das leis e da Constituição, e entregar a justiça nas mãos de Deus.

O processo

Em 29 de junho de 2023

O relator Benedito Gonçalves teve imenso trabalho; precisou de 382 páginas para demonstrar a culpa de Bolsonaro em crime eleitoral de abuso de poder político e econômico. Quase o dobro do número de páginas de *O Processo*, de Franz Kafka. O cerne da questão é a confiabilidade de urnas sem comprovante impresso do voto digital, levada a embaixadores estrangeiros. *O processo* brasileiro vem de acusação do PDT, partido criado por Leonel Brizola, que em 1982 botou a boca no mundo quando percebeu que a contagem informatizada dos votos, feita pela Proconsult, contratada pelo TRE, poderia conduzir à vitória de Moreira Franco, em 1982. A denúncia do risco de alteração dos resultados, teria interrompido um processo de fraude e garantido a Brizola o governo do Rio de Janeiro. O episódio serviu para deixar o PDT com um pé atrás em relação à contagem eletrônica.

Em 2001, o PDT de Brizola uniu-se ao projeto do senador Roberto Requião (PMDB-Pr) por comprovante do voto. Virou lei sancionada por FHC. Mas a justiça eleitoral pressionou e a lei foi revogada em 2003. Em 2009, os deputados Flavio Dino e Brizola Neto propuseram nova lei de comprovante, que foi aprovada e sancionada por Lula, mas revogada pelo Supremo. Projeto do deputado Bolsonaro foi aprovado em 2015. Dilma vetou, e o veto foi derrubado por 71% dos congressistas. No entanto, o Supremo suspendeu a lei antes das eleições. Depois, declarou-a inconstitucional. Em 2021 ainda se voltou ao assunto, com o apoio do PDT de Carlos Lupi e Ciro Gomes, mas acabou arquivado. Agora, é o motivo da condenação de Bolsonaro no TSE, provocado por ação movida, ironicamente, pelo PDT. É questão atualíssima, já que, ano que vem, temos eleições municipais e é preciso perguntar se ainda não haverá comprovante.

O PDT denunciou Bolsonaro por ter convidado embaixadores credenciados no Brasil para uma conversa no Palácio Alvorada. A conversa versava sobre riscos da contagem eletrônica pela ausência de um comprovante impresso do voto digital. Se a denúncia tivesse sido feita por outro partido, não seria de estranhar. Mas partiu do PDT, que teria tudo para honrar a memória de seu líder e nunca mais querer o risco de um caso como o Proconsult. Embaixadores que estiveram na reunião com Bolsonaro ficaram surpresos com a denúncia do PDT. Alguns me disseram que não viram crime algum na atitude do então presidente da República. Que eles, embaixadores, atenderam ao convite pelo mesmo motivo com que aceitaram ir ao TSE, quarenta e oito dias antes, para ouvir o então presidente da Justiça Eleitoral, Edson Fachin, expressar suas preocupações sobre o reconhecimento dos resultados da eleição presidencial. Nas missões desses diplomatas, está a de acompanhar o sistema de voto de um dos maiores eleitorados do mundo, num país de grande importância estratégica. É tarefa dos embaixadores relatar a seus governos o andamento de um processo eleitoral, para que seja avaliada a legitimidade dos resultados. Assim, se houve crime eleitoral no encontro do Alvorada, os embaixadores seriam todos cúmplices.

Sobre o julgamento no TSE, bolsonaristas escrevem nas redes sociais que foi decidido fazer Bolsonaro carregar a cruz e ser crucificado. Torná-lo inelegível por oito anos é aplicar nele o que foi omitido na condenação de Dilma quando, à revelia do parágrafo único do artigo 52 da Constituição, ela não ficou inelegível por oito anos, no julgamento do Senado, conduzido pelo presidente do Supremo.

Agora, um crime de opinião – que não existe, pois a Constituição garante a livre manifestação do pensamento, vedado o anonimato (artigo 5, IV), e isso vale para todos, inclusive para o presidente da República. Pode, um tribunal, punir alguém por manifestar seu pensamento sobre urnas eletrônicas? A punição legítima, no caso de um político, vem da origem do poder, nas urnas. Se Bolsonaro desagradou os eleitores, compartilhando suas preocupações com embaixadores, os eleitores o punem. Com Dilma, o descumprimento da Constituição foi corrigido pelos eleitores de Minas. Agora, os 51 milhões de eleitores de Bolsonaro no 1º turno da última eleição são cassados no seu direito de votar de novo no candidato preferido.

Por medo da força eleitoral de Bolsonaro, torná-lo inelegível, "crucificá-lo" como dizem os bolsonaristas, podem converter num cristo alguém que já é messias no nome. Como aconteceu na facada, podem turbinar a força política de Bolsonaro, como um líder que não pode receber voto, mas ganha poder de voto ainda maior. O resultado pode ser um ganha-ganha para o ex-presidente. Não podendo ser eleito, e já tendo eleito tantos, após crucificado, recebe ressurreição como Grande Eleitor.

Sedentos de democracia

Em 6 de julho de 2023

Se você ler comigo a Constituição, verá no primeiro artigo que deveríamos ser uma "República Federativa" num "Estado Democrático de Direito", e que "todo poder emana do povo". Com essa reforma tributária, o Brasil se consolida como uma república unitária, já que o poder em Brasília centraliza os impostos e conselhos podem substituir prefeitos e governadores.

Além disso, para ser um Estado Democrático de Direito não podemos ter exceção para o princípio do devido processo legal. E o poder do povo seria realmente exercido por seus representantes se mandantes e mandatários estivessem mais próximos, como através do voto distrital – pois os representantes votam no parlamento em desacordo com seus mandantes eleitores.

Quando alguém grita "água, água, água!", ou quando clama insistentemente por pão, ou desesperado ainda consegue pedir ar, é porque está sedento, faminto ou asfixiado. Assim, hoje, como todos os dias, a palavra democracia aparece na televisão, no rádio, nos jornais, nas tribunas, na boca de políticos e eleitores. A conclusão é de que está faltando; há sede e fome de democracia, sem a qual as liberdades não respiram e morrem asfixiadas. Você não consegue passar um dia sem ouvir ou ler dezenas de vezes a bendita palavra democracia, na abundância de sua escassez.

É óbvio que os responsáveis por isso somos nós. Nós permitimos e nós os elegemos. Os que operam as instituições estão lá em nosso nome. Os que escreveram a Constituição e as leis, o fizeram em nosso nome e com o nosso voto. Os que fazem funcionar a administração do Estado são nossos servidores. Mas tudo isso fica na teoria, porque na prática os que receberam o poder do povo se sentem donos dos Estado, da lei e das instituições enquanto somos tratados como servos, pagadores dos impostos que sustentam os poderes nos três níveis – e isso não é democracia, que é o exercício do poder do povo, regido pela Constituição.

Há, portanto, uma disfunção institucional. A lei básica é desrespeitada e, sendo ela desrespeitada, prevalece o arbítrio, pessoas impondo suas vontades. O segundo artigo da lei básica diz que são independentes o Legislativo, o Executivo e o Judiciário – nessa ordem. A ordem hoje está invertida, e o sistema de governo é presidencial só no nome, pois o presidente tem pouca autonomia. O Judiciário legisla e intervém no Executivo. No artigo 5º, você lerá: "Todos são iguais perante a lei, sem distinção de qualquer natureza" – e muitas leis já foram feitas e até criadas no Judiciário, aplicando distinções. Ao negar a igualdade, usam a falácia da *ação afirmativa* para discriminar.

O capítulo dos direitos e Deveres Individuais e Coletivos (artigo 5º) é tão fundamental que só pode ser alterado por uma Assembleia constituinte, mas já virou rotina desrespeitar a livre manifestação do pensamento (inciso IV), a livre expressão (IX), a inviolabilidade do sigilo das comunicações (XII), o direito de reunião sem armas (XVI), o direito de propriedade (XXII). Ainda o artigo 5º estabelece que não haverá juízo ou tribunal de exceção; mas inquéritos sem o Ministério Público, como estabelecem os artigo 127 e 129, fazem exceção ao devido processo legal, essencial em democracia.

O artigo 52 diz que presidente condenado fica oito anos inabilitado para função pública, mas isso foi desrespeitado na condenação de Dilma, e foi a porteira por onde começou a passar a boiada. O artigo 53 diz que deputados e senadores são invioláveis por quaisquer palavras, mas não têm sido. O artigo 220 garante a manifestação do pensamento, sem qualquer restrição, sob qualquer forma, processo ou veículo; diz que nenhuma lei poderá ser embaraço à informação, sendo vedada toda e qualquer censura política, ideológica e artística. Não preciso dizer a você, que está sedento por democracia, o quanto nos faz falta cumprir a Constituição.

Futuro onde?

Em 12 de julho de 2023

O governo federal está extinguindo o Programa Nacional de Escolas Cívico-Militares. Onde existem escolas assim, acabou a influência do traficante à sua porta; a disciplina, que é a base de todo e qualquer trabalho ou aprendizado, fez subir o aproveitamento em todas as matérias; a ordem manteve as escolas limpas e sem depredação e baniu a violência. É um exemplo do que dá certo. Um exemplo de que junto com o ensino, pode vir a formação de cidadania e o respeito às leis. Mas o governo federal crê que disciplina e valores é de outra ideologia. O presidente, no Foro de São Paulo há pouco dias, confessou que, historicamente, combate esses valores. Mas um país sem isso não tem futuro.

A reforma tributária já tem relator no Senado, e o povo brasileiro está alheio a ela. Só as elites se manifestam; algumas prevendo mais carga tributária, outras antevendo prosperidade. A reforma parece cinzenta, pois está entre o preto e o branco: ou é caixa-preta ou é cheque-em-branco. Depois de aprovada na Câmara, ouvem-se, dos próprios deputados, queixas de que votaram sem conhecer o texto, ou votaram sem entender as consequências das mudanças. Representantes do povo são espelho de seus eleitores, que se calam quando seu representante vota o oposto do compromisso de campanha, ou que lhe dá as costas e deixa de representá-lo, para ganhar um cargo em outro poder. Uns e outros carecem de educação e ensino que lhes credencie para praticar um sistema que tem defeitos, mas ainda não se encontrou outro melhor: a democracia, em que todo poder emana do povo e é exercido em seu nome através de seus representantes nomeados pelo voto. Por isso, a massa dos pagadores de impostos não é ouvida nem sabe o que vai acontecer quando se mexe nas leis tributárias.

Muitos políticos não pensam que educação e ensino são prioridades absolutas para tirar de uma situação crônica uma país tão rico de recursos naturais, e tão pobre em bem-estar. Políticos que não pensam que é preciso educação e ensino porque, afinal, muitos deles não tiveram formação e ainda assim tiveram votos. Há políticos que nem querem educação e ensino, porque povo sem um e outro é mais fácil de ser conduzido. Paternalismo e clientelismo se completam. São pagadores de impostos que nem sabem que pagam e recebem qualquer esmola como dádivas pessoais de quem usa o imposto do suor alheio. Povo que não é ensinado a pensar também não sabe que é a origem do poder, mandante de seus mandatários políticos e daqueles que são servidores do público. Não sabe que o Estado está a seu serviço.

Esse povo que se deixa conduzir só se libertará com educação e ensino. Desde criança convive com maus exemplos exaltados na mídia que omite os heróis verdadeiros. Aí, fica fácil enganar o povo, como aconteceu na pandemia, quando usaram o medo para paralisar corpos e mentes. Uma fórmula antidemocrática em que o medo paralisa e a ignorância aliena. Agora, o censo nos mostra que estamos cada vez mais velhos e aposentados, e cada vez menos jovens produtivos. Não há país que gere bem-estar se os que geram riqueza forem menores em número. A janela dessa oportunidade vai se fechar em breve e é preciso correr com mais produtividade dos que estão em idade ativa.

Para mais produtividade, ensino; para cidadania e democracia, educação. Educação é tarefa da família; ensino, tarefa da escola. É sinal de que estamos carentes de pais e professores, se as pessoas não praticam a cidadania ou não sabem interpretar um texto nem acertar as letras das palavras que jogam nas redes sociais. Professores que não transmitem conhecimento da língua, da matemática, das ciências; pais que transferem a educação para os professores, se eximindo de sua missão. Famílias que não ensinam seus filhos a ética, o cumprimento das leis, a cidadania, as virtudes, o respeito aos outros, os modos de viver em coletividade, estão formando que país? Não há outra saída para garantir futuro para este país a não ser educando e ensinando.

E agora, Supremo?

Em 18 de julho de 2023

Campeonato de futebol decidido, o árbitro vai a um evento dos vencedores e se gaba, ao microfone, que ajudou a derrotar o principal adversário. O que fará, a federação, diante de tal escândalo? Pois é um caso para a corte suprema do Brasil resolver, já que o juiz, que em breve será seu presidente, se manifestou como participante da derrota do bolsonarismo "para permitir a democracia". Assim, já emitiu julgamento sobre bolsonarismo; como poderá ser considerado isento ao presidir julgamento que envolva algum desses derrotados, um bolsonarista? A manifestação de juízo foi expressa num recinto dos vencedores, já que o Partido Comunista do Brasil, que comanda a UNE, fez parte da coligação vitoriosa. Por menos do que isso, o Conselho Nacional de Justiça, que o ministro Barroso também vai presidir, já expulsou juízes, mas o CNJ não julga ministro do Supremo; só quem pode julgar são os senadores.

"Nós derrotamos o bolsonarismo", clamou o ex-presidente do Superior Tribunal Eleitoral e em breve presidente do Supremo. Como todos sabemos, nós é eu e mais alguém ou outros. Aqui fica uma dúvida: Nós quem? Eu e quem mais? Uma nota do Supremo explicava que ele se referia ao voto popular – o que lembra o TSE presidido por Barroso até fevereiro do ano passado e levanta mais dúvidas sobre o significado da frase. O ministro emitiu nota, justificando que se referia "ao extremismo golpista e violento", o que deixa implícito que, na emoção, usou o que, para ele, é um sinônimo: bolsonarismo. O ministro do Supremo estava emocionado no ambiente da UNE, mangas arregaçadas e rosto corado. Pode ser que as características de um magistrado, de comedimento, equilíbrio, reserva, moderação, prudência e sobriedade tenham sido tragadas pela emoção no ambiente da UNE e provocado uma catarse ou ato falho. Só que, como a flecha arremessada por um arco, palavras não voltam às bocas.

São tempos estranhos no Judiciário. O desembargador Sebastião Coelho, depondo na memorável sessão da semana passada da Comissão de Segurança Pública do Senado sobre presos políticos, afirmou que juízes de carreira sentem vergonha do que tem acontecido. Uma semana antes de aparecer no congresso da UNE, o ministro Barroso afirmara, em Porto Alegre, que o Judiciário se tornou poder político. Isso significaria tomar poder do Legislativo, que é o poder político representante do povo. São tempos em que juízes do Supremo dão entrevistas, emitem opiniões, debatem – ou respondem "Perdeu, Mané, não amola", frase do vencedor, que agora se encaixa no contexto do que foi expressado na UNE.

Nesses dias, o ministro Gilmar Mendes bateu-boca nas redes com o ex-deputado Deltan Dallagnol. Para os da minha geração, tudo estranho e inédito. Tem gente responsabilizando a TV Senado por transformar o plenário num estúdio em que as luzes acenderam as vaidades. No mensalão, o presidente do Supremo, ministro Joaquim Barbosa, era aplaudido nos aeroportos; na Lava Jato, o juiz Sérgio Moro concedia selfies nos shoppings. A atual presidente do STF era exceção. Elogiava-se a ministra Rosa Weber por sua discrição. Agora, ela quebrou o silêncio. Comparou o 8 de Janeiro de 2023 ao 7 de Dezembro de 1941, quando os japoneses atacaram Pearl Harbor. Como vai presidir julgamento dos réus de 8 de janeiro uma vez que já pré-julgou, ao afirmar que foi um novo Dia da Infâmia. E agora quem vai poder julgar, com impessoalidade?

Abafadores de eco

Em 27 de julho de 2023

O que merecia um simples registro ganhou manchetes e páginas sem-fim, porque o episódio no aeroporto de Roma acontecera apenas dois dias depois da inédita participação de um ministro do Supremo no Congresso da UNE. Como todos ouviram, no dia 12, quarta-feira, o ministro Barroso discursando na UNE, afirmou que "nós derrotamos o bolsonarismo". Para a sorte dele, antes que a semana terminasse, na sexta-feira, 14, seu colega Alexandre de Moraes foi xingado no Aeroporto de Roma (Fiumicino). A fala de Barroso complementa a de Nova Iorque: "Perdeu, Mané, não amola". Ou seja, o vitorioso que se gabava em Brasília já havia tripudiado de um derrotado em Nova Iorque. Presença histórica de um juiz do Supremo em congresso da UNE em que emoções de um supremo magistrado expuseram aquele que foi presidente da justiça eleitoral num período de preparo para a eleição presidencial de 2018 – época de debate sobre segurança das urnas e comprovante impresso do voto.

Aí, sobreveio um fato quase rotineiro de apupos, em outro continente. Foi a oportunidade para desviar a atenção da opinião pública, saturando-a com o incidente de Fiumicino. Até então, esse tipo de xingamento a autoridades não merecia mais que um registro nos jornais do dia seguinte, discreto – para não estimular a prática desse tipo de manifestação. Em geral, só aparecia nas redes sociais o vídeo colhido por algum circunstante. Igualmente as redes registravam os aplausos, como os que recebia o ministro Joaquim Barbosa, presidente do Supremo em tempos do Mensalão, ou as selfies com o juiz Sérgio Moro, condutor do inquérito da Lava Jato. Ironicamente, o alvo em Roma foi justamente o ministro que, em junho de 2018 sentenciou em voto: "Quem, não quer ser criticado, satirizado, fica em casa".

Com tanta exposição do incidente, e para que não se multiplicasse, o Poder Executivo tratou de anular o estímulo para novas manifestações contra autoridades, anunciando uma proposta de lei para dissuadir os descontentes com servidores do público. Penas gigantescas de prisão para ataques a autoridades, ultrapassando até as penas de crimes gravíssimos. O próprio presidente da República se encarregou de qualificar os supostos agressores de animais selvagens que deveriam ser extirpados – surpreendente para um país que não tem pena de morte. Também surpreendente que o próprio tribunal que abriga o ministro em questão tenha assumido o caso, embora os supostos agressores não tenham foro no Supremo. Não fosse o artigo 7º do Código Penal, seria um caso de justiça federal de primeira instância, mas foi a última instância que reagiu, já negando a possibilidade de recursos e revelando um estranho espírito-de-corpo. Foi a presidente do STF quem autorizou busca e apreensão no domicílio das pessoas investigadas. A Polícia Federal entrou na residência do casal Mantovani e levou documentos, celulares, computadores – ação inédita para um aparente caso de vias de fato, que é contravenção, e desacato no exterior, sem crime extraditável que justifique inquérito aqui no Brasil.

O PDS de Gilberto Kassab também se contaminou com a caça aos *animais selvagens*, e sumariamente expulsou Roberto Mantovani do partido, mesmo sem apurações conclusivas do episódio. O presidente da República, discursando no Sindicato dos Metalúrgicos, aprovou a expulsão sumária e lembrou que o expulso fora candidato a prefeito. Não mencionou que a candidatura, em 2004, tinha o apoio de Lula e o vice do PT. Depois, recomendou que mesmo não gostando de alguém, não se deve xingar. Em seguida, qualificou Mantovani de canalha. E não se constrangeu em revelar para uma plateia de metalúrgicos que havia avisado o chefe de governo alemão de que o suposto agressor de Moraes se diz representante de uma empresa alemã. Olaf Scholz deve ter estranhado o denuncismo e a dimensão dada ao caso.

Para completar a barreira de som, anunciou-se com estardalhaço o já sabido no caso Marielle. Apareceu uma delação premiada de Elcio Queiroz sem prêmio, repetindo o já sabido. Para corroborar com alguma ação, prendeu-se o condenado Suel, que já cumpria prisão domiciliar. Passou quase três anos em endereço conhecido e não sofreu atentado algum; agora está em presídio de segurança máxima, com o pretexto de queima de arquivo. O capitão Renault, de Casablanca, foi o modelo: "prendam os suspeitos de sempre". Produz-se muito barulho para abafar ecos do revelador discurso de Barroso na UNE.

Castração no Legislativo

Em 3 de agosto de 2023

A Casa dos nossos representantes reabriu no 1º de agosto. Vai votar de novo o *arcabouço fiscal*, que voltou do Senado e deve ter que votar de novo a Reforma Tributária que provavelmente será modificada no Senado. E ainda terá que examinar a proposta para censurar as redes sociais e ensaios de reforma administrativa e mexer na trabalhista, feita durante o governo Temer. Os 513 deputados que lá estão são nossos representantes, nossos mandatários, assim como representam nossos estados os 81 senadores. Pergunto se nós, como mandantes e representados, estamos sendo consultados sobre o aumento além do teto, de gastos que consomem os impostos que pagamos, se estamos sendo consultados sobre se abrimos mão da nossa liberdade de expressão e opinião nas redes sociais, aliás garantidas por cláusula pétrea da Constituição. Afinal, a Constituição diz que todo poder emana do povo e supõe-se que, numa democracia, nossos representantes devam manter afinidade com nossas aspirações, pois o voto não é uma procuração em branco – ou a representação democrática é uma farsa.

Há, entre os políticos, duas ideologias. A de um Estado mínimo – para não pesar no pagador de impostos – ágil, para poder prestar bons serviços públicos – e que não atrapalha a atividade da nação que investe, emprega, compra, vende, produz. E há aquela ideologia em que o Estado é maior e mais importante que a nação. Um Estado senhor, patrão, fiscalizador, bisbilhoteiro, gastador, burocrático, supostamente para estimular a economia, criar emprego e gerar bem-estar. Esse Estado acaba gastando mais do que arrecada, desestimula o pagador de impostos, gera inflação, castra liberdades, tolhe a iniciativa, o empreendedorismo. Prefere ter clientes que vivam de seu paternalismo, tanto entre os desempregados, como entre os empregados e empregadores. Acaba pondo a nação a seu serviço, invertendo a relação saudável em que a nação se organiza num Estado, para que o Estado possa servi-la com defesa, justiça, polícia e serviços sociais.

Passamos quatro anos com um Estado que procurava ficar mais leve para o contribuinte e mais eficiente na prestação de serviços. Um período em que vigorou a liberdade econômica e, por parte do Executivo, as demais liberdades, como a de xingar o presidente ou de estar apto a autodefesa natural dessas liberdades e direitos. Agora, estamos rapidamente enveredando pela opção do Estado forte, em que o Executivo faz o oposto do que o anterior julgava importante; o Judiciário cresce com o Estado, e o principal poder de representação popular, o Legislativo, parece apático ou perplexo. Mais do que isso, afina-se mais com o governo de turno do que com os eleitores que lhe deram mandato em 2022. Partidos de centro-direita que ganharam folgada maioria em 7 de outubro trocaram a fidelidade aos eleitores por cargos em ministérios e estatais. O eleitor de 2022 ainda não conseguiu mudar o triste fisiologismo de seus representantes.

Investidores nacionais e estrangeiros são afetados nas expectativas. O estado brasileiro não consegue oferecer segurança jurídica nem política – isso sem falar da segurança pública. Somos um país ciclotímico, do sobe e desce. Não temos a necessária estabilidade política e jurídica para permitir desenvolvimento econômico e social. Vai o Congresso cumprir o que se espera dele? Os presidentes da Câmara e do Senado têm poder imperial sobre o que pôr em pauta, vale dizer, poder de decisão sobre o que os senadores e deputados não poderão votar. A consequência é que os presidentes das duas casas são mais iguais que seus supostos pares. Têm poder de emascular o voto e de tornar eunucos os representantes de um povo que pode estar com a libido alta, desejando os prazeres de viver num país cujo Estado lhe preste serviços públicos compatíveis com a carga de impostos que pesa sobre suas costas. Aliás, foi oportuna a pergunta do senador Eduardo Girão, quando reclamava da apatia do maior dos poderes, o Legislativo: "O que estamos fazendo aqui, com o dinheiro do povo?"

Floresta cobiçada

Em 10 de agosto de 2023

A Cúpula da Amazônia frustrou as ONGs internacionais, que querem a região intocada. O Brasil não pode usar o seu petróleo, o seu potássio, o seu lítio; e tem que manter intocados também os brasileiros indígenas, num apartheid movido pela eugenia. O presidente Lula chegou a afirmar, em Santarém, que a Amazônia não pode se tornar um santuário; que, antes, é preciso cuidar dos amazônidas. Mas falava para o povo local. Meses antes, entrevistado para ser visto na Europa, falava em abrir a Amazônia para a ciência do mundo aproveitar sua biodiversidade, e afirmava: "A árvore é de quem mora no planeta Terra". Por mais de uma vez, Lula disse que a Amazônia não é só nossa. Duas plateias diferentes, dois Lulas.

Terminada a reunião de Belém, Lula ainda disse que quem quer o dinheiro estrangeiro não é o Brasil; é a natureza. Duvido que ele acredite que acreditamos nisso. O dinheiro que vai para o Fundo Amazônico, para ONGs, que vem da Noruega e outros países europeus, tem um objetivo. Quem paga é quem manda. Fácil entender como é que o rei da Noruega apareceu hospedado em território Ianomâmi em 2013, e o comandante militar da Amazônia não sabia de nada. É uma questão de soberania, bem-estar da população amazônica, aproveitamento das riquezas minerais e vegetais em favor dos brasileiros, ou dar garantias de fornecimento de matérias-primas minerais e vegetais para o bem-estar de países desenvolvidos? Pergunto se os cinco presidentes que se reuniram em Belém percebem que as campanhas estranhas ao continente sul-americano querem dizer exatamente que não devemos usar o que é nosso, porque eles haverão de precisar um dia.

A CPI das ONGs tem revelado que esses interesses já estão estabelecidos firmemente no nosso território amazônico. Semana passada, um depoimento mostrou ONG impedindo comunidade indígena de ter eletricidade e internet. Será que pretendem conservar essa parte do povo brasileiro para mostrar na Europa, como em outros tempos? Até a carta de Caminha é respeitosa e elogiosa com esses brasileiros que, quinhentos anos depois, são tratados como massa de manobra. À exceção de uns poucos indígenas que ainda vivem isolados, todos os demais querem compartilhar dos mesmos serviços que atendem aos brasileiros. Na mesma CPI, o ex-ministro da defesa Aldo Rebelo (ex-PCdoB), a deputada Sonia Waiãpi e o jornalista mexicano Lorenzo Carrasco, autor de A Máfia Verde, mostraram como ONGs da Amazônia representam governos estrangeiros e substituem o governo brasileiro.

O extinto Projeto Rondon tinha um lema: "Integrar para não Entregar". A integração pode muito bem manter os costumes, as comidas, as tradições, dando saúde, ensino e oportunidades de autonomia econômica e renda. Por que não querem que brasileiros de sangue indígena se integrem à pátria? A Amazônia brasileira, como o país inteiro, é uma mistura de sangues. Domingo, fez cento e vinte e um anos que o gaúcho Plácido de Castro pegou em armas para que o Acre se libertasse do Bolivian Syndicate para ser brasileiro; os soldados da borracha vieram do Nordeste no esforço de guerra e hoje integram a genética dos ribeirinhos; os paulistas vieram com a Zona Franca; o Exército misturou ainda mais o sangue original no leque genético nacional. Há quatrocentos anos, Pedro Teixeira subiu o rio para tirar os espanhóis da nossa Amazônia; no império, o Visconde de Mauá, com sua Companhia de Navegação, afastou o conceito da US Navy de que o Rio Amazonas seria parte do sistema Mississipi-Missouri. Hoje, o que nacionalistas como Monteiro Lobato, Arthur Reis, Osny Duarte Pereira, Leonel Brizola diriam de políticos que recebem com ingenuidade a evidente cobiça mundial sobre a Amazônia brasileira?

Foram convidados, para a reunião em Belém, estrangeiros da Alemanha, Noruega e França "que tradicionalmente apoiam projetos e iniciativas na Amazônia", como explica nota do Itamaraty. O governo informou que foram convidados "organismos multilaterais e entidades financeiras internacionais, com o objetivo de buscar novas parcerias nesta nova etapa da cooperação amazônica". Estranho que não haja esse interesse estrangeiro *ambiental e social* em relação ao Nordeste, onde vive muita gente na pobreza e com carência de investimentos. Não finjamos ingenuidade quanto as intenções sobre a Amazônia – ela é Brasil, não a Europa nem a ONU. Cabe, a nós, protegê-la da cobiça e usá-la em benefício do bem-estar brasileiro.

Terroristas soltos?

Em 17 de agosto de 2023

A Procuradoria Geral da República encaminhou, ao ministro do Supremo Alexandre de Moraes, proposta de acordo com 1.156 réus do 8 de Janeiro. Pelo acordo, proposto pela OAB, eles teriam os processos arquivados, já que ficou comprovado que não tiveram participação pessoal e direta nas invasões e vandalismo nas sedes dos três poderes. Isso já suscita uma pergunta: Se não tiveram participação, então por que foram presos e por que foram denunciados e por que viraram réus? Teria sido para intimidar os brasileiros descontentes, que se fizerem novas manifestações podem ser igualmente presos?

Seriam condições para acordo: o réu ser primário, não ter antecedentes criminais e... confessar o crime. Qual seria o crime, se a PGR afirma que não participaram da agressão ao patrimônio público? A Constituição garante livre expressão do pensamento e o direito de reunião sem armas. Tentativa de golpe de Estado? Na verdade, o pessoal do acampamento apelava às forças armadas por um golpe. Estavam desinformados e de cabeça quente. Não foram atendidos e se dirigiram para a Esplanada para se manifestar. Os mais exaltados seguiram o rumo das invasões do Palácio do Planalto, Supremo e Congresso. Lá dentro, houve depredação criminosa e condenável. No dia seguinte todos foram postos em ônibus mediante engodo – inclusive quem permaneceu no acampamento no dia 8. Conduzidos pela Polícia Federal, acabaram em presídios 1390 pessoas.

Há uma CPMI para apurar se o governo, tendo recebido avisos da ABIN, teria, numa sucessão de erros, negligenciado a defesa dos prédios públicos ou facilitado a entrada. Ou deixou acontecer, para usar politicamente. Isso está sendo investigado no inquérito parlamentar. Outra apuração tenta investigar quem foram os primeiros a entrar no Palácio do presidente; se gente do acampamento ou pessoas estranhas recém-chegadas. Outra questão a ser esclarecida, à luz do devido processo legal, é porque o Supremo está tratando dessa questão, já que essa gente não tem foro privilegiado. Nos últimos dias, o ministro Moraes autorizou a saída dos presídios de 62 mulheres e cem homens – todos com tornozeleiras. O presidente do PCO, Rui Costa Pimenta, fez um argumento racional, que resumo num silogismo: se são terroristas, não poderiam ser liberados; se foram soltos, é porque não são; se não são, por que ficaram presos sete meses?

A notícia sobre a proposta de acordo não menciona todas as condições, mas se é acordo, qual a exigência para os réus cumprirem para que o Estado arquive o caso? Imagino que seja um compromisso de não processar o Estado por abuso de autoridade, prisão ilegal com perfídia e danos morais e materiais, por parte desses manifestantes diariamente chamados de terroristas na mídia. Aliás, se o acordo tiver a concordância de ambas as partes, restaria para os ex-réus a compensação de processar órgãos de jornalismo por atribuir a eles o crime de terrorismo. O Estado, com esse acordo, se alivia um pouco da pecha de ter presos políticos. Os que invadiram e vandalizaram têm que pagar. A imagem dos ônibus da prisão em massa não será apagada por acordo mas, se não acontecessem as prisões em massa, os que somente se manifestaram voltariam para casa não com tornozeleiras, mas apenas frustrados e pensando sobre a escolha errada de endereço. A prisão em massa em Ibiúna, no Congresso da UNE, em 1968, no governo militar foi metade das prisões de agora. Há mais de meio século, o marechal Castello Branco alertava os militares para as "vivandeiras de quartel". Vale recordar: em democracia, decisões institucionais e políticas desejadas pelo povo, fonte do poder, são exigidas pelos mandantes a seus mandatários no Congresso Nacional.

Rótulo enganoso

Em 24 de agosto de 2023

O arcabouço foi aprovado. Um eufemismo para ampliar os gastos. Os deputados anunciados como ministros já estão votando a favor do governo, tal como os que tiveram emendas liberadas. Os ministros Fufuca e Sílvio Costa Filho ainda não sabem que ministérios vão ocupar, mas Lula abre vagas quando voltar da África. O deputado Fufuca vai dar uma banana para seus 135 mil mandantes, e o deputado Sílvio fará o mesmo gesto para 162 mil eleitores. Para eles, fica mais fácil ter um chefe único – e os representados deles terão que esperar a próxima eleição para ter outro representante. Triste saber que isso é usual nas relações entre representantes e representados, quando o mandatário decide servir a outro senhor. Assim, não há democracia representativa que se sustente.

No mês passado, o presidente bateu o recorde de liberação de emendas: 11,8 bilhões de reais – isso é mais que o orçamento do município de Porto Alegre para o ano inteiro de 2024. Os contribuintes muito suaram para pagar tudo isso em impostos. Trabalham-se cinco meses por ano para sustentar o Estado a pretexto de que ele, a serviço do povo, preste bons serviços de polícia, justiça, ensino, educação e infraestrutura básica. Os 11,8 bilhões de reais de julho se destinam a atrair votos para o governo, que é de esquerda. Na eleição de 5 de outubro, os eleitores puseram na Câmara 73% de deputados centro-direita e, no Senado, 67% das cadeiras foram ocupadas, supostamente, por 67% de centro-direita, supostamente porque essa foi a vontade do eleitor naquele dia. Mas o eleitor tem sido fácil de ser traído à distância, sem voto distrital, – não apenas na infidelidade ao voto, mas até abandonando o próprio mandante para servir a outro poder, o Executivo.

Por que o representante despreza seu representado? Apenas pela atração de deixar de ser um em 513 da Câmara e se valorizar sendo um em 37 ou 39 no ministério? Será pelas emendas? Será que é o poder sobre o orçamento de ministério? Será que é por falta de formação política, que negligencia seus eleitores? Ou por falta de formação dos eleitores que não se importam, não exigem, não cobram, não sabem que são mandantes e talvez nem saibam em quem votaram? E mais: quem influencia esse representante do povo, no Congresso Nacional? O que diz a TV, o jornal, – ou seus eleitores? Ninguém perguntou aos eleitores, na hora de votar os fundos partidário e eleitoral, se concordam em sustentar todos os partidos políticos, inclusive os adversários. Aí, "todo poder emana do povo" vira farsa. Na prática, a verdade é que todo dinheiro do Estado emana do povo, já que é o pagador final de todos os impostos, como consumidor. Paga tudo e não exerce o poder.

Na influência sobre o parlamentar, a mídia supera o eleitor e o substitui. Seria, ela, a grande mandante? Se assim for, temos mais um desvio na representação, nesse "poder que emana do povo" que serve apenas como rótulo de democracia. Eleitor apático e passivo pagador de impostos é massa inerte ante autoritarismos que tributam, restringem, censuram, prendem e não se submetem à Constituição. Mandantes desligados de seus mandatários abandonam o canal de intermediação do poder. E, como se sabe, o poder não suporta vácuo. Não há democracia que conviva com isso; resta apenas o rótulo enganoso.

Governo sádico

Em 31 de agosto de 2023

Os deputados acabam de aprovar, por 430 votos a dezessete, a prorrogação, por quatro anos, da lei que desonera a folha de pagamento em dezessete atividades que mais empregam. O Governo tentou evitar, mas quando viu que perderia, até o PT votou a favor, para não ser noticiado como derrotado; afinal, a lei vem dos tempos de Dilma. A desoneração não isenta; cobra de 1% a 4,5%. Todas as demais atividades não listadas continuam pagando 20%. Imagine um país em que, para empregar, a empresa ainda tenha que pagar a mais uma quinta parte da folha. O governo queria cobrar mais de 9 bilhões de reais de quem emprega, e paga salários que geram impostos. Parece louco, não? Punir quem emprega; quanto mais emprega, mais paga. Esse sadomasoquismo pouco inteligente não se limita a isso.

Agora, também o governo viu convertida em lei a sua medida provisória que elevou a isenção do Imposto de Renda Pessoa Física: quem ganha até R$ 2.640,00 não paga. Quem ganha R$ 2.641,00 se torna pagante de imposto sobre essa irrisória renda, além de já ter pagado imposto sobre tudo o que comeu, e sobre o pouco que conseguiu que comprar. Esse pobre assalariado deve contribuir por mês, para o Estado brasileiro, com uns seiscentos a oitocentos reais em impostos embutidos nas compras, e recebe serviços ruins de segurança pública, ensino, saúde. É sadismo.

Para compensar a "isenção", o governo vai taxar as aplicações em *offshores*, de 15% a 20%, embora não preste serviço ao aplicador. Calcula amealhar R$ 7 bilhões de 2500 pessoas. Iria tirar, em média, R$ 2,8 milhões por pessoa. São pessoas que investiram no Brasil e lucraram. Investiram no ramo certo de atividade, empregaram os melhores, souberam vender e pouparam. Cautelosos, ponderando a segurança jurídica do Brasil, puseram dinheiro onde o veem mais bem guardado. Mas vão ser punidos com o quinto de seus rendimentos, por sinal o mesmo quinto que revoltou Tiradentes e seus inconfidentes mineiros. O governo quer punir quem se deu bem. Parece uma vingança da ideologia da luta de classes. Só que, prevenidos e bem-informados como são os bem-sucedidos, já mudaram de porto em R$ 40 bilhões, segundo a Anbima.

No fundo da escala econômica, é a ponta que tudo paga. Todo imposto que as empresas recolhem faz parte da formação de custos e vai para o preço final. Ao taxar o empregador, se desestimula o emprego. Em julho, os novos empregos com carteira assinada foram 36% menos que em julho do ano passado. A insegurança tributária e jurídica está derrubando a arrecadação. Até agora, a coletoria federal de impostos já recuou em 5,3% – e a queda aumenta a cada mês. A desconfiança com o futuro e a falta de segurança para planejar, fez os investimentos estrangeiros cair 32% e a queda aumenta a cada mês. E o governo anuncia que precisa de 168 bilhões para fechar as contas do ano que vem, enquanto cria mais um ministério. Repetem-se os hábitos de gastos dos anteriores governos de Lula e Dilma. Os resultados não serão diferentes.

Esse é o cotidiano brasileiro do investidor, empreendedor, empregador, pagador de impostos. Insegurança legal e insegurança jurídica. É uma política de o Estado se servindo da nação, para que ela o sustente, cada vez mais pesado. E, quando as frentes parlamentares da agropecuária, do comércio e serviços, e do empreendedorismo mostram ao presidente da Câmara que apoiam uma necessária reforma administrativa, o ministro político do governo, Alexandre Padilha, os acusa de querer destruir o serviço público. O Estado quer ser maior que a nação. Aí, se torna opressor, desestimulador, mau prestador de serviços, lento, burocrático. Tem que emagrecer para se tornar ágil. Se o Estado é grande, a nação fica pequena. É uma inversão. A avidez do Estado glutão taxa muito, põe regra em tudo e anestesia o desenvolvimento, o emprego, a renda. Quer se meter em tudo e tudo atrapalha. Faz propaganda de justiça social, e cria a casta da nomenclatura estatal. Gasta fortunas do pagador de impostos em propaganda. A propaganda de um governo é a qualidade de seus serviços prestados. Outro dia, vi um mote de propaganda do governo afirmando que reforma tributária é base do desenvolvimento. Sofisma sádico.

Nove meses

Em 7 de setembro de 2023

Já sentou a poeira das eleições e de início de governo e chegou setembro, o nono mês da atual administração federal. Numa gravidez, hora de o bebê ver a luz. Na porta de setembro estão batendo prefeitos, principalmente os do Nordeste, onde Lula saiu vitorioso. Das janelas da Faria Lima, em São Paulo, já se veem rostos surpresos, apreensivos e, talvez, arrependidos por terem assinado a tal "Carta pela Democracia". Impossível conter as luzes do sol do tempo. No Congresso, o calor da eleição já baixou e perdeu-se a oportunidade de agir sob a força de votos ainda frescos. A picanha não se coletivizou e essa pode ser a pior parte desse parto. A favor do governo, não há restrições de uma pandemia e o fato de a mídia ser sempre anti-Bolsonaro desde que ele entrou na política e, por consequência, agir pro-Lula. Isso gera a tentativa de impor informação favorável ao governo e o medo da censura emudece a saudável crítica.

No entanto, números não são opiniões, mas fatos. A cada mês, os crescentes gastos do governo federal superam a arrecadação. Em julho, a diferença foi de 36 bilhões. Para o ano que vem, ano eleitoral, faltam 168 bilhões. Claro que quem pagará isso somos nós. O "Arcabouço", eufemismo para o arrombamento do teto de gastos, vai permitir, no ano que vem, um acréscimo de R$ 129 bilhões nas despesas. O governo quer uma reforma tributária que o permita arrecadar mais. Anuncia que vai cobrar dos ricos, mas o cobrado de empresários acaba no consumidor, que vai pagar o imposto que estará embutido nos preços. Quer cobrar, do assalariado, três vezes mais de imposto sindical para garantir a boa vida dos pelegos sindicais que apoiam o governo.

Como não se saiu bem na eleição para deputados e senadores, o governo os atrai com liberação de emendas e oferta de cargos. E tudo tem um custo, inclusive o de ampliar o ministério. E a mexida agrada uns e desagrada outros. Trocar PT por Centrão tem ônus político-eleitoral. Petistas e sindicalistas, que falavam mal do centrão, agora cedem espaço de poder ao centrão. Aí, está de volta o antigo sistema de pagar publicidade estatal em troca de apoio da mídia venal. Aliás, a propaganda é a alma do governo.

Uma reação na Câmara é a animação em torno de uma reforma administrativa que limite o inchaço do Estado. O governo não quer, porque sua ideologia é a do Estado grande se impondo a uma nação fraca e obediente. Lula já expressou sua admiração ao sistema chinês, onde o governo fala e o povo cala. E não conseguiu impedir a prorrogação da desoneração da folha. Paga-se imposto até para empregar.

De outro lado, na política externa só há ideologia e muitas viagens. A desta semana é a 13ª – à Índia. Até a Human Rights International criticou o governo Lula por suas omissões ante as agressões aos direitos humanos na Venezuela, Cuba, Nicarágua, China, Rússia. A tentativa de impor Maduro na reunião regional em Brasília pegou mal até ante o esquerdista chileno Boric. As declarações do presidente sobre o conflito Rússia-Ucrânia têm sido desastrosas.

Enfim, terminam-se as preliminares e já é tempo de medir resultados. Nota-se muita propaganda e um sinuoso rumo político, junto com a inútil tentativa de fechar contas com gastos inchando. Ao chegar setembro, as expectativas criadas pela propaganda começam a gerar frustrações pela constatação que o governo atual está menos parecido com os dois mandatos passados de Lula e mais semelhante aos períodos Dilma. Aí, do Supremo, vem a inversão de valores em que os mocinhos contra a corrupção serão investigados, depois de os bandidos liberados. E fica no ar a dúvida sobre o que se forma nesta gravidez de nove meses, com a terrível sensação de estarmos vivendo um drama parecido com o já vivido pelos venezuelanos.

Usina de problemas

Em 14 de setembro de 2023

Lula sugeriu voto secreto no Supremo, e agora fez uma quase secreta posse tripla de ministros. A portas fechadas em seu gabinete, deu posse ao ministro Fufuca no Esporte, ao ministro Silvinho no Portos e Aeroportos, e ao ministro Márcio França, no Micro. O que parecia fofoca sobre a posse de Fufuca se confirmou: Ana Moser não foi entregar o cargo. A saída de Ana Moser desagradou ao PT e, principalmente, a senhora Janja. A entrada de Silvinho não fez o Republicanos aderir ao governo; o partido explicitou isso. E desagradou ao PSB do vice Alkimin. A foto da posse é eloquente: Lula, Fufuca e Silvinho estão com polegares para cima; Márcio França com as mãos para trás. E a entrada de Fufuca fez o presidente do Progressistas, senador Ciro Nogueira, lembrar que ele deve deixar a direção do partido no Maranhão. E o Progressistas quer mais. Espera a Fundação da Saúde, presidência da Caixa e a diretoria de Habitação, que o PT não quer largar. Como se vê, distribuir ministérios a partidos, em troca de apoio, pode acumular mais insatisfações que votos. Bolsonaro não fez isso e não teve essa *incomodação*.

Lula passou rápido por Brasília e tomou rumo de Cuba e Nova Iorque. Será que tantas viagens ao exterior dão um alívio a ele? Ou, à distância, fica remoendo problemas que cada vez ficam mais intrincados? Na Índia, as dores no quadril não o deixaram, e agora tem problema até dentro do próprio Palácio do Planalto, com o ex-deputado Jean Willys trazido pela primeira-dama e lotado na Secom do ministro Paulo Pimenta. Previsível que não daria certo. O ex-BBB chamou seu chefe de mau-caráter, criticou o governador do Rio Grande do Sul, falou em gado do PT e declarou que, se não puder apontar os equívocos do próprio Lula, não quer ficar. Lula, ao tirar a petista Ana Moser, provocou queixa de Janja nas redes sociais. Vai ter que mexer com o Jean Willys e fica entre a cruz de Pimenta e a espada de Janja.

Na Esplanada, as mexidas no ministério desagradaram petistas, socialistas, progressistas e republicanos. O União Brasil teve direito a posse palaciana festiva do ministro do Turismo, Celso Sabino, mas progressistas e republicanos tiveram posse quase secreta. O União Brasil, no caso de Juscelino Filho, tem o Ministério das Comunicações e Lula, que na primeira reunião ministerial prometeu que "quem estiver errado só tem um jeito, ser convidado a sair", nada faz diante do bloqueio de bens do ministro, em razão de emenda em favor da irmã prefeita, além dos casos conhecidos do asfalto à domicílio, do leilão de cavalos e do uso de jatinho da FAB. É que o Ministério é do União Brasil.

Na eleição de outubro, o centro-direita ficou com maioria ampla na Câmara e no Senado, mas Lula trata de oferecer ministérios e liberar emendas para fazê-los esquecer a vontade dos eleitores, que devem estar se sentindo traídos. Por sua vez, os que elegeram Lula para governar, não votaram no centrão, que está assumindo lugares que eram do PT e do aliado PSB. Os três deputados que assumiram o Ministério também devem ter provocado sentimentos de traição nos milhares de mandantes que os escolheram como seus representantes na Câmara. Os três jovens deputados decidiram ter Lula como mandante único e deram as costas para seus eleitores, enfraquecendo a chance de reeleição. Uma usina de desencantos.

Lula vai para o exterior e fica longe desses problemas. Mas, distante, parece saudoso deles e cria mais alguns, como o convite a Putin e o desprezo ao Tribunal Penal Internacional e aos 123 "bagrinhos" – os países que fazem parte do Tratado de Roma. O presidente, se tivesse lido a Constituição que jurou cumprir, encontraria o Tribunal citado no parágrafo 4º do artigo 5º. Se estivesse com boa memória, lembraria da juíza brasileira que ele indicou para aquele Tribunal. Quando voltar de Cuba e Nova Iorque, os problemas políticos, que foram criados por ele próprio, estarão à sua espera. E, também, os da economia, gerados pelo excesso de gastos e a queda na arrecadação, num país em que a insegurança jurídica se avoluma tanto quanto as despesas do Estado.

A grandeza do Brasil

Em 20 de setembro de 2023

Ao abrir a Assembleia Geral da ONU, o presidente Lula falou contra a guerra e criticou os membros permanentes do Conselho de Segurança, que têm poder de veto e fazem guerras. O Brasil quer ser membro permanente – já que também foi nação vitoriosa na II Guerra. O presidente dos Estados Unidos, que falou depois, concordou com Lula, pregando a necessidade de mais vozes no Conselho de Segurança. Hoje, os presidentes Lula e Biden se encontram em Nova Iorque. Foi uma presença forte do Brasil, diante de representantes dos 193 países membros das Nações Unidas. É desejo do Brasil ter um protagonismo mais significativo nas questões mundiais; mas teria, o país, um poder nacional para sustentar uma posição maior, mais decisiva?

Não parece que estejamos em situação de grandeza política para isso. O chefe de Estado, que deveria ser um estadista, é mais afeito às questões menores da política, assuntos provincianos, pessoais. O Brasil se apresenta grande na ONU, mas fica com aspecto de propaganda. Na prática, conforma-se com o objetivo de ser uma liderança regional. Não fossem os desastres econômicos dos regimes argentino e venezuelano, certamente teríamos séria concorrência no campeonato regional de poder e influência. Além disso, misturamos política com comércio exterior. Ter a China como principal parceiro comercial não exige que elogiemos o regime autoritário comunista chinês. Nossas relações internacionais misturam diplomacia com ideologia e, hoje, estamos colados na Venezuela, Argentina, Cuba, Nicarágua, China e Rússia – só para citar alguns países que, por coincidência, não são exatamente democracias.

Além disso, nossa tentativa de liderança mistura o estilo de clientelismo usado dentro do país, com política de boa-vizinhança de oferecer créditos de um banco estatal nacional, como ele fosse uma agência internacional de desenvolvimento. É a projeção do fisiologismo interno para atrair países na ilusão de liderança regional.

Para complicar as questões diplomáticas, nosso chefe de Estado faz declarações tomando partido na guerra Rússia-Ucrânia, despreza decisões do Tribunal Penal Internacional, chama os países-membros do Tratado de Roma de bagrinhos, provoca o aliado histórico americano, e permite que aportem, no Rio, navios de guerra do Irã. Agora, na ONU, desagradou de novo os Estados Unidos ao defender Cuba e o Hamas.

A Índia, que tem a maior população do mundo, desde sua independência em 1947 tem mantido neutralidade, com a qual cruzou a guerra fria. Hoje, China-Rússia e Estados Unidos parecem ensaiar uma segunda Guerra Fria. O atual governo brasileiro poderia imitar a Índia, mas dá todos os sinais de que já escolheu ficar coadjuvante de um lado. O poder nacional, além do poder político, se compõe do poder econômico, social e militar. No econômico, estamos entre as maiores economias do mundo, produtores espetaculares do combustível mais nobre, o alimento que energiza pessoas. E nosso potencial é maior ainda, em energia limpa, minerais, água potável, terra para produzir alimento, que pode ainda ser multiplicada, a despeito da ideologia anti-agro. Mas nosso poder militar é fraco, em disparidade com a riqueza que precisa ser defendida. E nosso poder social é medíocre, com ensino em geral precário e formação política e de cidadania não compatíveis com o primeiro dos fatores de riqueza: a natureza. E Lula, na ONU, ainda criticou o nacionalismo. Seu ex-ministro de Assuntos Estratégicos, o nacionalista Mangabeira Unger, tem criticado a mediocridade. Com ela, não pode haver grandeza.

Ausência de jornalismo

Em 22 de setembro de 2023

Lá no meu início de jornalismo, há mais de meio século, estagiário no Jornal do *Brasil*, ainda que houvesse uma Lei de Segurança Nacional, aprendi que a vigilância ante os desvios da lei, da Constituição, dos valores éticos é uma constante de nossa vida de jornalista. Atentos às injustiças, aos desvios no serviço público, agíamos em defesa da sociedade, ainda que o Estado pudesse agir em defesa de si próprio. Millor Fernandes disse que o jornalismo é crítica; o resto são secos e molhados. Meu primeiro chefe, Alberto Dines, no seu Observatório da *Imprensa*, defendia que jornalismo é investigativo, ou não é jornalismo. É *press release*, eu acrescentaria. Jornalismo é vigilância, crítica e rebeldia contra imposições do Estado, já que o Estado está à serviço da nação que o sustenta – e não o contrário.

Senti isso recentemente quando pedi investigação sobre as comportas de barragens do Rio das Antas, ante a surpreendente inundação do Vale do Taquari. Coleguinhas não se deram ao trabalho de ir ao site da empresa administradora das represas para ver as fotos das comportas. Simplesmente repetiram o que o governo federal dizia, que nem sequer havia comportas. E, no entanto, elas estão lá – lembrando Galileu diante da fogueira da inquisição. *E pur, si muove*.

O artigo de Deltan Dallagnol na *Gazeta do Povo*, último dia 15, expondo dez questões sobre o julgamento de réus do 8 de Janeiro, me faz perguntar como chegamos a esse ponto. Como deixamos que questões ofensivas ao estado de direito, ao devido processo legal, à Constituição, fossem aceitas como normais. Aí, se incluem direitos individuais fundamentais, da liberdade de expressão, de manifestação sem anonimato, de reunião sem armas, sigilo das comunicações, inviolabilidade do domicílio, do mandato, juiz natural, iniciativa do Ministério Público e inércia e isenção do juiz, direito de defesa, ônus da prova, individualização da acusação, proporção das penas, vedação de censura e de tribunal de exceção – enfim, questões comezinhas, arroz-com-feijão da democracia, abandonadas sem protesto, sem reação, sem guardiões da cidadania, da liberdade, das leis, incluindo o enterro do combate à corrupção, representado pela Lava Jato.

Hoje, por razões de afinidade ideológica com o Estado – nem quero pensar em fisiologismo – há um silêncio eloquente sobre tudo que é esfregado na cara do povo. Ainda bem que há honrosas exceções e a bendita rede social para divulgarem o deboche e o desprezo pela ordem que está inscrita na nossa bandeira. George Orwell, no seu *1984*, a propósito da URSS, acaba sendo profético em relação ao Brasil, que a cada dia lembra mais a União Soviética. Talvez nem nos falte uma Sibéria, com nomes de Papuda e Colmeia. O voto equilibrado de Nunes Marques foi quase um segredo na mídia majoritária.

A ausência de jornalismo mostra como é essencial o jornalismo. Sem ele, todos perdem, inclusive os que agora se omitem. Sem ele, liberdades se vão, junto com o devido processo legal e lá vamos reproduzindo Orwell, Kafka, Gheorghiu. Uma nota oficial vale mais que o fato. O jornalismo virou burocrático, como tem insistido o professor Carlos Alberto Di Franco. A rebeldia latente da vocação repórter foi domesticada pelo professor militante; já não se quer ouvir todos os lados; basta o oficial. O Estado é para o nosso bem. Não deu certo na União Soviética mas, afinal, agora vai dar certo, para o bem de todos. Lá, do Shamayim, meu mestre Dines, se pode ver isso, está sofrendo no paraíso.

Reação e circunstância

Em 28 de setembro de 2023

Bolsonaro foi feito inelegível pelo TSE e a defesa do ex-presidente tentou, mas o Tribunal já fez maioria negando embargos de declaração. Se recorrer ao Supremo, dificilmente terá chance no tribunal que está fortemente político. Derrota jurídica de Bolsonaro na mesma semana em que o STF, por dez votos a zero, confirmou o julgamento de Dilma quando, sob a presidência de Ricardo Lewandowski, o Senado rasgou um pedaço do parágrafo único do artigo 52 da Constituição, que manda ficar inabilitado por oito anos para exercício de função pública, o presidente condenado. A condenação fora por sessenta a vinte votos. Inventaram, no julgamento, que precisaria de 54 votos para confirmar inabilitação, e apareceram 42 insuficientes votos. Bastaria ler a Constituição, que descreve clara e expressamente a inelegibilidade como consequência inevitável da condenação. Isso que essa foi a terceira manifestação da corte, confirmando que a parte rasgada não teria conserto.

Bolsonaro ficou inelegível por ter convidado embaixadores a ouvi-lo, no Palácio Alvorada, relatando desconfianças sobre a segurança das urnas sem comprovante de voto e sobre apurações sem possibilidade de auditoria. E, na mesma semana em que o TSE não aceitou embargos da defesa do presidente da República como crítico da justiça eleitoral, a presidente do PT, Gleisi Hoffmann, insatisfeita com multa recebida pelo partido, pôs em cheque a razão de existir a justiça eleitoral, afirmando que o Brasil é o único a ter isso, "um absurdo". O ministro Alexandre de Moraes respondeu que as razões dela são "errôneas e falsas"; o Colégio de Presidentes de TREs emitiu nota de repúdio, afirmando que Gleisi está equivocada. Lula deve ter ligado para ela aconselhando a não brigar com a justiça eleitoral, e ela usou o simplório argumento de que fora mal interpretada. Mas o líder do partido, deputado Zeca Dirceu, reforçou que a justiça eleitoral é passível de crítica. Com isso, num mundo que dá voltas, temos Bolsonaro e o PT juntos na crítica à justiça eleitoral. Só que um já foi tornado inelegível por expressar opiniões.

A manifestação do deputado Zeca Dirceu faz lembrar a posição de seu pai, exposta há cinco anos. José Dirceu defende que o Supremo seja exclusivamente uma corte constitucional. Hoje ela é corte criminal e genérica, pois é primeira e última instância e, mais do que isso, julgadora e acusadora ao mesmo tempo, Judiciário e Legislativo – a maior concentração de poderes, sem que os tenha recebido da origem do poder, através do voto. O que disse José Dirceu outrora, certamente poderia ser posto na boca de Bolsonaro hoje. Estão juntos nisso. Depois do rasgão de 2016 no artigo 52, a rasgação só aumentou, atingindo até o capítulo de direitos e garantias fundamentais e a inviolabilidade de deputados e senadores, que têm mandatos do povo, origem do poder.

Nesta semana, o cálice transbordou, e a união de dezessete frentes parlamentares decidiu defender a competência legislativa do Congresso, com base no inciso XI do artigo 49 da Constituição. Em seguida restabeleceram o marco temporal do artigo 231 da Constituição, aprovando no Senado, por 43 a 21, o projeto já aprovado na Câmara. Enquanto isso, 175 deputados – quatro atém do mínimo – encaminharam mudança na Constituição para dar, ao parlamento, poderes para derrubar decisões do Supremo que saiam das quatro linhas da Constituição. Mais ainda, trezentos deputados aprovaram urgência para contrapor com a lei qualquer resultado do Supremo favorável ao aborto. "Os parlamentares juraram à Constituição; não ao Supremo", observou o ex-presidente da Câmara, Aldo Rebelo.

Voltando a Bolsonaro inelegível: pode ter recebido um limão amargo, mas também pode fazer uma doce limonada. Ele pode continuar sendo o líder que despertou a metade dormida do país. Antes dele, havia só uma ideologia atuante. Ele despertou o contraponto. E, agora, pode circular sem restrições de candidato, sem punição por campanha fora de hora, apenas fazendo sua pregação. Isso pode dar-lhe ainda mais poder – o de indicar candidatos e se tornar o Grande Eleitor. A justiça que prendeu Lula e depois o soltou cândido, de ficha branca, para ser candidato, mostra uma criatividade que pode fazer o mesmo com a inelegibilidade de Bolsonaro, dependendo das circunstâncias. Na justiça de hoje pesam muito as circunstâncias.

A toga de César

Em 5 de outubro de 2023

No ano 44, no Senado Romano, Júlio César foi assassinado a facadas. No ano de 2016, também num Senado, a Constituição, que acaba de completar trinta e cinco anos, sofreu os primeiros cortes. "Olhai, foi no artigo 52 que o punhal de Renan penetrou. Vede este outro rasgão, no parágrafo único, em que Lewandovski enfiou sua faca. Observai como o sangue da Constituição escorreu", poderia escrever um Shakespeare de hoje. Depois vieram tantas outras agressões em nossa lei maior. "O documento da liberdade, da dignidade, da democracia, da justiça social", como proclamou o presidente da Constituinte, Ulysses Guimarães, brandindo a magna carta, naquele 5 de outubro de 1988. Naquele dia, os constituintes a entregaram aos zelotes do Supremo, para velarem por ela, como os que zelavam pelo templo de Jerusalém, de onde Jesus expulsou os vendilhões. Os zelotes supremos foram feitos fiéis depositários, como estabelece o artigo 102 da Constituição.

Há trinta e cinco anos, o doutor Ulysses, erguendo um exemplar da nova Constituição, lançou uma maldição: "Traidor da Constituição é traidor da pátria. Conhecemos o caminho maldito. Rasgar a Constituição, trancar as portas do Parlamento, garrotear a liberdade, mandar os patriotas para a cadeia, o exílio e o cemitério. Amaldiçoamos a tirania onde quer que ela desgrace homens e nações. Principalmente na América Latina". Não custa lembrar a permanente atualidade das palavras de Ulysses naquele dia: "A moral é o cerne da Pátria. A corrupção é o cupim da República. República suja pela corrupção impune tomba nas mãos de demagogos, que a pretexto de salvá-la, a tiranizam. Não roubar, não deixar roubar, pôr na cadeia quem roube – eis o primeiro mandamento da moral pública".

É a sétima em duzentos anos de independência, e já é a terceira em longevidade. A do Império durou sessenta e sete anos, e a primeira da República vigorou por trinta e nove anos, derrubada pela Revolução de 1930. Acompanhei a Assembleia Constituinte pelos vinte meses de trabalho. Na TV Manchete, eu tinha um programa semanal *Brasil Constituinte*, com a colega Marilena Chiarelli. O programa analisava cada questão à medida em que os temas iam avançando. Em 5 de outubro de 1988, às 3h50min da tarde, o doutor Ulysses levantou-se da cadeira de presidente do plenário da Câmara, ergueu ao alto um exemplar da nova Constituição e proclamou: "Declaro promulgada. O documento da liberdade, da dignidade, da democracia, da justiça social no Brasil. Que Deus nos ajude para que isso se cumpra!".

Na solenidade de promulgação, todos juraram manter, defender e cumprir a Constituição, inclusive o presidente da República, José Sarney, e o presidente do Supremo, Rafael Mayer – a quem Ulysses saudou como "pessoa austera e modelar". Hoje, presidentes do Supremo, como os ministros da corte, são figuras conhecidas, públicas, populares. O novo presidente do STF, ministro Barroso, no seu discurso, resumiu que cabe ao Supremo, além de interpretar a Constituição, preservar a democracia "e promover os direitos fundamentais". Creio que ele quis dizer defender, respeitar os direitos fundamentais, já que promoções não caberiam numa Suprema Corte. Mas, ironicamente, os direitos fundamentais não têm sido respeitados pelo Supremo, como os de ir e vir, liberdade de reunião, livre expressão do pensamento, vedação à censura, além da inviolabilidade do mandato parlamentar, apenas para citar alguns.

Passados trinta e cinco anos, no tribunal a que a Constituição deu a competência precípua de guardá-la, assume um novo presidente. O novo presidente do Supremo nega a hegemonia do STF sobre os demais poderes, mas o fato é que o Tribunal tem legislado, o que é competência do Congresso; isso sem falar na agenda que, no discurso de posse, ele sugere para o Brasil, que mais parece um programa do Executivo. E há esse "julgamento virtual" em que o Supremo é parte, pois é vítima; e é primeira e última instância ao mesmo tempo. Faz trinta e cinco anos que a Constituição estabelece, no inciso XXXVII do artigo 5º, que não haverá juízo ou tribunal de exceção. Vivemos tempos à margem de preceitos fundamentais que foram promulgados há trinta e cinco anos. E a Constituição está tão rasgada quanto a toga de César.

Fronteira com Gaza

Em 12 de outubro de 2023

No Dia da Criança, o governo israelense confirmou que houve decapitação de bebês no ataque do Hamas. Aqui no Brasil, bebês que ainda não nasceram também são mortos. Segundo a OMS, há cerca de 1 milhão de abortos por ano. Aqui no Brasil, a então presidente do Supremo votou por não considerar crime matar quem ainda não tenha doze semanas desde a concepção. Neste dia 12, também se comemora a Padroeira do Brasil que, segundo o Novo Testamento, foi fecundada por Deus e protegeu seu ventre até o nascimento em Belém. Segundo as escrituras, o rei Herodes, temeroso pelo nascimento desse futuro rei, mandou degolar todos os bebês da região, como o Hamas fez no Shabat.

Quando vi as primeiras imagens do ataque do Hamas a Israel, com corpos de pessoas mortas na calçada, na parada de ônibus, pensei que fosse num quiosque da Avenida Lúcio Costa, na Barra da Tijuca. Muito semelhantes às imagens que havia visto dos corpos dos médicos baleados no chão – um ainda na cadeira onde estava sentado enquanto vivia. Depois, vi imagens do Hamas sobre camionetas, brandindo fuzis, e desconfiei que fossem imagens do Rio de Janeiro em mais um bonde. Os fuzis são dos mesmos fabricantes, os mesmos modelos. Chegam ao Rio e à Faixa de Gaza com a mesma facilidade. Lá e cá a morte chegou pelo mesmo motivo: foram mortos porque estavam ali. No Rio, a bala perdida agora é acrescida de outra causa: foi por engano.

O objetivo do Hamas é a eliminação de Israel. É um extremismo que gerou muita violência nesses últimos setenta anos. No Rio de Janeiro, nos últimos setenta anos, o crime foi avançando sem reação das autoridades e da população. Hoje, o bandido está armado e tem santuários – territórios que não reconhecem o Estado brasileiro.

Israel tentou mais de uma vez neutralizar o Hamas – e o Hezbollah ao norte –, mas encontrou barreira nos políticos e em movimentos internacionais, apoiados pelo Irã, Rússia, China e semelhantes. No

Rio, políticos também contribuíram para o crescimento das facções; a população em geral não apoia a polícia, e a mídia não se mobiliza contra o crime e a favor da lei. O Rio assistiu passivamente ao crescimento das organizações criminosas. Acompanhei isso pelos últimos cinquenta anos, e foi fácil prever que os traficantes acabariam por manter a população refém. Os meios de informação de massa nunca fizeram campanha contra o consumo de drogas que sustenta o crime.

Israel mobilizou todas as suas forças para que o Hamas não tenha condições de atacar de novo. No Brasil, o governo federal mostra, hoje, que tem potencial de agir, com poderoso equipamento repressivo na Amazônia. Contra brasileiros da Vila Renascer, assentados pelo INCRA há mais de trinta anos. Pequenos criadores e plantadores de cacau. Eles são enxotados, feridos em sua dignidade, porque estariam na *reserva* Apyterewa, em São Félix do Xingu, no Pará, onde não havia índio até que criassem o território para abrigar os indígenas desalojados pela hidrelétrica de Belo Monte.

O governo restringe o direito de defesa das pessoas que possuem armas legais. Todos constatamos a incapacidade do Estado em cumprir o que está no artigo 144 da Constituição: "A segurança pública, dever do Estado, direito e responsabilidade de todos, é exercida para a preservação da ordem pública e da incolumidade das pessoas e do patrimônio". O Estado brasileiro convive com territórios liberados pelo crime. Não há campanhas sólidas, baseadas em que drogas destroem os cérebros, os corpos e as famílias e enfraquecem a nação, além de sustentarem as facções criminosas.

Recém comemoramos o aniversário da Constituição e das palavras do doutor Ulysses: "O documento da liberdade, da dignidade, da democracia, da justiça social". Impossível liberdade, dignidade, democracia, justiça social com medo e sem garantia de direitos básicos como a vida, a incolumidade pessoal e patrimonial. O Brasil está na fronteira da Faixa de Gaza.

Passivos e omissos

Em 19 de outubro de 2023

Nesta semana, houve confrontos entre brasileiros radicados há décadas na Amazônia e agentes da Força Nacional, Ibama, Funai, no estado do Pará. Um produtor rural de trinta e sete anos, Ozéias dos Santos Ribeiro foi morto a tiro. A nota oficial diz que ele tentou tirar a arma de um policial da Força Nacional. O advogado da comunidade, Vinícius Borba, diz que foi numa discussão com um Tenente-Coronel. Aconteceu na Vila Renascer, Reserva Apyterewa. Em outro local, Ituna-Itatá, reserva criada para índios desabrigados pela Hidrelétrica de Belo Monte, a semana terminou com mais conflitos entre produtores rurais e a Força Nacional, com spray de pimenta e tiros com balas de borracha versus paus e pedras. O ex-ministro da Defesa, Aldo Rebelo, chama a atenção dos brasileiros que só recebem notícias do Oriente Médio, lembrando que tragédia humanitária é aqui onde, segundo ele, ONGs estrangeiras pressionam o governo federal a desocupar a Amazônia dos brasileiros. Amazônia vazia é mais fácil de ser aproveitada pelo poder mundial.

São Félix do Xingu, no Pará, está a 1.600 quilômetros ao norte de Brasília. Gaza está a leste mais de 10 mil quilômetros. Para os brasileiros em geral, Gaza é vizinha e São Félix do Xingu é no outro mundo. Não sei se é a tal síndrome de vira-lata, diagnosticada por Nelson Rodrigues, em que a vida brasileira vale menos que as outras, ou se é um mecanismo de fuga, identificado por Freud, que faz a gente se interessar menos por pesadelos no próprio país e viver algum sonho d'além-mar. Fatos gravíssimos estão acontecendo ao norte de Brasília, mas há um silêncio ensurdecedor da maior parte da mídia, inclusive na capital do Pará. Faz semanas que fervem os espíritos de brasileiros da Vila Renascer, resultado de um assentamento do INCRA em 1994, *indevido*, segundo a FUNAI, na reserva Apyterewa, de 980 mil hectares onde, em 1998, viviam 218 índios Parakanã. Faz décadas que o governo federal sabe do que se passa na Terra do Meio.

Veio ordem para desalojar os colonos, que plantam de tudo e criam gado de subsistência, e demolir o povoado, inclusive a escola.

Vivem da agricultura familiar e, como não têm aonde ir, resistem. A Força Nacional foi pra lá, helicópteros, IBAMA, FUNAI – e o que acontece tem sido considerado irrelevante pelo país à sua volta. O que acontece em Israel serve para disfarçar o silêncio em relação a brasileiros expulsos de território brasileiro. Todos esquecemos como, em quinhentos anos, saímos do litoral; passamos por cima da Linha de Tordesilhas, fomos além de Brasília. Uma parte do país ainda espera que tomemos posse. Nesta semana, previsível, tivemos o primeiro sangue derramado. E a tensão aumenta. Enquanto a população recebia a Comissão de Direitos Humanos da Assembleia Legislativa, noticiava-se que o ministro da Justiça, Flávio Dino, mandava suspender a operação. Mas ela continuou com mais força na Vila Renascer, e foi ampliada para Ituna-Itatá.

Enquanto isso, em Mato Grosso do Sul, a mil quilômetros de Brasília, dois ônibus desembarcam oitenta índios em Rio Brilhante, e invadiram uma fazenda de quatrocentos hectares, com 7 mil sacos de soja recém-colhidos e milho por semear. Foi o que contou, na tribuna da Assembleia Legislativa, o ex-governador, Zeca do PT, hoje deputado estadual. Ele garantiu que Lula pensa também: garantir os direitos dos indígenas, mas nunca concordar com invasões de terras produtivas. Zeca do PT foi quem abriu as porteiras da agropecuária do estado para o candidato Lula se eleger pela primeira vez presidente.

Esses episódios mostram uma insegurança básica que afeta o território nacional: a insegurança fundiária, agravada após a interpretação do Supremo sobre o marco temporal deixado pelos constituintes. Ela se junta às inseguranças pessoal, patrimonial e jurídica que nos afetam, o que torna o futuro imprevisível. Quem poderia fazer alguma coisa, o presidente do Senado, declarou em Paris que não vai pautar medidas populares, "porque qualquer instabilidade é muito ruim para o país". Manter a atual instabilidade para ele é melhor. Significa manter o status quo. Vamos fingir que está tudo muito bem, porque afinal, a mais de 10 mil quilômetros de distância, o Hamas quer eliminar Israel, e Israel quer antes eliminar o Hamas. Quando, e se, houver paz por lá, estaremos de volta por aqui, desfrutando a paz dos passivos e omissos.

Barril de pólvora

Em 26 de outubro de 2023

Ao vetar a essência do projeto-de-lei que repõe na Constituição o marco temporal, Lula agradou às ONGS estrangeiras, ao CIMI, à Greta, ao rei da Noruega, a Macron, mas desagradou a quem planta e cria e garante um balanço de pagamentos que permite importar remédios, celulares, máquinas, automóveis, aviões. A Frente da Agropecuária decidiu que vai derrubar os vetos do presidente e tem votos para isso, mas o Supremo pode derrubar a derrubada do veto. O projeto reage à decisão do Supremo que considera inconstitucional na Constituição parte do artigo 321. Os constituintes, eleitos pelo povo para fazer uma Constituição, trabalharam vinte meses e estabeleceram que "são reconhecidos aos índios [...] os direitos originários sobre as terras que tradicionalmente ocupam". Como aprendemos no ensino básico, ocupam está no presente do indicativo, portanto, são as terras que ocupavam no dia da promulgação da Constituição. Se quisessem diferente, os constituintes escreveriam "que tenham ocupado" ou "que vierem a ocupar". Chamou-se aquela data – 5 de outubro de 1988 – de marco temporal. Durante os trabalhos, o constituinte Jarbas Passarinho percebeu que o texto proposto registrava *imemorialmente*. Ponderou que o advérbio significa sem memória; sugeriu mudar para *tradicionalmente* para não enfraquecer o marco temporal.

A intenção dos constituintes foi decidir conflitos de terra com base na situação naquela data, estabelecendo-se, a partir de então, a segurança jurídica e a consequente paz no campo. Essa intenção foi derrubada pelo Supremo e reerguida pelo projeto-de-lei que foi vetado pelo presidente. O efeito, agora, é o oposto do pretendido pelos constituintes de 1988: insegurança fundiária e risco de conflitos por todo o país. Não aprendemos com o passado. Há cento e onze anos começou a Guerra do Contestado, em Santa Catarina e Paraná. Durou quatro anos e teve 8 mil brasileiros mortos. Causa: insegurança fundiária. Perguntem ao senador Esperidião Amin, que é um especialista naquela tragédia.

Para derrubar veto, é preciso maioria absoluta, isto é, metade mais um da Câmara (257 votos) e do Senado (41 votos). A Frente da Agropecuária conta com 303 deputados e 51 senadores, mas os perdedores podem recorrer ao Supremo. Em 2015, Dilma vetou a lei do comprovante impresso do voto, mas 368 deputados e 56 senadores – 71% do Congresso – derrubaram o veto. No entanto, numa ação de inconstitucionalidade movida pela Procuradoria da República, o Supremo derrubou a decisão do Congresso reafirmada por 424 dos 594 congressistas. A Constituição põe o Legislativo em primeiro lugar, já que o poder emanado do povo pode ser exercido por seus representantes. Mas já vimos o poder que emana do povo sendo anulado pelo Supremo.

Insegurança fundiária é insegurança social. A questão é delicadíssima. Sempre foi motivo de conflito. A Constituição estabeleceu a pacificação com um marco, que eliminaria os motivos para agitação no campo. Agora, como se não bastassem os conflitos que agitam a Amazônia e o Rio de Janeiro, se recria um potencial de conflito fundiário, num país com terra abundante para todos. A racionalidade, a percepção do país real, deveriam se sobrepor às emoções ideológicas. A irracionalidade aposta no conflito.

Pensar liberta

Em 3 de novembro de 2023

No último dia 30, fez um ano que Lula foi eleito pela terceira vez, com 50,8% dos votos válidos. O dia anterior fora Dia Nacional do Livro, que faz lembrar Castro Alves: "Ó bendito o que semeia livros a mancheias/ e manda o povo pensar". O povo pensar é essencial para que ele exerça o poder que dele se espera se o regime for democrático, em que "todo poder emana do povo, que o exerce por meio de representantes eleitos ou diretamente", como estabelece o primeiro artigo da Constituição. Povo que pensa elege bons representantes; povo que pensa fiscaliza seus representantes; povo que pensa não permite que seus representantes ou seus servidores se desviem de seus deveres; povo que pensa não permite que quem não tem representação do voto vá além de seus limites; povo que pensa não se deixa enganar por falsos rótulos, falsas verdades, falsos arautos.

Se estamos satisfeitos com a segurança pública, com as nossas cidades, com os nossos políticos, com a nossa perspectiva de futuro, então talvez seja porque nos alienamos, à espera da mão divina para nos trazer um país melhor. Não sei se os eleitores pensaram mil vezes antes de votar e se informaram para exercer a pesada responsabilidade do voto. Suponho que saibamos das consequências de nossas decisões nas urnas. Não sei se os deputados, vereadores, senadores também são pessoas que pensam a respeito do que eles representam, e no que se espera deles e qual o compromisso deles. Não consigo imaginar o que pensam os ministros do Supremo quando leem a Constituição ou recordam as aulas de Direito que frequentaram.

Parece que vamos vivendo uma ficção bem acima da realidade; e a realidade fica embaixo do tapete da alienação. Não existe salvação a não ser aquela que construirmos. Não será Deus nem os marcianos, nem a ONU. O crime tomou conta do Rio de Janeiro porque os cariocas ficaram esperando uma salvação ou se omitiram e, com isso, permitiram por décadas que o crime fosse se institucionalizando, a ponto de criar territórios próprios. Também damos as costas para a Amazônia, como se ela estivesse muito além de Gaza. Enquanto isso, milhares de famílias de produtores brasileiros vão sendo expulsos de lugares onde o INCRA os assentou no século passado, para agradar modismos importados e ONGs estrangeiras. Hoje, a CPI das ONGs, que fora adiada por ato do Supremo, faz terríveis descobertas. No entanto, a omissão está escondendo os resultados, e com o tempo vamos ser surpreendidos e perder metade do nosso país.

No ensino, o "manda o povo pensar", de Castro Alves, foi substituído no *pela militância à Paulo Freire*. Como nosso umbigo nos prende num cordão ainda não cortado, não nos interessamos por isso, pelas escolas que formam o futuro, e o atraso se amplia. Será tarde quando, um dia, percebermos que o futuro foi perdido. Falta pensar. Por falta de informação e de conhecimento, ou preguiça de pensar, deixamos que outros pensem por nós. Temos um *1984* de Orwell com o Grande Irmã*o* invadindo nossas liberdades, enquanto nos distraem pela mídia. O teste da pandemia mostrou que aceitamos até o absurdo de que "esta doença não tem tratamento". E fomos morrendo por causa de uma mentira repetida, como ensinou fazer o nazista Goebbels. Mais do que nunca é preciso pensar que a verdade vos libertará, do Evangelho de João. E, enquanto nos vestem fantasias que nos distraem, nos traem e não sentimos que nos despem de direitos e liberdades. Valem variantes pós-Descartes: penso, logo sou cidadão. Sou cidadão, pois penso.

Enem nem

Em 9 de novembro de 2023

Abundância de preconceito, vitimismo, pregação política e ideológica de uma só corrente, de um só lado, e ausência de diversidade de ideias. Foi o que senti ao ler a primeira prova deste ano a que foram submetidos alunos do ensino médio. Os textos que escolheram para sugerir a múltipla escolha estão todos engajados naquilo que um conhecido jornalista do PCdoB qualificou de esquerdismo anacrônico.

Mais do que isso, fiquei assustado com a falta de clareza na prova do ENEM, principalmente depois que o ministro da Educação justificou que o Ministério não tem responsabilidade pela elaboração das questões, pois foram feitas por "professores independentes". Por isso estou assustado. Eu lecionei português no ensino médio por quatro anos, e linguagem em faculdade de jornalismo por outros quatro anos. Pelas amostras que vi, eu teria sérias dificuldades em responder à múltipla escolha, por não conseguir entender o que fora proposto e o que realmente estava sendo perguntado. Nem Caetano Veloso, o autor das duas músicas sobre as quais pediam pontos comuns, foi capaz de responder sobre sua própria obra; ficou indeciso entre as opções de respostas que eram oferecidas. Nem simples nem clara a avaliação do ENEM.

Deputados e senadores aprovaram convite para o ministro da Educação, Camilo Santana, falar sobre sua responsabilidade na Comissão de Educação da Câmara e na Comissão de Agricultura do Senado. A bancada do Agro protestou contra indução político-ideológico com que a agricultura foi tratada. A militância política exposta na prova é Paulo Freire posto em prática. Não preciso entrar no conteúdo dos textos escolhidos nem das respostas sugeridas para me assustar com o futuro. Se professores elaboraram essa prova, é porque eles estão se expressando, nas salas de aula, da mesma forma enrolada. E fazendo a mesma pregação. Espero que sejam apenas burocratas que trabalham fora da sala de aula. Mas, se não, fico imaginando como comunicam suas ideias aos alunos, com tanta falta de clareza, de simplicidade, com frases gigantescas, enroladas, obscuras. Neurônios caóticos. A prova, que é para avaliar estudantes do ensino médio, no fundo revela o que são os tais professores independentes.

O tema da redação é um modelo disso: "Desafios para o enfrentamento da invisibilidade do trabalho de cuidado realizado pela mulher no Brasil". Cruzes! O que seria isso? Lendo o trabalho exaustivo de muitos intérpretes, concluí que o tema seria "escreva sobre a profissional que também é dona de casa". Pobre do aluno do curso médio, que precisou descobrir o que esses *professores independentes* queriam. O melhores exegetas e filólogos ainda não conseguiram traduzir *"pragatização* de seres humanos e não humanos" que está no texto usado para propor uma das questões. Tem até mensagem de racismo numa questão sobre tecnologia. A proposta está numa charge em que um índio recomenda a um extraterrestre, diante da chegada de um astronauta *branco*: "não confie nesse pessoal". Em geral, o palavrório usado parece coisa de inculto querendo exibir erudição.

Winston Churchill, quando tenente de cavalaria na Índia em 1898, formulou a receita para escrever bem e se comunicar: "Das palavras, as mais simples; das mais simples, as menores". Suponho que discípulos de Paulo Freire nunca leram Churchill, embora ele tenha se aliado a Stalin para derrotar Hitler. Mais tarde, no Brasil, Chacrinha avisava nos auditórios: "Quem não se comunica, se trumbica!". Enfim, este ENEM serve para se conhecer a que as novas gerações estão submetidas. Querem catequizar os jovens com ideias prontas, em lugar de estimular a curiosidade, a dúvida, o estudo, a pesquisa. Mas não sabem ensinar a pensar nem a se comunicar.

Trapezistas sem rede

Em 16 de novembro de 2023

O mesmo homem que indicou Alexandre de Moraes para o Supremo deu, ao Congresso, a chave para resolver o desequilíbrio de poder gerado pelo inchaço do Supremo. O constitucionalista Michel Temer acaba de ensinar que "O Supremo pode declarar omissões do Legislativo, mas não pode supri-las. Não há possibilidade de decisão acima do texto constitucional". No caso de haver, Temer ensina: "Se, depois vier uma emenda constitucional, a decisão do Supremo só vigora até a emenda ser promulgada. É assim que se compatibiliza a relação dos dois poderes" (Judiciário e Legislativo). Por outro lado, antes mesmo de ser votada a proposta de emenda constitucional para vedar decisões monocráticas que contrariem a maioria do Congresso, o decano do Supremo, Gilmar Mendes, prometeu num extremo pré-julgamento que, se a PEC for aprovada, será derrubada pelo Supremo. Essas posições opostas se revelaram em evento do Estadão na Universidade McKenzie e são parte do nascedouro da reação ao inchaço do Supremo, representada também por uma nota dura da OAB e pelo apoio do presidente do Senado à PEC contra decisões monocráticas.

A nota termina dizendo que "a OAB continuará insistindo para que o Tribunal cumpra as leis e a Constituição". O presidente do Supremo, Luis Roberto Barroso, certamente respondendo, não melhorou as relações. Afirmou que os que veem ativismo judicial do Supremo é porque não gostam da Constituição ou da democracia. Barroso também respondeu a uma crítica do presidente do Senado, Rodrigo Pacheco, no Correio Braziliense, de que drogas, aborto e marco temporal são assuntos do Congresso, não do Supremo. Segundo Barroso, não se deve querer mudar decisões do Supremo; no caso das drogas, disse que o Supremo agiu para "corrigir uma política desastrosa", confirmando a natureza legislativa da decisão. No mesmo evento, a ministra Carmen Lúcia vocalizou a motivação do Supremo: "A Constituição estava em perigo, e ela estabelece que o STF é o seu guardião". O problema é que nem a Constituição nem a democracia estavam em perigo. Ficaram em perigo depois que o Supremo foi além de seus poderes em nome de um imaginário perigo.

O economista Arthur Laffer desenhou numa curva o resultado de suas observações sobre tributos. Quanto mais sobem os impostos, mais sobe a arrecadação. Mas há um limite em que os pagadores de impostos se cansam de pagar e, se os impostos continuam subindo, a arrecadação faz uma curva e começa a cair. No campo político, outra trajetória ascendente registra o poder crescente de um dos três poderes, o único sem representação expressa do voto. O Supremo tem um inquérito que foi criado sem Ministério Público, em que o tribunal é vítima e ao mesmo tempo condutor absoluto. Também tem julgamentos em que o tribunal é vítima de invasões e julga os invasores. Julgamentos virtuais que tolhem a manifestação oral da defesa. Decisões que interferem de tal modo no Poder Legislativo, que tornam, o Supremo, criador de leis. Durante a pandemia, sem ter esse poder, deu a prefeitos o poder de suspender cláusulas pétreas da Constituição. E interfere no Ministério Público sobre arquivamento ou não de inquéritos.

A trajetória ascendente da curva de poder do Supremo parece ter encontrado o esgotamento, com a reação análoga à dos pagadores de impostos: a população fiscalizadora através das redes sociais, já livre do monopólio da informação, juristas como Temer, mais a OAB e o Senado. O presidente do Senado quer um filtro legal para impedir que partidos derrotados no voto usem o Supremo como "terceiro turno". O empoderamento do Supremo está batendo no teto sem que seus integrantes queiram perceber. Mário Henrique Simonsen, quando ministro, costumava citar a fábula do trapezista que, cada vez mais enlevado com seu poder de atravessar os ares do picadeiro, um dia convenceu-se de que poderia voar; mandou tirar a rede. E despencou no chão.

Vitória argentina

Em 23 de novembro de 2023

Às 20h17min do domingo de eleição na Argentina, o candidato Massa declarou-se derrotado. Duas horas e dezessete minutos depois de encerrada a votação em cédulas de papel, contadas manualmente em seguida, não restavam dúvidas para Massa, quanto ao resultado e à lisura do processo eleitoral. Que inveja da Argentina! O PSDB ainda desconfia até hoje da vitória de Dilma sobre Aécio, e os eleitores de Bolsonaro não se conformam da derrota por menos de 2% – e as dúvidas pululam na casa cabeças dos eleitores. Na Argentina, apuração sob os olhos de um exército de fiscais dos partidos. Auditagem imediata e cristalina. As desconfianças ficaram na campanha, com acusações de distribuição de cestas básicas, de envolver o Papa, de intromissão brasileira. Mas quanto à contagem dos votos, nenhuma dúvida, apuração transparente, fiscalizada, auditada e acabada rapidamente. Ninguém teve dúvidas.

Na mesma noite, logo depois, o presidente do Brasil desejou sorte ao novo governo – sem mencionar o nome do vitorioso – postando: "Meus parabéns às instituições argentinas pela condução do processo eleitoral e ao povo argentino que participou da jornada eleitoral de forma ordeira e pacífica". Se Lula acha que merecem parabéns as instituições e o processo eleitoral, por que não enviar ao Congresso um projeto de lei tornando o nosso processo eleitoral tão confiável, transparente, auditável e rápido quanto o argentino? Ano que vem, haverá eleições municipais, base da nossa federação, de nossa política, de nossa representação, de nossa democracia. Eleições ainda carregando mistérios e dúvidas, pela falta de transparência na apuração – exigida pelo senso comum no mundo inteiro.

O sistema digital é caro e, segundo os entendidos de informática, não é isento de falhas. Caro, porque no mundo digital a obsolescência vem rápido. A contagem manual é passível de fraudes, mas, aí, as fraudes são passíveis de serem descobertas; no mundo digital não, como já comprovou a tentativa de auditagem do PSDB sobre a eleição de Dilma *versus* Aécio. Meus amigos argentinos contam que Milei investiu muito nos fiscais das apurações e anunciou isso, a ponto de deixar os escrutinadores bem conscientes de que estavam sendo observados e fiscalizados. Por aqui, aprovou-se, em 2015, o comprovante impresso do voto, vetado por Dilma a pretexto dos gastos, mas o veto foi derrubado por 71% do Congresso. Ainda assim, a vontade reiterada de 368 deputados e 56 senadores foi derrubada por oito ministros do Supremo.

Na Argentina, os eleitores põem o voto de papel no envelope que recebem no local de votação. Ao sair da cabine indevassável, o envelope é depositado na urna. Encerrada a votação, os votos são contados preliminarmente ali mesmo, sob intensa fiscalização dos partidos. Depois, a Dirección Nacional Electoral, que é do Poder Executivo, soma as atas de 104.577 seções (o Brasil tem 472 mil). A DNE considera fraude impossível, porque há controles cruzados pela justiça, partidos e cidadãos. Depois da contagem preliminar tudo é recontado e conferido sob fiscalização tripla. É um sistema aberto. O nosso é fechado. E mostra o resultado antes de nós, sem deixar desconfianças no ar. Um a zero para a Argentina não apenas no Maracanã. Também na eleição de 19 de novembro. Por que ufanismo com o nosso sistema eleitoral digital, se o argentino funciona melhor?

Cálice transbordante

Em 30 de novembro de 2023

Diante do presidente do Supremo, o auditório cheio de advogados no Expominas, em pé, ficou aplaudindo e enfatizando aos gritos e assobios, as palavras do presidente da OAB/MG, Sérgio Leonardo, que haviam soado nos ouvidos do ministro Barroso. Elas clamavam por respeito à advocacia, falavam em coragem e não em covardia, para mostrar indignação e repúdio aos excessos de magistrados nos "tribunais superiores" (ele teve a delicadeza de não especificar o Supremo). Foi na 24ª Conferência Nacional da Advocacia, com advogados do país inteiro, e o ministro Barroso estava na mesa principal. Parecia proteger os olhos com a mão, da luz que o ofuscava, vinda da tribuna onde falava Sérgio Leonardo. Muito significativo. Todos em pé, aplaudindo, inclusive os da mesa, que ladeavam o ministro Barroso, que permanecia sentado. A demora e intensidade do aplauso foram manifestação mais eloquente ainda do que o próprio discurso do anfitrião.

A queixa dos advogados vem de longe. Há quatro anos, o Supremo abriu um inquérito por conta própria, sem Ministério Público, baseado no seu regimento interno que, nessa parte, está superado pela Constituição de 1988. No inquérito, os ofendidos investigam e julgam os supostos ofensores, muitos casos já com penas de bloqueio de contas digitais e bancárias, carecendo de direitos de defesa e do acesso de advogados. Afora o ministro Marco Aurelio, que ironizou o feito, chamando-o de "inquérito do fim do mundo", ouviu-se o silêncio. Esperava-se crítica da mídia, da OAB, do Senado que julga ministro do Supremo; mas ninguém falou.

Depois veio o inquérito do 8 de Janeiro. Supremo invadido, passou a julgar seus supostos invasores. Ministério Público e advogados pedem para aliviar detidos em presídios e se queixam de que estão sem resposta. A OAB precisou ser sacudida na sua própria carne – ou no seu espírito-de-corpo, quando viu mais uma vez o regimento interno do STF se sobrepondo à Constituição, no caso da ampla defesa, com sustentação oral impedida em agravo. Depois da nota em que a OAB afirma que "continuará insistindo para que o Tribunal cumpra as leis e a Constituição", veio uma ironia de Moraes ao negar mais uma defesa oral num agravo: "A OAB vai lançar outra nota contra mim, vai dar mais uns 4 mil tuítes dos meus inimigos". Em seguida veio o evento da advocacia em Belo Horizonte, com o discurso e a reação dos advogados. Barroso ainda respondeu confirmando a metamorfose do STF, ao afirmar que a corte combateu o negacionismo, o autoritarismo, falou em metas climáticas e erradicação da pobreza, num discurso que atesta o viés político da corte constitucional.

A indicação de Flávio Dino para o Supremo parece ser mais uma gota num cálice transbordante. A oposição no Senado a toma como provocação. Acontece logo depois da aprovação pelo Senado da PEC que restringe decisão monocrática que contrarie a maioria do Congresso, e também depois da reação irada de Gilmar Mendes, apoiador do nome de Dino para a vaga de Rosa Weber. Gota a gota, o cálice encheu. Até a Constituição se tornou inconstitucional no marco temporal. O Supremo legisla sobre drogas, examina aborto... e a Lei Maior está remendada em abundância por ADIN e ADPF do Supremo.

O povo tem cobrado nas redes sociais da OAB, da mídia, do Senado o silêncio omisso, ante fatos que saltam aos olhos de quem quer que leia a Constituição cidadã. O presidente do Senado encontra dificuldade em andar por terras mineiras sem ser cobrado. Cálice cheio, Rodrigo Pacheco e a OAB caíram da cama sobressaltados pelo pesadelo de que a independência de poderes e o devido processo legal estavam abafados pela toga. Pacheco sentiu e tocou a emenda que impede um único juiz do Supremo de derrubar decisão da maioria do Congresso. A PEC que impede decisão monocrática está na Câmara agora. Mas, depois que o decano do Supremo, Gilmar Mendes, reagiu chamando de "pigmeus morais" aos 52 senadores que aprovaram a PEC, inação da Câmara será sinal de repetição da subserviência. O discurso irado de Gilmar fala de "tacão autoritário escamoteado pela pseudo-representação de maiorias eventuais" – praticamente rompe com o Senado, no país sem Poder Moderador. O ingrediente que ainda faltava, o povo, surgiu no domingo 26, enchendo quatro quarteirões da Avenida Paulista para cobrar, do Supremo, a morte de Clériston na Papuda e a volta à Constituição. Nesse coquetel já transbordante, foi adicionada a indicação de Flávio Dino.

Vizinho amigo

Em 7 de dezembro de 2023

A Reuters perguntou ao chanceler Mauro Vieira se há chance de guerra Venezuela-Guiana, e ele respondeu "Não. Em absoluto". Resposta de quem tem cinquenta anos de Itamaraty, que pressupõe certeza no futuro. O presidente da Guiana não confia. Disse que Maduro é imprevisível. Mas nosso ministro de Relações Exteriores deve saber alguma coisa. Afinal, uma missão do Itamaraty esteve em Caracas dias atrás. E Mauro Vieira deve ter ouvido alguma coisa de Lula, nas recentes conversas sobre o perigo de guerra no norte do Brasil. O presidente do Brasil já palpitou bastante sobre a Guerra na Ucrânia, a guerra em Gaza e tem se manifestado pouco sobre a ameaça na nossa fronteira norte. O pouco que disse foi "precisamos baixar o facho", mas não especificou o alvo da recomendação – logo dirigiu-se aos dois: "Espero que o bom-senso prevaleça do lado da Venezuela e do lado da Guiana". Como assim? A Guiana ameaça? A Guiana é agressora? Nesse conflito, o sujeito ativo é a Venezuela e o passivo é a Guiana. O que é ter bom-senso para a Guiana? Entregar 74% do seu território para não ter guerra? Aliás, foi esse o conselho que Lula deixou em abril em outra guerra: a Ucrânia poderia ceder a Crimeia e terminar a guerra.

O atual presidente pode fazer algo que Bolsonaro, se fosse presidente, não poderia fazer: demover Maduro. Bolsonaro admitiu, em Brasília, a embaixadora de Juan Guiadó. Não teria chance alguma com Maduro. Já Lula é credor de Maduro. Até apresentou-o como legítimo guardião da democracia (relativa) e dos direitos humanos na Venezuela. Tentou enfiá-lo goelas abaixo dos presidentes sul-americanos reunidos em maio em Brasília com tal insistência que irritou até o socialista chileno Gabriel Boric. Maduro deve muito a Lula, e Lula é o mais indicado para impedir que Maduro se lance numa guerra de conquista.

Maduro não aceita o Tribunal Internacional de Haia como mediador indicado pela ONU, conforme se depreende do acordo de 1966 que ele aceita. O Tribunal mandou sustar o referendo e ele não acatou. A Comissão Eleitoral da Venezuela anunciou que o resultado do referendo foi 95% favorável a uma "retomada" do Essequibo. Mas o resultado engana, porque dos 20,7 milhões de eleitores, compareceram apenas 10,5 milhões, e 95% de 10,5 milhões são 9,97 milhões de eleitores – ou sejam, 48% do total de eleitores. Se fosse maioria absoluta – e não simples – a ideia de invasão da Guiana estaria reprovada pelo povo.

Maduro quer desviar a atenção dos problemas internos, suspender uma eleição, tentar unir os venezuelanos em torno de um objetivo nacional e, se tudo der certo, ainda se apossar de gigantescas reservas de petróleo. A Guiana, ano passado, cresceu 63% no PIB por causa do petróleo. A Venezuela tem suas razões históricas, como tem a Argentina sobre as Malvinas. Mas Maduro corre o risco repetir o destino de Galtieri. O ditador Galtieri precisava unir o país, fazer os argentinos esquecerem os problemas internos, e aproveitou uma reivindicação histórica. Só que se tornou a invasora, a agressora. Perdeu a razão e a vida de 650 jovens soldados. E Galtieri perdeu o poder, encerrando um ciclo de generais.

Em dezembro de 2002, o presidente Bush, na Casa Branca, pediu ao recém-eleito Lula que administrasse Chaves, para que ele ficasse mais livre para cuidar do Iraque. E não foi Lula que sugeriu que amigos do Hamas interferissem para libertar os reféns? Agora, é ele o amigo que pode interferir. Se não agir, vai ser ultrapassado. E, não custa lembrar: a Guiana era colônia inglesa, como os Estados Unidos, que ajudaram a Inglaterra a recuperar as Falklands. E a maior parte das reservas estão sendo exploradas pela Exxon-Mobil. Os americanos já estão na Guiana, em operações aéreas de "exercícios", e presença terrestre com oficiais de alta patente do Comando Sul. Essa presença é um sinal para dissuadir Maduro, que já imprimiu novo mapa da Venezuela, inflada com 74% da Guiana.

Lula tem crédito para deter Maduro, e esse poder gera o dever de não se omitir tendo condições de agir. É uma expectativa de responsabilidade para o Brasil. Como chefe de Estado do Brasil, certamente já recebeu avaliações sobre o que seria ter uma guerra na fronteira norte, literalmente envolvendo o estado de Roraima. É a oportunidade para ele surgir como pacificador, inclusive para compensar os tropeços da última viagem. Resta saber se Lula quer. Se Maduro for detido pelos americanos, e não pelo vizinho amigo, vai ser um vexame para o Brasil.

Inspeção de bagagem

Em 12 de dezembro de 2023

Neste ano, o presidente do Brasil visitou 26 países e ficou sessenta e dois dias fora. No balanço, essa política externa viajante parece ter gerado mais desgaste que ganhos. Em Buenos Aires, em entrevista à Rádio Mitre, Bolsonaro criticou as excursões internacionais de Lula, dizendo que, se voltar a ser presidente, vai nomeá-lo ministro do Turismo. Deve ser difícil para Lula engolir a ironia, uma inspeção de bagagem de política externa em tanta viagem. A primeira observação é sobre a opção preferencial a governos autoritários. Países em que o arbítrio abafou a democracia. Houve apoio explícito a esses governos e sistemas políticos. A argumentação do presidente sobre China e Venezuela, por exemplo, nem sequer é compreendida pelo seu próprio público. E sem resultados práticos: o investimento estrangeiro em setores produtivos no Brasil caiu 23% até outubro. O que significa menos capital para a atividade econômica, menos emprego, menos produção. O que tem sustentado o país, o agro, já sente o que emana da esquerda, que não respeita o direito de propriedade, e considera o agro como nocivo e poluidor. O mesmo desprezo pela legítima defesa e a polícia, tem estimulado a volta do crime e da impunidade. Sem frutos externos nem internos, as viagens demonstraram ser uma fuga do fronte interno, onde a exposição ao público nacional poderia levantar ainda mais dúvidas sobre as preferências da maioria do eleitorado.

Com dois meses de governo, Lula já criava tensão com o mais tradicional parceiro do Brasil, os Estados Unidos, ao autorizar que dois navios de guerra iranianos – uma fragata e um porta-helicópteros – fossem acolhidos no porto do Rio de Janeiro. Washington recomendou que não os acolhesse, argumentando que se tratam de navios que facilitaram o terrorismo e tiveram sanções da ONU. Lula os recebeu às vésperas de visita oficial à Casa Branca. O Irã é parte do "eixo do mal", segundo o governo americano. Lula também contraria os Estados Unidos nas posições em relação a Cuba, Nicarágua e Venezuela.

Em maio, em Brasília, tentou limpar a imagem de Maduro na reunião de presidentes sul-americanos. Falou em democracia relativa e em defesa dos direitos humanos no governo Maduro, irritando até o socialista do Chile, Gabriel Boric. Um mês antes, havia sugerido que a Ucrânia cedesse a Crimeia para acabar com a guerra. Por meia dúzia de vezes defendeu uma governança global para cuidar da Amazônia, arrepiando os nacionalistas brasileiros. Provocou arrepios também nos que prezam a representação popular, ao pregar uma ordem supranacional para cuidar principalmente do clima, para que os acordos e tratados internacionais se imponham a decisões dos congressos nacionais. É ideia da Nova Ordem Mundial.

Depois do ataque terrorista do Hamas, o governo brasileiro mostrou a mesma hesitação que agora demonstra ante as ameaças de Maduro contra a Guiana. Fica fácil perceber que o presidente não consegue esconder suas simpatias. E a Europa – principalmente a França – descobre agora que o Brasil tem um presidente que não condena agressores. Com isso, o acordo Mercosul-União Europeia vai pelo ralo. Com Milei o Mercosul, pelo jeito, vai estagnar. Lula mandou marqueteiros para impedir a vitória de Milei, fato que o vencedor não vai esquecer. O brasileiro não terá diálogo descontraído com o Paraguai, Uruguai e Argentina. A vizinhança toda certamente esperava uma ação decisiva de Lula para esfriar as fanfarronices de Maduro, mas o que se vê é uma reação pastosa, sem assumir a responsabilidade de quem tem crédito com o vizinho belicoso.

Os áulicos propagaram que Lula poderia mediar o conflito Rússia-Ucrânia; que poderia mediar a liberação dos reféns do Hamas, e ajudar na questão Israel-Palestina. Tudo fácil de esquecer sem cobrar resultados, pois ficaria um perfume de pacificador. Agora a questão está aqui, ao lado do Brasil, e Lula em vez de ir pessoalmente a Barbados e por Maduro contra a parede, manda Celso Amorim, como observador. Na prática, a dissuasão virá dos americanos e o Brasil vai ficar observando a oportunidade passar.

Esperança e frustração

Em 21 de dezembro de 2023

A ministra dos Povos Indígenas, Sônia Guajajara (que significa "donos do cocar"), diz que o governo vai apelar ao Supremo contra a derrubada do veto presidencial sobre o chamado marco temporal. Derrubaram o veto 351 dos 513 deputados, e 53 dos 81 senadores. Seria uma aberração reiterada, que seis ou onze ministros do Supremo, sem representação popular, tenham mais poder que a maioria do Congresso Nacional eleito. Já aconteceu isso, por exemplo, quando o Congresso derrubou, com 424 votos de 594 parlamentares, o veto de Dilma ao comprovante do voto, mas nove ministros do Supremo anularam a decisão de 71% dos representantes eleitos, por ação movida pelo então Procurador Geral da República. Se o governo recorrer ao Supremo, vai ser um teste para o novo PGR, Paulo Gonet, e já explico por quê.

A Constituição estabelece que o Ministério Público tem a incumbência de defender a ordem jurídica e o regime democrático e ao MP compete, privativamente, a ação penal pública. O artigo 127 afirma que o MP é "essencial à função jurisdicional do Estado". Por tudo isso, o "inquérito do fim do mundo", criado no Supremo supostamente para defender o Supremo, sem Ministério Público, com todos os seus desdobramentos, deixa desolados os que acreditam no devido processo legal. Estou recordando isso, porque uma lufada de esperança foi trazida pelo discurso de posse do novo Procurador Geral da República, que também vai presidir o Conselho Nacional do Ministério Público e chefiar todos os procuradores federais.

Paulo Gonet disse que, "no nosso agir técnico, não buscamos palco nem holofotes", que o MP vive "um momento crucial" e que "não cabe ao MP formular políticas públicas, mas garantir o adequado funcionamento das políticas aprovadas pelos representantes eleitos". Li e reli essas palavras, porque me enchem de juvenil esperança. Certamente ele julgou necessário declarar isso porque, em algum lugar, busquem palcos e holofotes e prepondere o objetivo de fazer política no lugar dos representantes eleitos. Talvez deva gravar as palavras de Gonet num painel a ser instalado na saída do prédio da PGR, para que ele lembre todos os dias quando for encaminhar pedidos semelhantes ao anunciado pela ministra do cocar.

O novo Procurador-Geral expressou o compromisso de combater a corrupção e as organizações criminosas e lembrou que até o pior criminoso tem a proteção de garantias constitucionais. Não sei por que me passou pela cabeça que também aqui ele está lembrando de casos em que não praticam nada disso. Paulo Gustavo Gonet Branco foi diretor-geral da Escola Superior do Ministério Público da União e, com Gilmar Mendes, fundou o Instituto Brasiliense de Direito Público. Gilmar pediu votos para ele no Senado, onde foi aprovado com 65 votos em 81 senadores. Assim como o discurso de Gonet parece referir-se ao Supremo, o improviso do presidente da República, dizendo para Gonet o que o MP não deve fazer, era o que Lula pensa que Deltan Dallagnol fez com ele.

O sonho de viver num país que seja um Estado Democrático de Direito aposta agora no Ministério Público, como defensor da ordem jurídica e do regime democrático. Não precisamos de soluções pelas armas, frequentes em nossa história. É a solução da força quando não se vê saída dentro da lei. Em vez de apostar nas armas, aposta nas instituições, que tem seus instrumentos, para um "retorno aos quadros constitucionais vigentes" – a frase icônica do 11 de novembro de 1955 que garantiu a posse de JK. O sonho apostava numa correção de rumos do Supremo, depois apostava na coragem do presidente do Senado e, apostador frustrado, após o discurso de posse de Gonet, aposta no protagonismo do Ministério Público, como fiel à essencialidade de sua função e sua obrigação perante a Constituição.

Sou incorrigível esperançoso, pois também acreditei em mudança quando Luiz Fux assumiu a presidência do Supremo e afirmou que questões do Parlamento têm que ser resolvidas no plano político. Gonet disse que quem faz política são os representantes eleitos. Quem faz a Constituição e as leis também são os escolhidos pelo povo. No caso do marco temporal, o que se viu foi o Supremo declarando inconstitucional o artigo 231 da Constituição. E o Congresso reabilitando a Constituição. Os constituintes eleitos levaram vinte meses achando o verbo certo para o artigo 231: "direitos sobre as terras que tradicionalmente ocupam". O verbo está no presente do indicativo; muito claro que se refere às terras que ocupam no dia da promulgação da Constituição. Os constituintes não escreveram "que ocuparam" ou "que vierem a ocupar". Se Gonet receber a ação, o que fará?

Democracia invertida

Em 28 de dezembro de 2023

Quando começa um novo ano, em geral a gente faz um balanço de como foi o ano que passou, para ajustar o rumo. Será que estamos caminhando para o destino certo, ou estaríamos nos perdendo no caminho? É o momento de respondermos sobre a nossa trajetória – em que águas está navegando este gigantesco navio chamado Brasil. Primeiro, é preciso conhecer onde estamos embarcados. Então, vamos lá. Como se sabe, Estado é a nação organizada. Antecedendo ao Estado, a nação somos nós, brasileiros; o Estado são os governos que nomeamos em nosso nome e sustentamos com nossos impostos, para prestarem os serviços básicos de justiça, educação, saúde, segurança e saneamento. Escolhemos representantes pelos quais exercemos nosso poder originário.

Nesta mudança de ano, vem a premência de perguntar se nossos representantes, nossos mandatários, estão trabalhando "com o povo, pelo povo e para o povo"– ou preferem trabalhar com o Estado, pelo Estado, para o Estado? Ou para quem, que não seus eleitores? Seria proveitoso se vereadores, deputados e senadores se perguntassem, em exame de consciência de fim-de-ano, com quem, para quem e por quem estão trabalhando.

Pensei nisso quando vi a destinação de R$ 4,9 bilhões de nossos impostos para o fundo partidário no ano das eleições municipais. A verba anterior era de R$ 900 milhões. Por que o meu imposto tem que ir para partidos com os quais não concordo? Por que os partidos não são sustentados apenas por seus filiados? É um dinheiro gasto sem retorno. Se aplicasse em saneamento, quantas crianças cresceriam com menos doenças?

Também pensei se o Estado respeita a nação quando, nesses dias, o Conselho Nacional de Política Energética decidiu adicionar mais óleo vegetal ou animal no diesel, a partir de março. Não perguntou para a nação que usa diesel no agro e nas estradas se concorda ou não. Assim como não perguntaram aos proprietários de motores a gasolina se poderiam adicionar 27% de álcool hidratado. Como todos sabemos, essas adições, que eu chamo de adulterações, entopem o sistema de injeção dos motores, criando borra e, no caso do álcool hidratado, também provocando ferrugem.

Pensei nisso também quando vi uma deputada estadual do Rio de Janeiro ser conhecida como "madrinha" da milícia da Zona Oeste. E sabemos que ela é apenas a ponta de um iceberg. Que grupos econômicos ou criminosos são os verdadeiros mandantes? Mandatários eleitos estão a serviço do povo, ou há interesses superiores aos do povo? Quando a Constituição e o devido processo legal são desprezados e o Senado cala, onde está o juramento de defender e fazer cumprir a Constituição? Fica o perjúrio? O congressista que não zela pela preservação de sua competência legislativa, como manda a Constituição, merece receber outro voto? São perguntas desta época de balanço.

Passamos o primeiro ano de novos governantes e novos parlamentares, constatando como o Estado, com os seus agentes. eleitos ou não, vai se distanciando de seu povo e agindo como se ele, Estado, é que fosse o senhor. A passividade da nação contribui para isso, por falta de saber como deve funcionar a democracia. Nas escolas, o ensino é fraco para evitar o conhecimento que liberta. Os que ingressam na casta pública criam seus privilégios e se tornam mais iguais que os outros. Esses outros são eleitores, pagadores de impostos e objetos do lindo parágrafo único do primeiro artigo da Constituição que estabelece que "todo poder emana do povo". Democracia vira rótulo enganoso, numa inversão em que o Estado não respeita o povo, e o povo teme o Estado.

[2024]

Atrás da porta

Em 4 de janeiro de 2024

A mais realista charge desta passagem de ano mostra um grupo de pessoas assustadas se esgueirando por trás de uma parede, enquanto uma delas cutuca com uma longa vara, empurrando para abrir a porta onde está escrito: 2024. Pois nessas 83 passagens de ano que vivi, nenhuma delas me inquietou com tantas incertezas como esta. O ano que chega parece cheio de perigos para as liberdades, a Constituição, a democracia. O devido processo legal parou de funcionar, os representantes eleitos permanecem perplexos, ou assustados, ou inermes. Quem sabe abduzidos. E o Executivo parece que apresenta, a cada dia, um novo improviso. Entra a ideia de democracia relativa e chega 2024 indecifrável; uma porta perigosa atrás da qual pouco se vê. Nem quero pensar no verso de Dante: "Deixai toda esperança, vós que entrais".

Todos repetimos, num vai e vem, os votos de feliz ano novo, automaticamente, sem que a gente se dê conta que, do lado de fora de nossos corações e mentes, tudo mais na Terra continua a girar, sem saber do calendário que marca o ano, essa volta completa que nosso planeta dá em torno de sua estrela. O calendário cria em nós a ideia de que um ano velho se foi, levando os trastes, e virá agora um novo e recém-nascido período cheio de esperanças. É a ideia do fim e do recomeço. Já passei por isso 83 vezes, e posso garantir-vos, lembrando Lavoisier, que nada acaba nem começa novo. É tudo continuação. O que vamos colher num novo ano é o que tem sido plantado nos anos anteriores.

O destino do ano e dos vindouros está em nossas mãos. Esperança tem que ser mais concreta e não apenas em votos de novo-ano. Em relação ao que sonhamos e queremos, só faremos acontecer se não ficarmos à espera de que outros façam. Há quem espere por Deus para melhorar de vida, há quem espere pela sorte, e há quem espere de governos. Mas o melhor investimento no futuro ano é em nós mesmos, pois em geral ganhamos sempre se apostarmos em nós mesmos. Se deixarmos para os outros, o que farão eles de nossas vidas? Além disso, para quem depende de milagres divinos, me avisou, no dia 31, o meu amigo monge beneditino: "Deus muitas vezes nos usa para realizar milagres". Quem sabe não poderemos ser instrumento desses milagres?

Quando alguém perdido no deserto clama por "água! água! água!", a gente sabe do que está carente. Pois nunca ouvi e li tantas vezes repetida na mídia a palavra democracia, revelando a carência. Quando direitos e garantias fundamentais são desprezados, assim como o devido processo legal, e há tanto silêncio da mídia a respeito, é porque a palavra democracia está sendo usada não para exigir democracia, mas para fingir que ela está presente. Para nos iludir. Ela está gravemente doente, mas querem mostrar que está saudável e forte – com a força das ditaduras. A República Democrática Alemã não era a Alemanha comunista? A Coreia do Norte se chama, oficialmente, República Democrática do Povo da Coreia. Rótulos enganosos.

Aqui há um silêncio ensurdecedor, enquanto chega mais um ano recheado de intenções de censura, como se não existissem as garantias pétreas da Constituição. Os que têm a missão de denunciar se calam e traem seu público, que será vítima da vedação da voz na garganta. Democracia não sobrevive com exceções abertas na Constituição. O que nos espera neste ano, a continuar a marcha à ré na democracia? O que haverá por trás da porta de 2024?

Democracia abalada

Em 11 de janeiro de 2024

No evento Democracia Inabalável, o presidente do TSE, Alexandre Moraes fez um libelo contra as redes sociais, como se fosse um acusador e não um juiz. Afirmou que as redes sociais são o maior perigo para a democracia. Não lhe ocorre que as redes são democracia na sua essência. A ágora grega onde se debatiam democraticamente as questões das cidades-estado, agora está universalizada pela via digital. Cada pessoa tem voz para exercer seu poder, em lugar de depender de monopólios que lhe calavam e substituíam, a pretexto de falar pelo povo. Essa liberdade está garantida pelos artigos 5º e 220 da Constituição Cidadã. Se houver, nas redes, ofensa a direitos alheios, o Código Penal prevê, nos artigos 138 e 139: calúnia, injúria e difamação (resta aumentar as penas). No artigo 5º da Constituição, o inciso X estabelece que são invioláveis a intimidade, a vida privada, a honra e a imagem das pessoas, com direito à indenização por danos materiais ou morais. Além disso, já existe, desde 2014, o Marco Civil da Internet, lei 12965.

O que seria, então, controlar as redes sociais? Porque o §2º do artigo 220 diz que "É vedada toda e qualquer censura de natureza política, ideológica e artística".

Querer controle das redes sociais agrada aos oligopólios da mídia, que perdem cada vez mais audiência e credibilidade. A pesquisa da Atlas Intel mostra que apenas 18,8% dos pesquisados acredita na versão de tentativa de golpe de Estado no 8 de Janeiro do ano passado. Quer dizer, 81,2% ficaram imunes ao martelar diário da grande mídia. Os tradicionais construtores da opinião pública já não têm o monopólio de antigamente. Por que operadores do Estado brasileiro querem controlar as redes sociais? O ministro Moraes expôs a lógica de que, se a mídia eletrônica tradicional é controlada, já que é uma concessão pública, por que então não controlar as redes sociais? É que pode ser fácil domesticar meia dúzia de tevês e jornais, mas não milhões de pessoas, que são origem do poder e que ganharam voz.

Com o poder financeiro do Estado, em tempos em que governos são produtos de propaganda, como sabonetes ou bebidas, fica fácil aportar verbas para quem se equilibra no vermelho dos novos tempos, em que a audiência – e a publicidade – migram para as redes sociais. Depois, é como dar ordens ao que hoje chamam de pet: Senta! Deita! Pega! Talvez por isso as redes sociais sejam a inimiga perigosa.

Autoridades que vivem em palácios julgam que o povo precisa de tutor. Mas, no mundo digital, se sabe como separar os mentirosos, os ardilosos, os mercenários, da mesma forma como o mercado afasta o mau produto. Cedo ou tarde, o enganador é descoberto, exposto e excluído. Não é necessário um estado-tutor, para o que teriam que rasgar mais uma vez a Constituição. Protejam-nos dos bandidos das saidinhas, das audiências de custódia, dos corruptos, das leis lenientes, dos desvios de agentes do Estado – que dos farsantes nas redes sociais protegemo-nos nós. Porque será fatal para a democracia deixar nossa liberdade ao arbítrio de um tutor. Aliás, no evento, o presidente, a governadora e o ministro não querem perdão nem anistia para evitar impunidade que estimula a reincidência. No sentido amplo, não permitir impunidade também para os que praticam corrupção, lavagem de dinheiro, falsidade ideológica, omissão, prevaricação, advocacia administrativa, abuso do poder.

Não ouvi reclamação contra o cancelamento de princípios da Constituição num evento que se propunha a fortalecer a democracia. A Constituição se impõe com a punição dos fanáticos – ou ignorantes, ou mercenários – que destruíram artes, história, patrimônio público. Mas a Constituição impõe-se também a todos. Numa democracia, não há nada nem ninguém acima da lei maior. Ouvi declarações grandiloquentes e genéricas em defesa da Constituição, mas ninguém reclamou especificamente do encolhimento da liberdade de expressão, o cancelamento da inviolabilidade de deputados e senadores por quaisquer palavras; as agressões à liberdade de expressão sem anonimato, à liberdade de reunião sem armas, à vedação de qualquer tipo de censura, ao amplo direito de defesa, à proibição de tribunal de exceção, à exigência de juiz natural e do devido processo legal. Sem isso, democracia inabalável se reduz a uma frase de efeito.

Justificando o crime

Em 18 de janeiro de 2024

Sérgio Cabral, ex-governador do Rio, condenado 23 vezes a um total de quatrocentos e vinte e cinco anos, quer ser deputado federal. Após seis anos na prisão, está solto porque as demais condenações ainda não transitaram em julgado. Enquanto isso, centenas de pessoas presas desde 9 de janeiro do ano passado ainda estão sob custódia do Estado sem condenação alguma. Cabral viu que o ministro Fachin anulou a condenação a vinte e quatro anos do ex-tesoureiro do PT, João Vaccari Neto, por erro de endereço. Não era para ser Curitiba e mandou o processo para a justiça eleitoral. Cabral também quer. Isonomia. O que se tem visto é que depois dos episódios do Mensalão e da Lava Jato, a saída de Lula da prisão rumo à Presidência da República passou a marcar um período anti-Lava Jato. O que vinha representando, finalmente, a extinção da cultura da imunidade, agora representa a volta da impunidade.

Como o exemplo vem de cima, o que acontece com engravatados se reflete no estímulo ao crime dos níveis mais abaixo. E se espraia. O Equador passa pelo Brasil – geograficamente e por semelhança com o país. Corta o Brasil no norte, e criminosos cortam corpos brasileiros nos assaltos, na corrupção, nos assassinatos, nas lavagens de dinheiro; nos fuzis das facções, nos desvios das estatais, nas vendas de sentenças, nas omissões, no fracasso das leis penais e dos seus agentes. Sofremos mais de 30 mil homicídios num ano; Equador tem 9 mil. Em números absolutos, estamos há anos numa triste liderança no mundo – entre os três países com mais homicídios. E o problema não é apenas de assassinatos, mas assaltos e corrupção. A legislação leniente traz a mensagem de que o crime compensa. Combatemos o crime com declarações grandiloquentes de políticos, enquanto os criminosos inflam seus domínios lhes oferecem votos.

No Equador, o crime se misturou com a política, a ponto de a chefe do Ministério Público afirmar que há uma narcopolítica. Por aqui também há disso, com a influência do crime nas eleições de prefeitos, vereadores e congressistas. A costa do Equador tem o domínio das facções; aqui, há muitos "portos" clandestinos nas margens do Lago de Itaipu e na costa atlântica, sem contar com as estradas do contrabando na nossa fronteira seca oeste. No Rio, há territórios liberados, santuários das milícias e das facções de drogas. O tráfico e suas facções estão até na Amazônia, com ligações no exterior e no sul do país. De norte a sul, vamos imitando os cariocas, que foram se adaptando, se adequando, se aculturando, nessas últimas cinco décadas, enquanto o crime no Rio substituía o revólver pelo fuzil e a metralhadora .50. No Equador, as medidas especiais consideram cúmplices juízes, promotores, policiais, funcionários, que beneficiam criminosos.

No próximo dia 1º, um ex-ministro do Supremo, sem currículo em segurança pública, vai assumir o Ministério que, de fato, não é da Justiça, mas é da Segurança Pública. O que poderá ele fazer, além da declaração de que vai combater o crime? Vai ter como Secretário Nacional de Segurança Pública um promotor com trinta e cinco anos de experiência, que chegou a Procurador-Geral do Estado de São Paulo. Como a Colômbia passou nos anos 1980 e o México nos anos 1990, e o Equador agora, o Estado brasileiro vai assistindo à expansão do crime, que já tem territórios, tem presídios, tem políticos e até tem jornalistas que detestam a polícia e adoram essas vítimas da sociedade. Devolver, aos brasileiros, o direito à vida, à propriedade, o direito de ir-e-vir, a paz nas ruas, não será apenas uma questão de polícia, mas também de ideologia – a que justifica o criminoso.

Uma triste notícia me fez decidir o assunto desta semana: Guilhermina, a Guel, empregada de meus amigos, sempre simpática com os visitantes, foi assaltada e assassinada ao sair de casa para o trabalho. Foi no Jardim Ingá, na periferia de Brasília. Esfaqueada para lhe tirar a vida e levar a bolsa com a carteira de trabalho, a identidade e uns poucos reais para pagar o ônibus. Vão ter que controlar também as facas, enquanto não descobrirem que não é a arma – o revólver, a pedra, o pau, a faca –, mas o cérebro que mata. Autores de uma nota da Associação de Juízes de Minas escreveram que a causa são as diferenças sociais. Como assim, se os pobres é que mais são assaltados e mortos? Ser criminoso é questão de caráter. Pobres são honestos e têm desvios; ricos são honestos e têm desvios. Há desvios entre juízes, advogados, jornalistas, empresários, médicos, policiais – e não é por ter mais ou menos posses; é por ter mais ou menos padrão de conduta. Para os que se desviam deveria haver a punição da lei, para segregá-los. Assaltante preso não assalta; assaltante solto continua roubando e matando, como na última saidinha de Natal.

Para o noticiário, Guel foi apenas mais uma vítima, na rotina brasileira, na vizinhança do crime, da violência, da maldade, da falta de caráter. Direitos humanos, onde estais? Onde estão o direito de ir e vir, de trabalhar, à vida, à propriedade?

Ponte simbólica

Em 25 de janeiro de 2024

Penso que o fato mais importante desses últimos dias foi o símbolo de uma nação mais forte, mais ágil e mais eficiente que o Estado que lhe deve prestar serviço. Todos vimos as imagens da ponte de ferro sendo levada pelas águas do Rio das Antas, em 4 de setembro. Cento e trinta e oito dias depois, a ponte estava de novo ligando os municípios de Farroupilha e Nova Roma do Sul. A ponte havia sido aberta em 4 de outubro de 1930, um dia depois do início da revolução que levou Getúlio Vargas ao poder – o Estado Novo. Agora ela mostra a vontade férrea de gaúchos da região, que não esperaram pelo governo, porque o pilar da ponte resistiu à força das águas; havia uma base pétrea – o caráter da população. O governo dos estados prometia quinze meses para pôr a ponte no lugar, e estimava em 22 milhões de reais o custo das obras. E planeja uma ponte nova, em outro lugar, por 51 milhões de reais. A população fez a ponte por R$ 5,7 milhões. Dinheiro de doações de empresas, rifas, eventos beneficentes e PIX. A força da população somou R$ 8,6 milhões de reais. Sobraram quase 3 milhões de reais para decidirem como vão aproveitar o saldo.

Nesse 20 de janeiro, a inauguração foi festiva, com discursos, música, comes e bebes, benção do padre. Imagino se algum ministro ou o governador fosse lá, a vaia que haveria. Representando a Associação de Amigos de Nova Roma do Sul, que tem duzentos participantes, o tesoureiro Heleno Passuch fez num palco a prestação de contas, e afirmou que a ponte será um repositório dos valores humanos da região, um monumento à força dos que fazem a nação, a despeito de o Estado, que cobra impostos, estar ausente – apenas dispensou a licença ambiental. O orador lembrou aqueles que, na noite de Natal, trabalhavam na montagem da ponte, dos aposentados que compraram rifas, de todos os que se sentiram responsáveis pela ponte e depositaram seu PIX. Houve leilão para saber quem passaria primeiro pela ponte. Com lance de 14 mil reais, ganhou a Associação dos Amigos de Pinto Bandeira, que atravessou a ponte gloriosamente empurrando uma antiga Rural Willys.

Há dois anos, também no Rio Grande do Sul, a Associação Comercial e o Sindicato Rural evitaram que Santo Angelo perdesse suas ligações aéreas com São Paulo e Porto Alegre, por causa da segurança de uma das cabeceiras da pista. A obra demoraria meio ano e demandaria de 1 milhão de reais a 2 milhões de reais. Então 170 voluntários, a maioria agricultores, mobilizaram 39 tratores, compactadoras, caminhões, dragas, motoniveladoras e, em oito dias de trabalho, construíram aterro compactado de 90 metros de extensão por 60 metros de largura, com a supervisão de professores e alunos da faculdade de engenharia. Tempos atrás, meus amigos gaúchos, agricultores em Guarantã do Norte, divisa entre Mato Grosso e Pará, tornaram transitável a BR 163, ainda não asfaltada. Políticos criavam emendas de milhões, mas elas não chegavam à estrada. Então se reuniram, arranjaram máquinas e, com 90 mil reais, a riqueza da região voltou a ser escoada sem problemas.

Os governos alegam demora nas licitações. Mas o que consome tanto dinheiro dos nossos impostos? Por que a mesma obra, tocada por particulares, custa uma quarta parte? Por que empreiteiras têm necessidade de abrir departamento de propina? Por que há queixas de comissões de 5% a 10% subtraídos das emendas? Lá, no palco improvisado na cabeceira da ponte, projetaram ao final da inauguração o estribilho do Hino Rio-Grandense que diz: "Sirvam nossas façanhas/de modelo a toda terra" – e modelo para o Estado brasileiro.

A ponte lança compreensão sobre dois entes: a nação e o Estado. A nação é origem do poder; o Estado existe para servi-la. No Brasil, águas turvas levaram a ponte que deveria ligar os dois. O Estado age com vida própria, mas a vida verdadeira está na nação, como demonstrou o povo do Vale das Antas. O que o povo arrecada é em troca de bens e serviços, em relações voluntárias. O que o Estado arrecada é pela coerção – e deveria ser para a prestação de bons serviços de justiça, segurança, ensino, saneamento básico, saúde e infraestrutura – como pontes. No Estado, todos são servidores do público, inclusive os votos para representar a fonte do poder. Não deveria haver privilégios, mais férias, melhores aposentadorias, penduricalhos; não poderia haver uma casta. Não poderiam ser diferentes dos que pagam impostos em tudo que compram e nomeiam seus representantes pelo voto. Mas há uma ponte derrubada. Separa o Estado da nação. Seu símbolo está lá embaixo, junto ao leito do rio. Uma velha estrutura, retorcida, enferrujada, agora inútil. Um símbolo.

Lula ao calvário

Em 1º. de fevereiro de 2024

Janeiro foi cheio de revezes para o governo, embora a propaganda oficial se esforce para mostrar o contrário. E nada indica que janeiro não possa ser, para Lula, o melhor dos meses que virão. Nesse fevereiro, o Congresso reabre e, de cara, a Frente Parlamentar Evangélica espera revoltada por mais um atrito que o governo criou. A despeito do que diz o artigo 150 da Constituição, a Receita fez uma interpretação para cobrar imposto dos evangélicos. Cerca de 300 milhões de reais. Mais uma frente a se unir às bancadas do agro e das armas contra decisões que só afastam o governo dos votos de que precisa no Congresso. A Medida Provisória que tenta revogar a decisão de 438 congressistas sobre a prorrogação da desoneração da folha é outro símbolo das fricções que o governo tem provocado. O Congresso reabre e não vai aceitar a MP.

O mês de janeiro começou com o *Diário Oficial* mostrando a Lei do Marco Temporal, em que 374 congressistas derrubaram os vetos do presidente. Se o governo recorrer ao Supremo, o desgaste vai se ampliar, e não apenas com a imensa Frente Parlamentar do Agro. O 8 de Janeiro, que era para ser uma festa da democracia inabalável, teve as significativas ausências do presidente da Câmara e de quinze governadores. E o aposentado anistiado, Lula, declarou que os manifestantes do 8 de Janeiro não serão perdoados. Dois dias depois, por vontade de Lula, o Brasil aderiu à denúncia sul-africana de genocídio contra Israel. O Tribunal Internacional não aceitou, e ainda indicou que o Hamas deva libertar os reféns. Depois, o *New York Times* mostrou que funcionários da Agência da ONU em Gaza participaram do massacre de israelenses. O governo do Brasil, que apoia claramente a ditadura bolivariana, agora também fica com cara de quem apoia terrorista.

Por falar em bolivarianismo, no dia 18 de janeiro, em Pernambuco, Lula reavivou a Refinaria Abreu e Lima, cujo preço se multiplicou várias vezes e foi assídua menção no inquérito da Lava

Jato. No evento, o presidente acusou o Departamento de Justiça dos Estados Unidos de prejudicar a Petrobras; com isso, provocou de novo os Estados Unidos. Anunciou que o Brasil vai tocar a obra mesmo sem o aporte enganoso de Chavez. O mercado levou um susto, que se soma ao anúncio do BNDES de 300 bilhões de reais para ajudar indústria, soando como o velho protecionismo, derrubou a bolsa e levantou mais desconfianças no exterior.

Enquanto isso, em Davos, na pesquisa da PwC, pela primeira vez em dez anos o Brasil ficou fora da lista dos dez países preferidos para investimentos de risco. Desconfianças justificáveis pois, com a promessa de facilitar licenças ambientais para a Vale, o governo tentou impor Guido Mantega como CEO da empresa privatizada há vinte e sete anos. O mercado levou um susto e as ações despencaram. O governo não entende que a PREVI, com 8,6% das ações da Vale, é dos funcionários do Banco do Brasil, e não do Tesouro. Isso ajudou a queda do Brasil no Índice de Percepção de Corrupção. Fomos para 104º lugar. Esse ambiente favorece a emenda negociada no Congresso por Campos Neto, para consolidar a autonomia do Banco Central – Lula quer o Bacen fiscalizado pelo Conselho Monetário Nacional; Campos Neto se movimenta para deixá-lo sob a fiscalização do Legislativo, a que está vinculado o TCU. Pelo menos se salva a defesa da moeda e do crédito. Aliás, no fim de janeiro foram divulgados os números da dívida pública. Como consequência do desequilíbrio fiscal, o débito subiu 600 bilhões de reais no ano passado.

E, antes que janeiro terminasse, saíram os números do Tesouro, com um rombo de 230 bilhões de reais em 2023. Fácil de entender: com incertezas na gestão econômica do governo, a arrecadação subiu 2,12% e, com o inchaço do governo Lula, os gastos cresceram 12,55%. Neste reinício de ano legislativo ainda haverá a reação de deputados e senadores ao veto a mais da metade dos 11 bilhões de reais de emendas, no orçamento deste ano. Emendas já anunciadas pelos autores a seus prefeitos e suas bases. Não deve ser uma reação branda, mas fisiológica e dura como uma pedra. A via dolorosa de Lula vem sendo pavimentada pelo próprio presidente, não com as pedras da oposição. E ainda tem o calvário pela frente.

Deixem matar

Em 8 de fevereiro de 2024

Enquanto o Supremo se movimenta para livrar o país dos *atos antidemocráticos* com o inquérito sobre *milícias digitais*, o brasileiro comum, principalmente os mais pobres, sente que enquanto há uma briga política na cúpula, ele continua sendo assaltado, roubado, furtado, ameaçado e morto. Além de afetar nossos direitos básicos, o crime nos tira um pedaço do PIB. É o que nos avisa o FMI. Cálculo do Fundo Monetário mostra que, se o Brasil tivesse índice de criminalidade apenas igual à média mundial, avançaria no mínimo 0,6 pontos percentuais no Produto Interno Bruto, isto é, o equivalente a 65 bilhões de reais em bens e serviços. Isso sem contar a perda de 40 mil vidas por ano e o medo generalizado. Nosso número é de dezenove homicídios por 100 mil habitantes. A média mundial é de menos de seis por 100 mil. Regiões, antes de comércio movimentado nos centros do Rio e de São Paulo, estão abandonadas, de portas fechadas, por causa de roubos e saques. A falta de segurança afasta investidores, como atestam os últimos números. Ao contrário do Brasil, em El Salvador, acaba de ser demonstrado nas urnas que segurança pública é um excelente investimento político.

O presidente, que foi implacável com o crime, encheu prisões e limpou as ruas, foi reeleito com estrondosa margem de 85%, além de receber como aliados 58 dos sessenta congressistas. Na primeira entrevista, provavelmente perguntado com referência ao Brasil e Lula, Nayb Bukele disse que El Salvador está resolvendo esse problema por vontade política. "Isso se aplica ao Brasil e a qualquer parte do mundo". Perguntado se havia tratado sobre isso com o presidente Lula, respondeu que conversou algumas vezes com ele, mas que Lula nunca tocou no assunto segurança pública. "Imagino que ele terá sua forma de abordagem da situação", acrescentou, disfarçando a ironia com o semblante sério. E repetiu que o problema tem solução se houver vontade política. Admitiu que El Salvador e Brasil podem ser diferentes mas, quando um país não resolve o seu problema, é porque não há vontade política de resolver.

Depois, Bukele tocou num ponto: "Muitas vezes, não resolvem porque são sócios dos delinquentes. Se atacar o crime, perde um sócio de seu negócio. O exemplo de El Salvador serve para qualquer país do mundo". Aí a gente constata o que aconteceu também com o México, Colômbia e Equador, com o crime e a política mancomunados. Os territórios de facções nas grandes cidades, e as ligações com gente dos três poderes são similares no Brasil ao que aconteceu nos outros países do continente. Hoje, por aqui, se expressam duas correntes: o ministro da Justiça e Segurança afirma que a origem do crime é a exclusão social e o encarceramento, e três governadores – de Goiás, Minas e São Paulo – e o presidente do Congresso decidiram eliminar as saidinhas, para manter fora das ruas os agressores da sociedade, acreditando que ser criminoso é uma questão de desvio de caráter. Eles se uniram e já tocaram o projeto de lei aprovado na Câmara por 311 votos, que se arrastava no Senado há um ano e meio. Parece que faltava a "vontade política" mencionada por Bukele. O projeto agora tem urgência e será logo concluído no plenário. Caberá ao presidente Lula sancionar ou vetar. Se vetar, será mais um veto a ser derrubado no Congresso.

Se o encarceramento faz o criminoso, os presos do 8 de Janeiro estariam sendo transformados em criminosos nos presídios de Brasília? E se a exclusão social é que faz o criminoso, porque tantos incluídos engravatados são os criminosos descobertos na Lava Jato? É preconceituoso julgar que um excluído socialmente, isto é, pobre, tenha que ser, por isso, criminoso. Além disso, a pregação oficial dos últimos dias é por não prender autores de pequenos furtos, assim como o Supremo não quer criminalizar traficantes de pouca quantidade de droga. Isso significa não interferir no aprendizado dos futuros grandes criminosos. O perigo de deixar furtar é depois, deixar roubar; por fim, deixar matar.

Manto roxo

Em 15 de fevereiro de 2024

A Quaresma é um período de jejum e abstinência principalmente para os católicos. No Brasil, estamos em jejum de democracia, de estado de direito, de devido processo legal. O jejum é seletivo; depende da "religião" política. A origem cristã do carnaval são os excessos nos dias de despedida da abundância na mesa, antes de começarem as restrições da Quaresma. Dias de libertinagens, para ironizar, debochar, criticar – como faziam as marchinhas de carnaval de minha mocidade. Em dias de hoje, a gente fica desejando que a permissividade do Carnaval dure o ano todo. Porque, depois do "Cala a boca já morreu" da então presidente do Supremo, ministra Carmen Lúcia, em 2016, e da fala anti censura do ministro Alexandre de Moraes, em 2018 – "Quem não quiser ser criticado, ser satirizado, fique em casa; não seja candidato, não se ofereça ao público para exercer cargos políticos" –, muita coisa mudou.

A principal arma da democracia não é o fuzil nem o canhão e muito menos a violência; é a palavra, a argumentação, a opinião; a liberdade de expressão e de manifestação. Por essas armas o povo, origem do poder, expressa sua vontade todas as horas de todos os dias do ano, inclusive no carnaval e na quaresma. E, de tempos em tempos, nomeia pelo voto os seus representantes, transferindo-lhes poder para fazer leis e chefiar o governo de municípios, estados e união. A escolha é feita por voto secreto e teria que ser com contagem pública e transparente, como determina o artigo 37 da Constituição. Aos eleitos como representantes do povo nos parlamentos, é garantida a inviolabilidade penal e civil por quaisquer palavras, opiniões e votos, para poderem bem representar seus mandantes.

Juízes, em tempos ideais, são nomeados por seus méritos para julgar com isenção, sem interesses pessoais e sem ter o menor envolvimento com o caso em suas mãos. A vontade dos juízes tem que ficar dentro da Constituição e das leis. O presidente, os governadores, os prefeitos, não mandam nas pessoas; quem manda nas pessoas é a lei, feita pelos representantes das pessoas, que elegem constituintes para fazer a Constituição que impõe limites aos agentes do estado e estabelece direitos e garantias para todos. Os agentes do Estado são os mandatários ou servidores, sujeitos ao escrutínio e à crítica dos mandantes – eleitores, pagadores de impostos, cidadãos. Os excessos de expressão estão previstos em lei. Injúria, calúnia e difamação são crimes elencados no Código Penal. A Constituição garante indenização para violações da privacidade, da intimidade, da honra e da imagem. O artigo 5º, pétreo, imutável, proíbe tribunal de exceção, garante amplo direito de defesa e estabelece que só o juiz competente, também chamado juiz natural, pode processar e condenar alguém. Os direitos e liberdades fundamentais são tão essenciais à democracia, que a Constituição manda punir quem atentar contra eles.

Em tempos de Carnaval, a realidade brasileira rasga a fantasia de democracia, e o público percebe que é apenas uma alegoria, usada para distrair o público ante o avanço de autoritarismo, enfraquecimento da representação popular, desequilíbrio de poderes e, principalmente, controle do sagrado direito de expressão e de manifestação. Cala a boca ressuscitou e autoridades públicas não aceitam ser criticadas. A alegação falaciosa é que as ações autoritárias e anticonstitucionais são para defender a democracia em perigo. O perigo é justamente calar. Quando se calam os contrários, mata-se a democracia. Com jejum e abstinência de liberdades, todos os dias se tornam Quarta-Feira de Cinzas. E a democracia é encoberta pelo manto roxo da Quaresma.

A volta do anão

Em 22 de fevereiro de 2024

O Brasil apequenou-se com as desastradas declarações de seu presidente, na última viagem à África. Falta de tato, de diplomacia, de respeito à história, de fidelidade aos fatos. Por causa de Lula, podemos perder um essencial fornecedor de avanços científicos. Brasil e Israel estão a um passo de rompimento de relações. O presidente Lula chamou de volta o embaixador do Brasil em Tel-Aviv e isso tem um significado dramático. Antes, o premiê Benjamin Netanyahu mandou dar uma reprimenda no embaixador brasileiro Frederico Meyer – e ela foi feita significativamente no Museu do Holocausto, para que o governo do Brasil saiba o que foi Hitler e o genocídio que se chamou de Holocausto. O embaixador foi informado pelo ministro do Exterior, Israel Katz, que Lula é persona non grata em Israel. Depois, mostrou uma brasileira que sobreviveu ao massacre e queixou-se de que a embaixada não se interessou em saber o que havia acontecido. Até hoje há um refém brasileiro, Michel Nisenbaum, nascido em Niterói há cinquenta e nove anos. Lula não se preocupou com ele, mesmo podendo apelar aos seus amigos do Hamas. Milei, quando esteve em Tel-Aviv, ganhou, dias depois, a liberação pelas Forças de Israel de dois reféns argentinos, de sessenta e setenta anos.

Aqui, o ministro Mauro Vieira convocou o embaixador de Israel, sediado em Brasília, para uma conversa na antiga sede do Itamaraty, no Rio, onde o chanceler estava – completando o revide. O atual governo nunca gostou do embaixador Daniel Zonshine, porque ele tem boas relações com o ex-presidente Bolsonaro. O ex-chanceler Celso Amorim, que rege com Lula a política externa, chamou a reação de Israel de absurdo, disse que Lula não vai se retratar, e radicalizou: "Quem é *persona non grata* é Israel". Celso Amorim, quando ministro do Exterior de Lula, permitiu que o legalmente deposto presidente de Honduras, Manuel Zelaya, usasse a embaixada do Brasil em Tegucigalpa como diretório político de asilado.

Tudo isso choca os brasileiros. A maioria de nós somos produto de cultura originária nas religiões judaico-cristãs. A história do povo de Israel está nas nossas raízes religiosas. Judeus e árabes misturaram seus genes e suor na formação da nação brasileira. Foi um brasileiro, Oswaldo Aranha, que, presidindo a Assembleia da ONU, pôs em decisiva votação no exato dia em que percebeu quórum favorável a Resolução 181, promovendo a divisão da Palestina em um estado árabe e outro judeu, o que ensejou, no ano seguinte – 1948 – a criação do Estado de Israel, que voltou a abrigar judeus que as perseguições dispersaram pelo mundo. O genocídio praticado pelo nazismo solidificou, nos judeus, a convicção de *H*olocausto nunca mais. Na gigantesca manifestação do 7 de Setembro de 2022, bandeiras de Israel tremulavam na Esplanada, em Brasília.

O presidente Lula, chefe da política externa, desde que assumiu revelou suas preferências internacionais. No primeiro mês, autorizou dois navios de guerra do Irã a aportarem no Rio de Janeiro, contrariando os Estados Unidos. No primeiro ano, tentou impor aos presidentes latino-americanos o ditador Maduro, provocando repúdio até do esquerdista chileno Gabriel Boric. Sempre silenciou sobre as agressões às liberdades e à democracia perpetradas em Cuba, Nicarágua e Venezuela. Quando o Hamas atacou Kibutzim no sul de Israel, assassinando, torturando e sequestrando, em 7 de outubro, Lula repudiou o terrorismo, sem citar o Hamas, e acrescentou que não pouparia esforços para evitar uma escalada do conflito – isto é, evitar a previsível reação de Israel. Quando apareceu morto, em prisão russa, o opositor Navalny, e o mundo ocidental responsabilizava Putin, Lula o defendeu: "Por que essa pressa em acusar alguém?" São as preferências. As injustas afirmações sobre Israel foram aplaudidas pelos chefes de governo da Nicarágua, Cuba, Venezuela, Colômbia e Bolívia – além do Hamas, é claro.

Lula criticou os países que cortaram auxílio para a agência da ONU que recebe assistência para Gaza, usada por infiltrados do Hamas. Com isso, afastou-se de dezessete países ocidentais, entre eles os Estados Unidos e Alemanha, que já repudiaram a fala do brasileiro. No front interno, foi protocolado pedido de impeachment com assinaturas de 140 deputados – quase 30% da Câmara –, mas não vai dar em nada, embora a conotação racista do antissemitismo embutido nas constantes posições de Lula contra Israel. O presidente do Senado disse que espera de Lula retratação, explicações e desculpas a Israel. Tudo isso significa desgaste que vai se somar a outros, provocados por declarações desastradas, o que enfraquece a já instável posição do governo no mais poderoso dos poderes, que é o Congresso.

Para os israelenses, foi uma blasfêmia Lula comparar a ação de Israel em Gaza ao genocídio de Hitler contra os judeus. Lula chegou a dizer que Israel, para matar mulheres e crianças palestinas, usa o pretexto de combater o Hamas. Netanyahu afirmou que Lula cruzou a linha vermelha com palavras vergonhosas e graves; banalizou o Holocausto e o direito de Israel de se defender. No Museu do Holocausto, o ministro Israel Katz disse ao embaixador brasileiro que as palavras de Lula foram "severamente antissemitas". Por causa disso, Lula finalmente ganhou projeção internacional, e Celso Amorim ufana-se: "Sacudiu o mundo!". Em 2014, o porta-voz do Ministério do Exterior de Israel, Ygal Palmor, chamou o Brasil de "anão diplomático". O anão está de volta.

Avenida eloquente

Em 29 de fevereiro de 2024

"Não é possível você negar um fato. Eles fizeram uma manifestação grande em São Paulo. Mesmo quem não quiser acreditar, é só ver a imagem: é uma manifestação grande", são palavras do presidente Lula. No entanto, o negacionismo pueril correu solto nas redes sociais. E até na universidade. Na USP, calcularam que a Avenida Paulista cheia, como Lula viu, tinha 185 mil pessoas. Também houve o exagero de jurar que havia 1 milhão de pessoas. Pelo que estudei nas propriedades gerais da matéria, impossível. Se a avenida tem 130 mil m², não será possível encaixar quase oito pessoas em cada metro quadrado, pois dois corpos não podem ocupar o mesmo espaço ao mesmo tempo. É a lei da impenetrabilidade de Newton. Sobre multidões, eu sempre soube que o recorde mundial fora em Seul, na Coreia do Sul, na visita do Papa João Paulo II, em 6 de outubro de 1989: 800 mil pessoas. A Avenida Paulista, com suas transversais, foi quase isso. Quem negar, nega seus próprios olhos.

Foi no domingo, dia 25, que um único homem, tal como o papa na Coreia, fez encher a Avenida Paulista como nunca se viu. Até onde os drones e suas câmeras alcançavam, a avenida estava lotada. Como na Coreia, vieram por um líder. E atenderam a seu pedido de paz: não trouxeram uma faixa sequer com insultos a pessoas e instituições. Muitos vieram de longe, a despeito de alguns bloqueios em estradas. Bloqueios pelo medo dos que temem o povo. Mas havia também o bloqueio invisível do medo imposto pelas prisões e condenações pelo 8 de Janeiro. Bloquearam até quem não é brasileiro. O jornalista português Sérgio Tavares ficou detido por quatro horas ao chegar para cobrir a Avenida. O episódio serviu para repercutir, no mundo, a realidade do Brasil sobre liberdade de expressão. A avenida foi muito eloquente. Ninguém precisaria emitir palavras ou calcular números porque a simples visão da avenida lotada foi um vozerão que chegou ao mundo no mesmo dia por via digital e nos jornais do dia seguinte. O potencial de cidadania nela contido foi tão marcante que não precisaria de falas pelos alto-falantes dos carros de som. O que os olhos viram é suficiente para se compreender tudo. Ainda assim, oradores falaram. Nenhuma voz partidária. O partido de todos é o Brasil, como estava escrito na camisa do pastor Malafaia. Falou-se de moral e religião, nas vozes de Michelle e Malafaia.

No fim, veio a voz do líder, pregando a conciliação pela anistia, sem vencedores nem vencidos; pregando justiça com isenção, respeitando oportunidades eleitorais a todos da diversidade política. O pastor havia lembrado antes que um juiz havia dito "nós derrotamos o bolsonarismo". Depois olhou a multidão, e percebeu que não precisava retrucar o juiz. A multidão estava ali, nem um pouco derrotada, confirmando seus princípios de liberdades, direito à vida e à propriedade, não às drogas, ao aborto e à ideologia de gênero. A multidão foi à avenida reafirmar esses princípios. E cantou um juramento: "Ou ficar a pátria livre, ou morrer pelo Brasil". Não precisaria mesmo haver fala de ninguém.

Ainda assim, o líder pediu anistia para quem não destruiu patrimônio do povo, e sim para quem apenas se manifestou, como a Constituição garante. Jogou, aos plenários do Congresso, o desafio da paz e da conciliação. E, se defendendo, lembrou que estado de defesa ou estado de sítio estão previstos na parte da Constituição que trata da defesa do Estado e das instituições. Como se sabe, se isso foi cogitado, não foi tentado. Ao mesmo tempo, caminhava pela avenida um símbolo, aquela senhorinha de oitenta e dois anos, Ilda Ferreira de Jesus, com sua Bíblia no braço, aplaudida por todos. Uma Ghandi pelo Estado Democrático de Direito e pelas liberdades.

Foi uma demonstração de força. Pacífica. Reafirmou o que pensa uma parte na nação, a quem o Estado deve servir. A avenida disse que quer paz, justiça sem vingança nem perseguições. Na verdade, pelo seu gigantesco tamanho, ela não disse que apenas quer. Troou como uma exigência. Não foi um artista popular, um general cheio de canhões, um banqueiro cheio de dinheiro, um demagogo cheio de mentiras, nem mesmo o papa, quem combinou esse encontro. Foi um homem simples, sem armas, sem dinheiro, sem dotes artísticos, que foi se apresentar, pedindo união por ideais. Pela pátria, pela família, pela moral, pelos direitos, pelas liberdades. Em dias enganosos de hoje, ser seguido nisso pelos voluntários da Paulista lotada, parece milagre.

Agro, amor e ódio

Em 7 de março de 2024

"Nem o Brizola tinha uma recepção assim tchê!", me ligou o amigo gaúcho da região de Carazinho, onde Brizola nasceu e por aquelas bandas foi o maior líder popular da época. Ele se referia à recepção a Bolsonaro, primeiro no aeroporto de Passo Fundo, depois na feira internacional Expodireto, em Não-me-Toque. Na festa para Bolsonaro, havia mais gente que a população do município. Lula, o presidente da República, não foi na mais importante feira da modernidade agrícola do Brasil, e o ex-presidente era saudado como o "mito" e líder dos produtores rurais. Lula não consegue se achegar ao agro, com medo de uma gigantesca vaia a quem prefere Stédile, do MST. Bolsonaro sabe disso, e aproveita o vácuo que lhe oferece o titular do Poder Executivo. O mais recente episódio nesse impossível casamento entre o agro e Lula foi o anúncio festivo do PIB de 2023.

O PIB ficou acima da expectativa e o governo festejou como se tivesse sido o autor da façanha. O presidente, o vice e o ministro da Fazenda vibraram como se fossem os goleadores. E perderam uma excelente oportunidade de se aproximar do agro. Todos sabem que este governo não gosta do agro e que a recíproca é verdadeira. No ano passado, o presidente Lula chamou o agro de fascista, negacionista e mau-caráter. O agro respondeu com um crescimento de 15,1%, segundo o IBGE, garantindo o resultado de quase 3% de crescimento do PIB no seu primeiro ano de terceiro mandato. Seria a chance para o presidente ressaltar a contribuição do agro para as exportações, as divisas que permitem importar, a garantia alimentar dos brasileiros e o orgulho de ajudar a alimentar o planeta.

Mas calou-se, e manteve a porteira aberta do agro para Bolsonaro, que pessoalmente nesta terça-feira confraternizou com o campo em Não-me-Toque – um nome bem simbólico. Bolsonaro não pediu para Lula não ir; foi o fígado de Lula que omitiu o elogio merecido a quem fertiliza a terra com suor e manteve a distância. Teria sido por fidelidade ao MST? O vice, Alckmin, também ministro da Indústria e

Comércio, amargou uma queda de 1,3% na indústria de transformação e um 0,5% negativo na construção, mas foi incapaz de ressaltar a importância do agro e sua agroindústria e o comércio exterior que ele gera, engordando nosso balanço de pagamentos. A grande festa do agro de precisão, moderníssimo, foi uma festa para Bolsonaro e uma oportunidade perdida para o presidente atual.

Por sua vez, o ministro da Fazenda falou como se tivessem sido os gastos públicos exagerados, que geraram déficit e aumentaram a dívida pública, os fatores que estimularam o PIB de 2,9%. Chegou a se vangloriar dos resultados da inflação, dentro da meta, omitindo que o responsável pelo esforço de proteger a moeda e o crédito ante um governo gastador é o Banco Central, felizmente autônomo – e bem dirigido por Roberto Campos Neto. A propósito, o ministro poderia agradecer a Campos Neto por ter garantido o bom nome do Brasil na preparatória do G20 em São Paulo, já que Haddad causou perplexidade entre os estrangeiros com a antiga cantilena esquerdista de taxar os super-ricos do mundo a ponto de não sair comunicado final para não ficar evidente a desconsideração com a proposta brasileira.

O governo deveria olhar com cuidado os números do ano passado: investimentos caíram de 17,7% do PIB para 16,5%, o que é preocupante, assim como a poupança diminuir de 15,8% do PIB para 15,4%. Mais preocupante ainda foi a falta de chuvas na safra 2023/2024 no Centro Oeste. A colheita da soja pode ficar 17% abaixo do previsto – uma quebra recorde segundo a Aprosoja, embora se diga na região que a quebra vai a 30%. Soja e milho foram os principais autores dos 15,1% a mais do ano passado. O governo parece não saber que o Brasil se tornou, graças ao agro, o grande produtor da mais nobre energia do mundo: o combustível que move o corpo humano. Carnes, soja, milho, açúcar, sucos, café, frutas, além de álcool e algodão, que saem de grandes produtores que também são agricultores familiares. A ideologia gera incapacidade de reconhecer o mérito de quem entregou um PIB acima do esperado, a despeito do preconceito e da insegurança jurídica e fundiária.

O poder e os poderes

Em 14 de março de 2024

No Dia Mundial contra a Censura na Internet – sim, naquele mesmo 12 de março – o TSE instalava solenemente o CIEDDE, Centro de Enfrentamento à Desinformação e Defesa da Democracia, para "atuar no combate à desinformação, a discursos antidemocráticos, discriminatórios e de ódio no âmbito eleitoral". O ministro da Justiça e Segurança Pública, Ricardo Lewandowski, presente ao ato, ameaçou com polícia os transgressores, e o Diretor da ANATEL também prometeu usar seu poder de polícia. No entanto, a Constituição estabelece liberdade de expressão e veta qualquer tipo de censura de natureza política, ideológica e artística. O Marco Civil da Internet se pauta (artigos 2 e 3) pela liberdade de expressão, de comunicação e de manifestação do pensamento, coerente com a Constituição. Essa é apenas uma parte de uma questão maior. Vamos a ela.

Às vezes, a gente precisa ouvir o óbvio para se dar conta das verdades. Foi o que me aconteceu ao ouvir o presidente da Argentina, Javier Milei, demonstrando que o representante não é mais nem maior que o representado. Me fez pensar. O representado é o povo, a nação; somos nós. O representante é aquele a quem damos voto – ou procuração – para nos representar. Nos Legislativos, são vereadores, deputados, senadores. No Executivo, para agir em nosso nome, administrando o dinheiro de nossos impostos, os prefeitos, governadores e presidente. Todos pagos pelo povo. A então primeira-ministra Margareth Thatcher ensina que não há dinheiro público; o que há é o dinheiro dos pagadores de impostos. Há uma hierarquia organizacional para que tudo funcione. Por isso, devemos respeito aos nossos representantes. Mas, pelo olhar reverso da hierarquia, eles nos devem mais respeito, porque nós somos a origem do poder a eles concedido. Servem a nós, o povo, e ao povo devem respeito.

Outro que me fez pensar foi o então presidente dos Estados Unidos, Ronald Reagan, quando lembrou que a Constituição americana é diferente, porque estabelece até onde o Estado pode ir, e deixa livre até onde o povo queira ir, enquanto outras constituições estabelecem até onde a nação, o povo, pode ir. Uma Constituição democrática é aquela que existe para impedir a tirania, vedar os excessos dos governantes, mantê-los dentro da lei maior. Embora não seja como a americana, a Constituição de 1988 faz jus à adjetivação do doutor Ulysses – Constituição Cidadã –, porque garante igualdade sem distinção de qualquer natureza, e considera pétreos os direitos à vida, à liberdade, à igualdade, à segurança, à propriedade. Consagra a livre manifestação do pensamento, sem anonimato, assim como é livre a expressão da atividade intelectual, artística, científica e de comunicação, independentemente de censura ou licença.

São invioláveis a privacidade, o sigilo das comunicações; os deputados e senadores por quaisquer palavras, assim como são livres a locomoção e a reunião pacífica. Nossa Constituição diz que não haverá tribunal de exceção e ninguém será processado senão pela autoridade competente – o juiz natural – assim como ninguém será privado de liberdade ou de seus bens, sem o devido processo legal. Também diz que o Ministério Público é essencial para a função jurisdicional do Estado, a quem compete promover, privativamente, a ação penal. No início, estabelece, como poderes, o Legislativo, o Executivo e o Judiciário – com o primado do poder que pode fazer leis e deve fiscalizar os demais poderes, porque tem o voto direto da origem do poder; depois vêm os que administram o Estado segundo as leis e por fim, os servidores escolhidos para aplicar as leis.

Parece simples o funcionamento de tudo isso, baseado no direito natural, nos costumes, na ética e na ordenação da convivência entre as pessoas – físicas e jurídicas. Por que então tanta dúvida como hoje, tanta insegurança jurídica, tanta falta de estabilidade em relação ao dia seguinte, tanto medo, tanta desconfiança? Hoje, a Constituição tem sido desrespeitada em todos os direitos que enumerei acima e ninguém diz nada, porque parece que ninguém percebe que o representante não é maior que o representado e que a Constituição foi feita para impedir a tirania. O resultado dessa omissão pode ser fatal para a democracia.

Poder desenfreado

Em 21 de março de 2024

Montesquieu imaginou o equilíbrio entre os poderes do Estado, para funcionar harmonicamente a democracia, com um sistema de freios e contrapesos, em que os três poderes de Estado mutuamente se controlam. Em seu site, o Conselho Nacional do Ministério Público dá exemplos disso: "o Legislativo julga o presidente da República e os ministros do Supremo; o presidente da República tem poder de veto a projetos aprovados no Congresso; o Judiciário tem poder de anular atos inconstitucionais ou ilegais dos demais poderes". É bom lembrar que, pela Constituição, compete ao Ministério Público "zelar pelo efetivo respeito dos poderes públicos e dos serviços de relevância pública aos direitos assegurados". Ao Poder Legislativo cabe expressamente fiscalizar e controlar os atos do Executivo e zelar pela preservação de sua própria competência, como manda a Constituição.

Não custa lembrar que, ao garantir a liberdade de informação sem censura, a Constituição pressupõe que, entre os freios e contrapesos, há controle da mídia sobre os órgãos do Estado. "Nenhuma lei conterá dispositivo que possa constituir embaraço à plena liberdade de informação jornalística em qualquer veículo de comunicação social". Isso quer dizer que também a mídia integra o sistema de freios e contrapesos. Ainda mais importante nesse controle são as garantias da cláusula pétrea da Constituição: a livre manifestação do pensamento, vedado o anonimato; o direito de resposta; o acesso à informação; a liberdade de reunião pacífica.

Esse amplo conjunto de forças é como uma convergente assembleia nacional em que poderes e interesses se digladiam, debatem, se somam, se misturam e convivem, resultando no que chamamos de democracia. Quando há freios e contrapesos, como pensou Montesquieu, há equilíbrio. Quando não há, existe a imposição da vontade, do arbítrio, e não da lei e do interesse médio comum ou da maioria. Aí, não é democracia. Sobretudo quando a vontade de poucos se sobrepõe à Constituição e fere direitos básicos – aí é sinal de que o sistema já se desequilibrou, sem freios e sem contrapesos.

Quando a voz das ruas se perde na indiferença dos palácios; quando a voz da mídia se cala e não reflete as opiniões nacionais; quando a voz dos legisladores se acovarda e o Congresso deixa de ser caixa de ressonância da nação; quando há vozes monocráticas; então é preciso pensar o que se quer para a atual e futuras gerações de brasileiros vitimadas pelo esquecimento da importância vital da Constituição; ou que – alienados ou ingênuos – não sabem que o Estado existe para servir a Nação, e não para tolher-lhe as liberdades e garantias de direito e justiça.

O progresso da tecnologia contribuiu para reparar desvios na democracia. Se uma parte da mídia tradicional se omite ante o desrespeito à Constituição e o avanço do arbítrio, as redes sociais dão voz ao povo, que passa a dispensar seus porta-vozes tradicionais omissos. Quando havia o monopólio da informação, podia haver também o monopólio da mentira, sem canais para contestá-la. Hoje, a mentira não permanece, mesmo nas redes sociais. Em cinco minutos a verdade se contrapõe à falsidade. O *quarto poder* tem agora, também, as redes sociais. Hoje, todos somos responsáveis mas, acima de tudo, quem está com o compromisso de responder perante a nação pelo desequilíbrio causado por poder desenfreado são aqueles que, por dever de ofício, juraram solenemente manter, cumprir e defender a Constituição.

Fim de novela

Em 28 de março de 2024

Deu pena a perplexidade dos militantes da mídia quando foi anunciada a solução final para o caso Marielle. Mais pena ainda dos movimentos convictos da culpa de Bolsonaro, e todas as suas rimas e palavras de ordem. Investiram numa grande campanha, não exatamente pela elucidação do crime, mas por incriminar Bolsonaro e sua família. Usaram Marielle.

Durou seis anos. Foi um longo tempo. Mais que uma daquelas novelas inacabáveis. Mas acabou. Na partitura do fundo musical da novela havia o sinal Da Capo. Para assinalar que o final já estava lá no começo, e agora basta repetir os acordes e a letra. O então ministro da Justiça e Segurança, a que se subordina a Polícia Federal, hoje senador Sérgio Moro, lembra. Ele postou no X que, em 2019, já aparecia o nome do mandante e o motivo. O governo na época quis terminar logo com a agonia, e propôs que a Polícia Federal assumisse o caso para redigir o último capítulo da novela. Mas a reação foi imediata. Bolsonaro quer conduzir sob seu interesse, para encobrir os responsáveis. E acabar logo com essa campanha que tem a força dramática de um corpo de mulher assassinada? Perder a força dos ingredientes de feminismo, LGTB? Jamais. Não; deixem a Polícia Civil do Rio conduzir a novela, sob a batuta do delegado Rivaldo Barbosa. Na partitura estava o sinal de ralentare. Nem Felix Caignet, de *O Direito de Nascer*, faria melhor.

E durou seis anos desde o assassinato, em março de 2018. Os Brazão já estavam citados – notaram que o nome deles parece um aumentativo de Brasil? O país da mistura de crime com política. Foi fácil eles permanecerem ocultos, o jornalismo investigativo não se interessou, porque o alvo eram os Bolsonaros. Mas noticiaram que miliciano, assassino de Marielle, fora à casa dos Bolsonaros em condomínio na Barra da Tijuca. Por trezentas semanas se insinuou nas redes sociais, na TV e jornais que o sobrenome Bolsonaro bordejava o assassinato de Marielle como a faca de Adélio tangenciou os órgãos vitais do candidato naquele mesmo ano de 2018. Mas não dá para comparar os dois casos. Um brigava pelo território da Zona Oeste do Rio; o outro queria o território inteiro do Brasil.

Era uma questão fundiária de Jacarepaguá e adjacências, mas a campanha a converteu em luta pela democracia da esquerda contra o fascismo e pelo LGTB, feminismo e ideologia de gênero. Cabia tudo. A exploração do assassinato rendeu até um ministério para a irmã da vítima. Seu currículo: ser irmã de vítima. Por isso, não podiam anunciar logo o que estava já evidente em 2019. Precisava render mais propaganda, calúnia e difamação. E havia outra eleição presidencial pela frente, e era preciso manter os Bolsonaros como suspeitos pela morte de Marielle. Uma nova faca de Adélio. Afinal, vivemos em tempos em que ninguém se pergunta o que está engolindo. Engolir sem perguntar fica mais fácil. E ninguém perguntava se havia algum interesse dos Bolsonaros na morte da vereadora.

As prisões não vão resolver muito. O Conselheiro do Tribunal de Contas vai ganhar aposentadoria; o deputado vai ter um suplente sobrinho de bicheiro – nepotismo ao pé-da-letra. O delegado deve ter investido muito do que rendeu a Delegacia de Homicídios. E, quem sabe, todos acabarão soltos antes de qualquer senhorinha da Bíblia flagrada derrubando o governo por abolição violenta do estado de direito. Agora a novela acabou. Terminou a campanha. É como uma segunda-feira após eleição, com o asfalto coberto de propaganda mentirosa. Fica o desrespeito de usar um cadáver para tentar assassinar a reputação de viventes e de um sobrevivente. Aliás, agora o mistério que resta desvendar é de que gabinete da Câmara Federal partiu a autorização para o fantasma de Adélio entrar, enquanto ele enfiava a faca em Juiz de Fora.

Assim não há democracia

Em 4 de abril de 2024

Num evento chamado 12º Encontro dos Direitos da Infância e Adolescência, o presidente Lula, usando uma cola que levava na mão, afirmou que 12 milhões e 300 mil crianças haviam sido bombardeadas em Gaza, e a plateia aplaudiu entusiasmada. Juntaram-se um orador e sua plateia, ambos sem noção da realidade e ainda assim empolgados. Eu me perguntei que democracia se pode praticar neste Brasil em que do topo à base uma boa parte dos que o integram não tem a menor noção do que vai além do próprio nariz. Uma delas é o funcionamento da democracia, tão citada e tão desconhecida.

O Datafolha recém perguntou a pouco mais de 2 mil pessoas, em 147 municípios, que regime preferem: democracia ou ditadura. Pois 140 disseram preferir ditadura; e 360 responderam que "tanto faz". O resultado da pesquisa revela que apenas 71% preferem democracia, 7% ditadura e 18% não se importam com o tipo de regime. Se a pesquisa representar a população brasileira, temos apenas 71 em cada cem brasileiros com mais de dezesseis anos a preferir a democracia. Creio que, mesmo entre esses *democratas*, boa parte não saiba o que realmente é uma democracia, mesmo porque, neste país, a prática da democracia é um arremedo. Democracia, por aqui, é mais rótulo que prática.

Os que estão satisfeitos com a *democracia* brasileira pensam assim porque nunca a exerceram. Só votar não é democracia, embora seja um sinal dela. Na democracia, tem que haver contato entre o representante e o representado, o que é raro por aqui. O eleitor logo esquece em quem votou. Não acompanha a atuação do seu vereador, deputado ou senador. E há chefes de Executivo que, depois de eleitos, se distanciam de seus eleitores e se vingam dos que votaram em seu adversário. Nos Legislativos, debates são parecidos com brigas escolares, tal a puerilidade e ausência de argumentos. Os assuntos são abstrações, bobagens em geral, longe das grandes questões reais.

Na justiça eleitoral, o eleitor é punido com a perda de seu voto, se votou em alguém que a justiça decide punir.

Uma nação não se valoriza nem se torna respeitada se seus representantes agem como figuras caricatas, que conseguiram votos de quem não se importa com o destino de seus filhos e netos, como esses 18% para quem tanto faz democracia como ditadura. Os 7% a favor de ditadura certamente não sabem o que é uma ditadura, onde o povo não tem voz nem liberdade. No entanto, esses eleitores contribuem para, com seu voto, dar mandatos a pessoas que não estão dispostas a pensar nos direitos alheios, apenas nos seus interesses, em geral financeiros. E representam uma ponderável quarta parte do eleitorado

Quando se escolhe um homem público para gerir nossos impostos e administrar a prestação de serviços públicos para todos, idealmente o escolhido deveria ser altruísta, desprendido, disposto ao sacrifício pessoal. No entanto, eleitores desinformados elegem aproveitadores que enriquecem por causa do mandato e cuidam em primeiro lugar de seus amigos e parentes. Acontece na democracia, mas é muito pior numa ditadura. Churchill disse que "a democracia é a pior forma de governo, exceto por todas as outras formas que já foram tentadas na história". Para cairmos numa democracia é preciso ensinar o que é democracia e mostrar as consequências da alienação com a mesma ênfase com que se assustou a nação com o SARS-Cov2. A democracia não funciona quando a origem do poder se deixa conduzir e aplaude qualquer mentira.

A voz do povo

Em 11 de abril de 2024

Fui alfabetizado em 1946 e, desde então, tirei a melhor nota em interpretação de texto, isto é, eu entendia e conseguia relatar o que havia lido. Depois, fui ainda me especializando no conteúdo das palavras e frases em setenta e oito anos de prática, uns cinquenta e cinco anos em atividade jornalística. Mas desde 31 de agosto de 2016 tenho ficado em dúvida sobre se há um supra significado no que está escrito e justo no mais importante livro do meu país, a Constituição. Naquele dia eu noticiei, ao vivo, que o Senado condenava a presidente, mas não a impedia de exercer função pública. Foi um nó nos neurônios, porque o que eu leio na Constituição é que presidente condenado fica oito anos impedido de função pública.

Agora, eu vejo o Supremo autorizando deputado ser investigado por ter chamado o presidente da República de ladrão, ao mesmo tempo em que leio na Constituição que deputados e senadores são invioláveis por quaisquer palavras. Vejo deputado preso preventivamente, e leio que só pode ser preso em flagrante delito de crime inafiançável. Leio na Constituição que é livre a expressão do pensamento, sem anonimato, e que é vedado todo e qualquer tipo de censura, mas vejo pessoas, inclusive parlamentares, calados por juiz e até financeiramente bloqueados. As palavras devem ter adquirido outro significado enquanto, acreditando nas letras, palavras, frases, pontos e vírgulas, eu não percebia essa transformação.

Consolo-me ao perceber que ainda há jornalistas que acreditam no verdadeiro sentido das palavras e frases e, sobretudo, anima-me perceber que muita gente ainda preza, respeita e defende a Constituição, mesmo que alguns daqueles que juraram cumpri-la, guardá-la e defendê-la estejam no modo Orwell de aplicar suas vontades. Um remédio para isso estaria no Senado, mas o presidente da Casa fica anímico nessa questão. Já que Rodrigo Pacheco não se anima, Elon Musk resolveu peitar Alexandre de Moraes, supremo entre os supremos. Com isso, Elon Musk ficou popular no Brasil e Alexandre de Moraes se tornou conhecido no mundo. Musk é sul-africano. Mas como ele mora nos States – é lá que estão suas empresas – vale aqui no Brasil como americano, para turbinar nosso espírito colonial. Enfim um *Salvador da Pátria*, já que o outro está inelegível, por inspiração de Moraes. Combater as decisões do ministro é perigoso para quem não quer ir morar na cadeia ou nos Estados Unidos. Então ninguém com melhor salvo-conduto que Elon Musk para sugerir que Moraes renuncie ou sofra impeachment, como fez. Outros podem ter sido acordados para o nacionalismo e estão julgando que Musk se intromete mais em nossa soberania que o Macron na Amazônia.

O inquérito das *fake news*, ao ser aberto por Toffolli sem Ministério Público (mais um caso em que minha leitura da Constituição ficou no *ipsis litteris*), considerou que as dependências do Supremo são o mundo, como o urbi et orbi do papa falando para Roma e o mundo. E pegou todo mundo, nem Elon Musk escapou. O nome "inquérito do fim do mundo", apadrinhado pelo ministro Marco Aurélio, nunca esteve tão próximo do apocalipse. A inclusão de Musk, agora investigado pela Polícia Federal, rendeu notícia nos jornais do mundo todo, talvez até superando o ibope do Tribunal de Haia. E Musk concorre com Putin, como alvo de tribunais de nomeada.

Musk prometeu livrar, dos bloqueios no seu X, os censurados por Moraes. E ressalva que foi Moraes, e não a plataforma, que os bloqueou. Por sua vez, Moraes ameaçou multar Musk em 100 mil reais por dia por perfil liberado. Fiança ao contrário. Musk reconhece que pode perder dinheiro se tiver que retirar seus negócios do Brasil. Porque dinheiro ele pode perder e ainda lhe sobra muito. Já defender a liberdade de expressão é um acúmulo de capital que ninguém pode bloquear. Imagine o quanto vale o reconhecimento de que é um defensor da liberdade de expressão no Brasil. De nossa parte, a gente pode perder o X, o Paypal, o Starlink, o Tesla... e quem sabe a oportunidade de voar daqui para outra galáxia – o que foi criticado por Lula. Segundo o nosso presidente, não há espaço em outros mundos e Musk tem que aprender a viver aqui. Por aqui, na Amazônia, 90% da ligação com o mundo é pelos satélites de Musk.

Em uma semana, o Brasil se dividiu em duas torcidas: Moraes e Musk. A torcida de Moraes diz que nenhum empresário pode deixar de se submeter à Constituição, às leis e às decisões do Poder Judiciário. A torcida de Musk grita, das arquibancadas, que nenhuma autoridade pode ignorar as leis, a Constituição e o Poder Legislativo. Se houvesse Poder Moderador, este diria que a Constituição garante o direito de expressar o pensamento sem anonimato e veda qualquer tipo de censura, política, artística ou ideológica. E que para calúnia, injúria e difamação, já tem o Código Penal; e as questões das redes sociais já estão na lei de 2014, o Marco Civil da Internet. Teve que aparecer um estrangeiro a nos alertar sobre liberdade de expressão. Estou na Itália, escrevendo na beira do Adriático, e fico lembrando de um discurso de Churchill em 1946: "De Stetin no Báltico a Trieste no Adriático, uma cortina de ferro baixou sobre a Europa". Dá arrepios imaginar que hoje, no Brasil, possa ser baixada uma cortina de censura, a calar a nova e ampla voz digital da origem do poder.

A avenida da liberdade

Em 17 de abril de 2024

Estou em Lisboa e tenho passeado bastante na Avenida da Liberdade, a mais bela avenida que já conheci. Jardins, árvores frondosas, espelhos d'água, monumentos e fachadas de prédios que são obras de arte. E o melhor da avenida é o nome: Liberdade. Agora mesmo, em 25 de abril, Portugal está comemorando a liberdade, depois de um longo período de ditadura, em que havia censura e não havia liberdade de expressão. Liberdade é assim como a avenida de Lisboa, onde tudo floresce e embeleza o ambiente. Até o ar que se respira é outro. É um oxigênio que estimula as mentes a criarem, produzir, achar soluções.

No Brasil, temos uma *Avenida da Liberdade* na Constituição. O ministro aposentado do Supremo, Marco Aurélio Mello, explica a quem ainda não percebeu, que a medula da Constituição é a liberdade. Se nos surpreendemos com essa informação, é porque estamos precisando ler a Constituição com a mesma frequência e intimidade com que os evangélicos leem e citam a Bíblia. Afinal, a Constituição é livro sagrado nas nações democráticas. Precisamos ter os princípios da Constituição como uma questão de fé – uma fé racional – porque estão passando por cima do que foi promulgado há trinta e seis anos e ainda estamos discutindo se isso pode ou não, como se já não estivessem fixados em pedra. Como Moisés no Sinai, o doutor Ulisses nos apresentou as tábuas pétreas da lei maior e, por serem fáceis de ler e de entender, chamou o conjunto de princípios de Constituição Cidadã, uma garantia contra qualquer tipo de tirania. "Tenho nojo de ditadura" proclamou ele na promulgação da lei maior.

A liberdade está em todas as páginas do nosso *Livro Sagrado*. A Constituição proíbe qualquer restrição à manifestação do pensamento, à criação, à expressão e à informação, sob qualquer forma ou veículo – como está escrito no artigo 220. O mesmo artigo vai além: estabelece que "nenhuma lei conterá dispositivo que possa constituir embaraço à plena liberdade de informação jornalística, em qualquer veículo de comunicação social" – e observe que o constituinte não escreveu apenas a palavra liberdade, mas a adjetivou: plena liberdade. Para os nossos representantes no Congresso, a Constituição garante, no artigo 53, que deputados e senadores são invioláveis, civil e criminalmente, por quaisquer palavras.

O inimigo da liberdade de expressão é a censura. Para ela, o artigo 220 reserva uma arma letal: "é vedada toda e qualquer censura, de natureza política, ideológica e artística". Qual é a exceção? Os valores éticos e sociais da pessoa e da família. É o que estabelece o artigo seguinte, mandando que a programação da TV e do rádio respeite esses valores, isto é, respeite a família. O incrível é que está desde 1988 na Constituição e parece que ainda não circula por todos os nervos, veias, vasos e artérias do país. E na medula da Constituição, está a liberdade. Como vamos exigir que respeitem o Código Penal, que é lei ordinária, se não respeitam a lei maior? Se não respeitam a lei maior, por que iriam respeitar as menores?

O mais incrível é que autoridades com ou sem mandato, que juraram cumprir e defender a Constituição, só fizeram isso proto-colarmente. Ex-presidente do Supremo, o ministro Marco Aurélio, falando no último Fórum da Liberdade, lembrou que a corte tem que ficar restrita às funções que lhe atribui a Constituição; não poderia julgar os manifestantes do 8 de Janeiro, que ficaram sem direito ao recurso; tampouco caberiam julgamentos à distância. No entanto, estamos convivendo com brasileiros que não são analfabetos nem alienados, mas aceitam decisões claramente contrárias ao que está na lei maior.

Em 1932, os paulistas deram sangue por uma Constituição. Foram bombardeados pela aviação de um governo que não queria ser limitado por uma constituição. Os paulistas fabricaram blindados e resistiram. Hoje, o que blinda os que querem viver em liberdade é a Constituição de 1988, que está sendo bombardeada em sua medula. E medula atingida leva à paralisia. O cale-se é a paralisia da liberdade. Isso pode ser revertido se a Constituição se tornar o livro de cabeceira da cidadania – e não ficar apenas na cabeceira, mas ser posta em prática todos os dias. Porque é prazeroso circular numa avenida de liberdade.

Juízes da verdade

Em 25 de abril de 2024

No cinquentenário da Revolução dos Cravos, aqui em Portugal, eu caminhava no meio do povo que lotava a Avenida da Liberdade portando cravos quando fui abordado por uma equipe da CNN para uma foto. Contei a eles que havia sido *demitido* da CNN Brasil momentos depois de ter repetido que a Covid tem tratamento, já que testemunhara que minha mulher, médica, havia tratado mais de cem pacientes e nenhum deles precisou de hospital. A repórter sorriu e me disse que "aqui não existe censura, aqui é livre". É o que tem repetido o português Sérgio Tavares, interrogado sobre suas ideias políticas quando chegou a Guarulhos no 25 de fevereiro. Aqui em Portugal, neste 25 de fevereiro, se comemora o fim da censura, da polícia política e do crime de opinião há cinquenta anos. O 25 de Abril é feriado nacional, Dia da Liberdade.

No Brasil, em 23 de abril, completou dez anos de vigência a lei que é o marco civil da internet, estabelecendo que as plataformas não podem tratar de modo diferente seus usuários, que deve ser resguardada a privacidade de seus frequentadores e que a internet é um lugar de liberdade de expressão. A lei 12965 foi sancionada pela presidente Dilma, com assinaturas de três ministros do PT, inclusive Paulo Bernardo, então marido de Gleisi Hoffmann, a atual presidente do PT. O projeto fora debatido por três anos na Câmara e no Senado e, na época, o PT e a esquerda não viram necessidade de inventar censura nas redes sociais, mesmo porque isso é vedado pela Constituição.

Mas, em 2020, foi apresentado um projeto logo chamado de "Lei da Mordaça", relatado pelo deputado Orlando Silva, do Partido Comunista do Brasil. O projeto está indo para o arquivo, com a ajuda do presidente da Câmara. Não há como não desconfiar de qualquer obra que receba influência uma ideologia que impõe censura férrea onde quer que conquiste o poder. Assim está demonstrado pela história. Semana passada, Artur Lira anunciou um grupo de trabalho para modificá-lo. Tudo indica que é para justificar enterro do projeto. Mas os adeptos do controle do Estado sobre manifestações da cidadania, inclusive no Supremo, insistem em restringir a expressão do pensamento, embora a liberdade de expressão seja garantida pela Constituição. Essa liberdade já sofre controles de facto por quem deveria guardar a Constituição. A lei maior está carente de quem a defenda. Os de natureza totalitária insistem em legislar controles sobre as redes sociais.

Talvez a mídia e autoridades ainda não tenham entendido que as redes sociais são a nova voz do povo, origem do poder. Não é preciso ir para uma praça, subir num caixote e discursar. Basta um celular ligado a uma rede social. É a nova ágora da democracia, agora digital. Sem ser preciso gritar, a voz de cada pessoa pode alcançar os limites do universo. A mídia sente a novidade como concorrente e quer censura; os poderosos sentem o poder crescente, volumoso, da voz do povo, e querem censura. Juntos, inventam uma narrativa pueril e simplória de "defesa da democracia". Na União Soviética de Stálin e na Alemanha de Hitler, também se usavam pretextos semelhantes para justificar o controle.

Na verdade, a democracia está ferida por atos antidemocráticos que violam a Constituição, porque impõem a censura proibida, restringem a liberdade de expressão, desobedecem ao princípio do juiz natural, o amplo direito de defesa, a iniciativa exclusiva do Ministério Público, a inviolabilidade de deputados e senadores. Ao se ferir a Constituição, fere-se o sistema democrático. Quando há alguém decidindo o que é a verdade, para suprimir o que decide ser mentira, então usurpa do direito sagrado de cada um de escolher o que é verdade e o que é mentira. Aqui em Portugal esse arbítrio foi banido há cinquenta anos.

Expostos ao público

Em 2 de maio de 2024

Ficou lapidar um argumento do ministro Alexandre de Moraes, num julgamento de 2018 no TSE: "Quem não quiser ser satirizado, ser criticado, que não se ofereça ao público". A pessoa pública está sujeita a isso. Até o início deste século, não era o caso dos ministros do Supremo. Mas hoje não é assim. Eles se expõem ao público e viram vitrine. Meus amigos advogados frequentadores do STF avaliam que começou em 2002, quando surgiu a TV Justiça e magistrados se sentiram em palcos ou estúdios. Difícil explicar essa exposição extra tribunal para um americano ou europeu. A cada semana há abundância de assunto sobre o Judiciário, fazendo a festa de jornalistas que precisam de pauta e de quem precisa de assunto para as redes sociais.

Nesses últimos dias, a abundância de fatos me deixou em dúvida sobre o que destacar. Se é o presidente do Tribunal de Pernambuco, que quis rivalizar com Hollywood Boulevard em Calçada da Fama; se é o tal 1º (virão mais?) Fórum Jurídico Brasil de Ideias, no The Penninsula de Londres, ou se é o Supremo, mais uma vez, estar contrariando a vontade reiterada do Congresso dos representantes do povo, no caso da desoneração da folha.

O desembargador presidente do Tribunal de Pernambuco, depois de ter anunciado a implantação da Calçada da Fama como atração turística e jurídica, percebeu o ridículo, voltou atrás e justificou: "por não achar viável nem apropriado". A emenda veio pior que o soneto, porque agora a gente fica a imaginar um juiz proferindo a sentença e, depois de anunciá-la, arrepender-se por não achá-la apropriada.

Quanto ao tal fórum de ideias, ninguém conseguiu entender por que realizado em Londres, se os participantes – palestrantes, mediador e plateia – eram brasileiros. Preocupante é que, segundo o noticiário, quem financiou a reunião – passagens aéreas certamente na executiva e o caríssimo The Penninsula, tem ações no Supremo e no Superior Tribunal de Justiça, e lá estavam cinco ministros do

STJ e três do Supremo, em dias úteis de trabalho em seus tribunais. Também em dias úteis de trabalho no Brasil, lá estavam dois ministros do Executivo, o diretor da Polícia Federal, o procurador-geral, um diretor do CADE, um senador e um deputado.

No caso da desoneração da folha, tivemos mais uma demonstração de que o Congresso Nacional é complacente na proteção de seus poderes, mesmo sendo nominado na Constituição como o primeiro dos poderes, por ser o representante direto da origem do poder. O Congresso aprovou a prorrogação da lei e derrubou os vetos do presidente, confirmando sua vontade, mas o Supremo, após atender ao pedido do governo de dar a relatoria de recurso ao ex-advogado de Lula, já registra cinco a zero para derrubar a vontade reiterada do Congresso. Repete, assim, o tratamento dado à lei do comprovante do voto, em que o Congresso aprovou, a presidente vetou, o Congresso derrubou o veto e o Supremo derrubou a vontade do Congresso. Não custa lembrar as graves consequências disso. Quanto tumulto poderia e pode ser evitado. Por que não esquecer as luzes e câmeras e voltar aos trilhos constitucionais? Basta ter humildade e sabedoria para recomeçar do início da Constituição, pondo em prática o "Estado Democrático de Direito" que está inscrito no primeiro artigo.

A virtude da prevenção

Em 9 de maio de 2024

Tranca após a porta arrombada? Batendo cabeça? A enchente do setembro último não serviu para prevenir e abrandar os efeitos da enchente do maio seguinte. A Comissão de Assuntos Econômicos do Senado agora aprovou um projeto de lei de criação da Política Nacional de Gestão Integral de Riscos de Desastres (PNGIRD), que prevê um complexo Sistema Nacional, para pôr isso em prática. Só faltou informar os senadores que isso já existe. O Plano Nacional de Proteção e Defesa Civil está em lei federal 12608 de 10 de abril de 2012, e espera para ser posto em prática há doze anos. O segundo artigo diz que é dever da União, estados e municípios reduzir o risco de desastres. O quinto artigo diz que o primeiro objetivo do Plano é reduzir os riscos de desastres. Já existe até o SINPDEC – Sistema Nacional de Proteção e Defesa Civil, com onze *produtos*. E ainda existe uma Secretaria Nacional de Proteção e Defesa Civil, dentro do Ministério de Integração e Desenvolvimento Regional.

Tudo com nomes e siglas tão compridos quanto o tamanho da burocracia que produz intenções em palavras bonitas, inscritas no site: "Gestão de Riscos e Desastres, com orientações e estratégias de atuação da Defesa Civil em cinco frentes: prevenção, mitigação, preparação, resposta e recuperação. Para a elaboração das estratégias, serão realizados levantamentos e análises de dados, bem como diagnósticos situacionais e cenários prováveis de atuação em curto, médio e longo prazo". Se tudo isso tivesse sido convertido em ações, fora das reuniões burocráticas para gerar propaganda, se já tivessem sido adotadas ações preventivas, quantas vidas e prejuízos poderia ter poupado?

Voluntários no Rio Grande do Sul sugerem que esta catástrofe sirva para prevenir e abrandar os efeitos da próxima cheia. Todos sabem que vai haver outra – e mais outra. Eu mesmo vivi isso durante metade de minha vida, morando na margem esquerda do Rio Jacuí e depois nas duas margens do Rio Taquari. Todos os anos há enchentes, e algumas devastadoras, como foi a de 1941, nos mesmos dias de maio, comprovando a regularidade do ciclo. A diferença é que hoje há mais gente morando em áreas alcançadas pelo transbordamento dos rios. Todos os anos nuvens carregadas de umidade quente da Amazônia – um oceano voador – se chocam, sobre o Rio Grande, com o ar frio vindo da Patagônia e, aí, a umidade se condensa e escorre como na parte externa de um copo com água muito fria. A água cai das nuvens e segue as ordens da gravidade. Aprendi isso desde a infância. Muito remei caíque na minha rua e no quintal de nossa casa. As casas onde morei em Estrela e Lajeado foram, agora, cobertas pela água.

Assim, isso é cíclico, portanto, previsível. Este ano, o choque de frio com calor úmido sobre o estado de clima temperado foi intenso, e um aviso fora dado em setembro, com as águas do Taquari subindo 30 metros em uma noite. O que é cíclico não é excepcional. Há, pois, a obrigação das autoridades de terem planos preventivos, com potencial de mobilização – como um exército que tem que estar sempre pronto para a guerra. Não é impossível saber para onde vai a água, quando ela extravasa da calha de um rio. Não é impossível saber quando uma encosta se torna um risco. Não é impossível extrapolar a cota de uma inundação na hora de licenciar construções. Não é impossível prever e emitir aviso de chuvas torrenciais. Não é impossível fiscalizar as empreiteiras para garantir resistência de pontes e rodovias. Não é impossível corrigir o assoreamento dos rios com dragagem. Nada disso é impossível e é obrigação do Estado, que existe para também preservar vidas e patrimônio do povo a que serve.

Quando o Estado não previne, remediar é que é impossível. Não se recuperam vidas perdidas. Nem colheita, gado, móveis, imóveis arrastados, destruídos. O Rio Grande vem de três anos de secas que prejudicaram as safras; agora é o excesso d'água. Além da natureza, há os aproveitadores, vigaristas, bandidos. Saqueadores roubam embarcações que estão resgatando gente, animais e bens, para saquear as casas semissubmersas. É preciso ficar de olho em contas de doações que só beneficiam o dono do pix. Como em setembro, desviam doações. O governo federal anuncia liberação de valores. Aí vem uma comparação inevitável: o ministro Toffoli dispensou a Odebrecht e a J&S dos 15 bilhões de reais dos acordos feitos na Lava Jato.

O Rio Grande do Sul tem uma população resiliente. Esta catástrofe abate, mas não derrota. Ninguém desiste. Os embates forjaram o gaúcho. Esta enchente é mais um desafio a ser enfrentado. Ninguém no Rio Grande é escravo do clima, do governo, ou do que quer que seja. Liberdade e iniciativa entraram na medula, gerados pelos mais variados entreveros nos últimos séculos, misturando sangue de charruas, minuanos, guaranis, espanhóis, portugueses, depois alemães, italianos, sírio-libaneses – e forjaram uma têmpera de lâmina de aço e cabo de prata. É um povo que canta seu hino como um lema; um hino que ensina que para ser livre, não basta ser bravo, aguerrido e forte; é preciso ter virtude. Na catástrofe, a rede de solidariedade é impressionante, revelando as virtudes do povo brasileiro. E entre uma e outra catástrofe, reina a falta da virtude da prevenção por parte do estado brasileiro. O governo está mais preocupado com a crítica do que com a prevenção.

Réquiem pelo congresso

Em 16 de maio de 2024

O presidente do Congresso fez um acordo sobre desoneração da folha com o ministro da Fazenda, e o Supremo chancelou. Um acordo que contraria reiteradas manifestações da maciça maioria do Congresso, e a mídia calou. Ao não criticar, pode ser incluída em "o resto é armazém de secos e molhados", como classificou Millor Fernandes. Talvez não se tenha oposto por aderir ao argumento de que o fim é legítimo: reforçar a Previdência. Os empregados, empregadores, pagadores de impostos, que se danem. Aí, cabe perguntar se os fins justificam os meios. Com o fim de reforçar a previdência social, os meios são acordos que anulam decisões claras do Legislativo. O Congresso Nacional dos representantes do povo e dos estados aprovou a prorrogação por quatro anos da desoneração da folha, vigente desde 2012, tempos de Dilma. Em 2020, Bolsonaro vetou a prorrogação, mas o Congresso derrubou o veto e o seu governo acatou a vontade do Legislativo. Agora, não.

Foi marcante a vontade dos representantes do povo: 430 deputados votaram a favor e só dezessete conta. No Senado, foi quase unânime; votação simbólica. O presidente Lula vetou, e o veto foi derrubado no Congresso por eloquentes sessenta a treze de senadores, e 378 a 78 de deputados. Ainda assim, o presidente baixou uma medida provisória contrariando a vontade dessas maiorias. E a MP ficou parada, nem foi considerada, por contrariar a vontade já expressa da grande maioria. Aí, o governo apelou ao Supremo, alegando inconstitucionalidade de criar renúncia fiscal sem apresentar impacto orçamentário. Estranho ser agora inconstitucional após uma dúzia de anos de vigência pacífica.

Argumentando que uma ação semelhante já estava com o ministro Cristiano Zanin, o governo pediu que o recurso, com pedido de liminar, tivesse como relator o ex-advogado pessoal de Lula. Foi atendido e Zanin concedeu a liminar. Um homem, sem voto, contrariou 438 representantes eleitos. Desespero em dezessete setores que empregam mais de 9 milhões de pessoas e em prefeituras de pequenos municípios. Sem conseguir pagar 20% sobre a folha de abril – a recolher até 20 de maio – muitos teriam que desempregar, diminuindo o tamanho da folha. No Brasil, paga-se imposto até para dar emprego. Para cada mil reais de salário pode-se pagar até R$ 1.600,00.

Aí, inventou-se um jeitinho, ignorando as decisões do Legislativo. E, pior, com a participação do presidente do Senado e do presidente da Câmara, como se eles fossem os donos dos votos dos deputados e senadores. Os dois atenderam à reivindicação de Lula e Haddad, e desobedeceram 438 parlamentares. A pressão que empurrou Pacheco e Lira reside do Supremo. Já havia cinco votos para anular as decisões do Congresso, só faltando um. O acordo incluiu acerto com o Supremo para suspender a ação que iria reonerar imediatamente a folha, e contrariar o primeiro dos poderes, o Legislativo. Fizeram uma reoneração da folha anual, e gradualmente a partir de 2025 até voltar a 20% em 2028. Pela paz imposta, como a *pax* romana, entre os poderes, sacrificou-se o Legislativo. E não é a primeira vez. Lembram da aprovação do comprovante impresso do voto, que o Supremo derrubou? Começou com a liminar de um sem-voto que anulou a vontade de 71% dos congressistas, em 2015. E isso passa com a maior naturalidade. Agora só falta missa de réquiem pelo parlamento.

Piche fervente

Em 23 de maio de 2024

Era só o que faltava, *descondenar* Marcelo Odebrecht. Enfim, foi uma questão de isonomia. A defesa de Marcelo pode ser resumida em "se Lula pode, porque não eu?" E o pagamento da multa já havia sido suspenso, pelo mesmo ministro do Supremo, que foi coerente. São pás de cal que vêm sendo jogadas no sonho de fim da impunidade. Resta o consolo de acreditar no inferno de Dante, em que a quinta vala do oitavo círculo está reservada para os corruptos, com um poço de piche fervente. Mas é difícil manter a esperança, porque tudo vem num crescendo desde que o parágrafo único do artigo 53 da Constituição foi cortado ao meio no julgamento de Dilma, presidido pelo então presidente do Supremo, ministro Lewandowski. Nesses últimos dias, não foi só a *descondenação* de Marcelo para se estranhar. Teve mais.

Nem se respeitou o 21 de maio, Dia Mundial da Língua Nacional. A Constituição em vigor é a primeira que determina que "A língua portuguesa é o idioma oficial da República Federativa do Brasil". Está no artigo 13. A língua é um dos fatores que formam uma nação. Eu amo a nossa língua. Como jornalista, ela é minha ferramenta; com ela, comunico. Cheguei a lecionar português por alguns anos nos cursos médio e superior. E sei que a língua portuguesa não tem gênero neutro, como o inglês, por exemplo. Uma palavra só pode ser feminina ou masculina. Por isso estranho que o ministro Moraes, por liminar, tenha suspendido leis municipais de Águas Lindas de Goiás e Ibirité, em Minas, que proíbem o ensino e uso de linguagem neutra em escolas. Argumentou que município não pode legislar sobre currículos dos professores.

E o terrorista da bomba no aeroporto de Brasília foi para o semiaberto e até pode trabalhar. Também estranho que terroristas reais sejam menos punidos que pseudoterroristas. O homem que fez a bomba e seu cúmplice que a implantou num caminhão de combustível para explodir no aeroporto de Brasília estão em regime semiaberto. O construtor da bomba pegou nove anos e oito meses e o que a plantou no caminhão, cinco anos. O que deu carona para o terrorista, pegou seis anos e ainda está em regime fechado. A bomba só não explodiu por falha do detonador. O autor do gravíssimo atentado é chamado no jornal de bolsonarista, não de terrorista. Manifestantes, que foram chamados de terroristas, pegaram dezessete anos, bem mais que os reais terroristas.

Estranho também como votos da maioria do parlamento podem ser contrariados pela liminar de um único ministro do Supremo. (Foi assim no comprovante do voto, em que uma liminar contrariou 71% do Parlamento). Há poucos dias, liminar do ex-advogado do presidente da República, anulou a vontade de 438 Congressistas, na prorrogação da desoneração da folha de pagamento. O caso terminou no completo desprezo pela vontade expressa do Congresso, com um acordo entre ministro da Fazenda, presidentes da Câmara e do Senado e chancela do Supremo.

Lembram? Uma liminar suspendeu a moralizadora e constitucionalíssima Lei das Estatais, que proíbe nomeação de políticos para a direção de estatais. Lula queria nomear Mercadante para o BNDES, Jean Paul Prates para a Petrobras, mais Correios, Caixa Econômica, Banco do Brasil e um partido de sua base, o PCdoB, alegou inconstitucionalidade da Lei das Estatais. Coincidentemente, Lewandowski foi sorteado relator e deu a liminar de inconstitucionalidade da lei, permitindo as nomeações. Logo se aposentou, e virou ministro da Justiça. Agora o Supremo julgou a liminar inválida e a lei plenamente constitucional, mas, como Lula agiu na vigência da liminar invalidada, as nomeações ficam valendo, mesmo contrariando a lei.

Em tudo isso, na balança da justiça suprema, o prato da política está mais pesado que o prato da Constituição. Estranho, porque o poder político é exercido não pelo STF, mas pelo Legislativo – municipal, estadual ou federal –, que resolve politicamente as controvérsias pelo debate e pelo voto, como mandatário do povo, origem do poder. A Corte Suprema é tribunal constitucional, para aplicar a Constituição, onde dúvida houver. Enfim, o Supremo tem razões que a razão comum desconhece.

Águas de Pilatos

Em 30 de maio de 2024

Ex-prefeitos de Porto Alegre, todos de esquerda, emitiram nota criticando a falta de manutenção do sistema de proteção da capital contra cheias. Alceu Collares, Olívio Dutra, Tarso Genro, Raul Pont e José Fortunatti – todos foram prefeitos a partir de 1986. Todos foram responsáveis pelo que agora criticam. Mas lavaram as mãos nas águas do Guaíba e fizeram a nota falando em *indignação*, de olho na eleição de outubro, em que o prefeito Sebastião Melo, que não é esquerdista, é forte candidato à reeleição.

As águas no Rio Grande do Sul fizeram emergir no tempo um livro lançado em 2009, *A Enchente de 41*, da editora Libretos, com pesquisa e texto de Rafael Guimaraens. Ganhou importância e atualidade porque, sem as emoções de hoje, o documentário permite que o leitor perceba os motivos da catástrofe de agora. Afinal, é para isso que serve a história, para que aprendamos com o passado a evitar a repetição de tragédias. Tudo muito parecido, com a diferença de que nos quinze primeiros dias de maio de 1941, choveu 619,4 milímetros em Porto Alegre; hoje, em vinte e sete dias de maio, choveu 513,6 milímetros.

Por que, então, as águas do Guaíba estiveram mais altas agora? Em 1941, 4,75 metros acima do nível; agora 5,25 metros – meio metro acima. A resposta está em todo lugar em que as águas já recuaram: meio metro de lama. Além de meio metro de lama, areia, detritos, sujeira, lixo, foram depositados nos rios desde 1941. O calado do Guaíba era de seis metros até recentemente, mas hoje é de quatro. Aqui em Brasília, antes da estação das chuvas, sempre limpo as calhas de minha casa, para tirar as folhas. Se não fizer uma faxina, elas vão transbordar. Assim as calhas dos rios que não foram limpas, jogaram a água das chuvas para fora. Ambientalistas conseguiram impedir as dragagens apelando ao Ministério Público. Então as águas, em vez de saírem pelos leitos dos rios, extravasaram por toda a parte.

Semelhanças até nos incêndios: em 1941, foi consumida pelo fogo a Fábrica Secco & Cia, na Júlio de Castilhos; no domingo 26 de maio de 2024, foi o prédio da Autoglass, no bairro Humaitá. O número de mortos por leptospirose foi cinco, numa Porto Alegre que tinha 272 mil habitantes; hoje, até agora, sete foram levados pela doença e há quase 150 casos confirmados. O governo federal ficou meio distante, embora a mídia procurasse mostrar que não. Getúlio Vargas enviou um telegrama ao interventor Cordeiro de Farias dizendo "o governo federal está pronto a colaborar", mas concluía sem decisões: "Desejo que o prezado amigo continue a informar-me minuciosamente sobre as ocorrências. Cordiais saudações, Getúlio Vargas". O *Diário de Notícias* traduziu isso com uma manchete ufanista: "Auxílio Total ao Rio Grande". Quanta semelhança com oitenta e três anos depois...

No capítulo final, o livro relata as atuais medidas de proteção a Porto Alegre. Diques de 68 quilômetros e um espesso muro de concreto com 2647 metros de extensão, três metros de altura e três metros no solo, tudo construído entre 1971 e 1974, pelo Departamento Nacional de Obras de Saneamento (DNOS) no governo Médici. O livro, que é de 2009, relata a campanha da esquerda para derrubar o muro, porque feito no tempo dos militares; os ambientalistas ajudavam, alegando que o muro separa Porto Alegre do Guaíba. Sob essa pressão, a Câmara de Vereadores aprovou, em 1997, uma lei para derrubar o muro, "ante o clamor do movimento ecológico". Em agosto de 1983, o muro foi pela primeira vez testado. As águas subiam e tratou-se de fechar os oito portões/comportas de aço de acesso ao cais. Tudo emperrado. Fecharam com tratores e guindastes puxando os portões.

Depois disso, vieram os prefeitos que assinaram a nota crítica. Todos sabiam que o sistema precisava de manutenção. O tempo passou e isso só se agravou. Ao lado disso, inventaram um novo nome para a enchente: Catástrofe Climática. O nome induz que culpa é do clima, isto é, do sol, cujas explosões regulam a temperatura dos oceanos, que resultam em mais ou menos chuva, frio e calor. Aí, não precisa dragar, cuidar de encostas, fiscalizar construção de pontes e aterros, impedir edificação em lugar de enchente periódicas, nem cuidar dos diques, bombas, muro e comportas. Basta cuidar do pum da vaca e da geração de carbono. Não ouviram o rugido das águas do Taquari-Antas em setembro. São os Pilatos que nada fizeram.

A vontade do povo

Em 5 de junho de 2024

Os deputados querem urgência ao projeto que equipara o aborto com mais de vinte e duas semanas de gravidez ao homicídio. O prazo máximo para interrupção legal de gravidez, em casos de anencefalia, perigo de vida da mãe e estupro, pelo projeto, fica limitado a vinte e duas semanas de gravidez, isto é, cinco meses. O Conselho Federal de Medicina proibiu os médicos de fazer *assistolia fetal* – isto é, matar o bebê com uma injeção de cloreto de potássio no coração, para interromper a contração do músculo cardíaco – após vinte e duas semanas de gravidez. No entanto, o ministro do Supremo, Alexandre de Moraes, a pedido do PSOL, concedeu liminar suspendendo a proibição baixada pelo CFM.

Você já ouviu de algum pai, ao pousar a mão sobre a barriga da esposa grávida, dizer: "Como está o nosso querido fetinho?" Jamais. A palavra é bebê, filhinho ou filhinha. Nenhuma mãe diz "eu tenho um feto na minha barriga". Por isso, está difícil de entender essa questão da *assistolia fetal* – um eufemismo para assassinar bebê de mais de cinco meses de gestação, quando já está formado e pode sobreviver como prematuro. Acima de vinte e uma semanas e 500 gramas, é feticídio. A lei permite a retirada do feto em caso de estupro. Mas cinco meses depois do estupro, não faz sentido. O artigo 5º da Constituição estabelece, no caput, o direito à vida e reforça isso no artigo 227, afirmando que o Estado tem o dever de assegurar à criança, "com absoluta prioridade" o direito à vida; o artigo 5º, no inciso XLVII diz que não haverá pena de morte; e o 2º artigo do Código Civil garante dos direitos do nascituro desde a concepção. A igreja diz que o homem e a mulher que criam uma vida, criam também uma alma que jamais irá morrer. Seria o Supremo que decide sobre algo tão grande quanto a vida? Não seria sensato entregar a decisão de matar ou não um ser indefeso aos representantes diretos do povo?

A cada semana cresce a minha dificuldade de entender certas decisões judiciais. Não creio que seja pela idade, porque ela contribui com mais experiência, somada à curiosidade essencial ao jornalismo. Há pouco, o ministro Moraes suspendeu, por liminar, duas leis municipais que proíbem o neutro em escolas locais. Logo depois o ministro Flávio Dino, suspendeu lei estadual no mesmo sentido. Leis feitas pela maioria dos representantes municipais e estaduais do povo. Os dois ministros justificam com inconstitucionalidade. Mas o artigo 13 da Constituição estabelece que a língua do Brasil é o português – e a língua portuguesa não tem gênero neutro – ou a palavra é masculina ou feminina. Além disso, o artigo 24, inciso IX, diz que União, Estados e Municípios legislam concorrentemente sobre educação. Penso que perderam a chance de defender a língua, que é um dos fatores da nacionalidade. Língua corrompida, nação enfraquecida.

Vejo também que a OAB pretende arguir inconstitucionalidade de uma decisão reiterada e maciça do primeiro dos poderes, o Legislativo, que proibiu saidinhas por 366 votos de deputados e senadores que derrubaram veto presidencial. Um ministro do STF disse, nos autos de um processo sobre saidinha de um condenado mineiro, que a lei não vigora retroativamente para prejudicar. Sim, isso está no artigo 5º, incisco XL, mas se refere à lei penal, substantiva. A saidinha é questão processual, adjetiva, com o juiz de execuções penais. O condenado que tiver saidinha na Páscoa não tem direito adquirido para sair no Natal; precisa ter bom comportamento. Além disso, a sentença de prisão não vem acompanhada de "com direito a saidinhas". A não retroatividade apenas funciona para que os que já gozaram de saidinhas não sejam acrescentados em suas penas, dos dias festivos em que estiveram livres.

Há pouco, uma decisão do Tribunal de Justiça de São Paulo derrubou lei da Câmara de Mairiporã, que proíbe banheiro comum em escolas, isto é, uma instalação sanitária que pode misturar meninos e meninas, que chamam de banheiro *neutro* – na verdade deveria ser chamado de *misto*. Um conveniente ponto de encontro – ou lugar potencial de assédio. Poderia, esse banheiro *neutro*, ser enquadrado no §4º do artigo 227 da Constituição. Ele prevê punição severa para o abuso, exploração sexual de criança e adolescente. Imagino que quem decidiu isso não tem filhas, netas ou sobrinhas em escolas de Mairiporã. E que não conheça a vontade da maioria do povo, origem do poder.

Em democracia, "todo poder emana do povo, que o exerce por meio de seus representantes eleitos ou diretamente, nos termos desta Constituição" – diz o primeiro artigo da nossa lei maior. Os representantes eleitos estão no Legislativo e no Executivo. Os do Judiciário são indicados pelo chefe do Executivo e confirmados pelo Senado. Não são representantes eleitos. O Judiciário é um poder técnico, e não há como não estranhar quando ele anula decisões legislativas, do poder político, de representantes diretos do povo, fonte do poder.

Abóbora sabor picanha

Em 13 de junho de 2024

Sorvete de arroz. Arroz com queijo. Esse seria o resultado do escandaloso leilão que só não foi adiante porque a reação do público foi exemplar. Lula, pressionado, cancelou o leilão do primeiro lote da importação de 1 milhão de toneladas de arroz. Uma pequena mercearia de Macapá, Queijo Minas, assumia a importação de 147 mil toneladas e um fabricante de sorvete importaria 20 mil toneladas. Com capital de 80 mil reais, a mercearia deveria dar caução de 36 milhões de reais. Lula foi o autor da ideia de interferir no mercado, mesmo prejudicando os arrozeiros gaúchos, afetados por três anos consecutivos de secas e a enchente deste ano. Eles haviam colhido mais de 7 milhões de toneladas nesta safra e, com o arroz dos outros estados, principalmente Goiás, o Brasil tem arroz até para exportar. O presidente da CONAB, Edgar Pretto, gaúcho como os arrozeiros prejudicados, deputado estadual por três legislaturas, criador e coordenador da Frente Parlamentar em Defesa da Alimentação Saudável, lavou as mãos e não se insurgiu contra a compra. O autor da ideia desastrosa é Lula, mas o bode expiatório foi do ex-ministro da Agricultura de Dilma, Neri Geller, Secretário de Política Agrícola, que havia indicado o funcionário que fez o leilão. Geller perdeu o cargo e saiu revelando que os técnicos do Ministério recomendaram não importar. Agora na Câmara, colhem assinaturas para uma CPI.

Está literalmente na nossa genética o pecado de transferir para os outros as nossas culpas. O livro do *Gênesis* conta que Adão, para justificar-se por ter comido o fruto proibido, diz a Deus que foi Eva quem lhe ofereceu. Eva, por sua vez, põe a culpa na serpente, que acaba amaldiçoada. Racionais, o homem e a mulher, no início de tudo, na gênese, põem na genética da humanidade o lavar de mãos com que, depois, Pilatos permite crucificar Jesus. A culpa é dos outros e, enfim, do irracional. Está no dia a dia e mais se evidencia na prática política.

Os prefeitos de Porto Alegre que por anos não fizeram a manutenção dos diques e comportas são todos responsáveis pelas consequências da inundação. Mas assinaram uma nota denunciando o atual prefeito. Os prefeitos nos municípios inundados, nos rios Guaíba e Taquari, que permitiram habite-se para edificações em bairros que ficaram embaixo d'água em 1941 e enchentes subsequentes, são todos responsáveis pelo desastre, assim como os vereadores que votaram em permissões para empreendimentos imobiliários em áreas de risco certo. Mas fica mais fácil todos endossarem os ambientalistas que culpam o irracional, a serpente, isto é, o clima, que é inimputável, diferente das autoridades irresponsáveis. Os que entraram na justiça para suspender dragagens necessárias nos rios assoreados, agora inventaram um sinônimo para a enchente: "catástrofe climática", que papagaios repetem no noticiário. Com isso, empurram a culpa para o sol.

Aqui em Brasília não há enchente do Lago Paranoá, mas estão sendo recorrentes as enxurradas de votos derrubando vetos do governo, como devolveram a mais recente Medida Provisória, que pretendia tirar mais 29 bilhões de reais dos pagadores de impostos. Com erros e derrotas, o presidente, que não pode usar o engodo de *catástrofe climática*; prefere culpar suas lideranças no Congresso e seus ministros por não conversarem com deputados e senadores, nem com os que empregam, produzem e pagam impostos. No entanto, o líder do governo na Câmara, deputado José Guimarães, se queixa de falta de comando. As pesquisas de opinião mostram queda na aprovação do governo e alta na desaprovação; e o presidente culpa seus marqueteiros, encarregados da propaganda.

Adão e Eva precisam parar com isso. A culpa é da serpente, mas os expulsos do paraíso foram eles. E transmitiram a genética aos descendentes. Assim, não são apenas os políticos a praticarem o jogo de empurra. Descartamos lixo, entupimos bueiros, mas a culpa é dos governos que não limpam. Criamos mosquito em casa, mas a culpa da dengue é da falta do fumacê. Pagamos propina, mas a culpa é dos políticos que a embolsam. A vida seria melhor se nos livrássemos do pecado original do "Não fui eu, foi o outro". Os que estão mandando e desmandando foram eleitos por nós. Assumamos a responsabilidade – ou a culpa – do nosso voto e tratemos de recusar o fruto proibido, que nos oferecem como delicioso, na campanha eleitoral. Depois não aleguem que foi a serpente que nos ensinou a comer abóbora com sabor de picanha.

A origem da encrenca

Em 20 de junho de 2024

Adão e Eva só tinham uma serpente para botar a culpa por comerem o fruto proibido. Lula tem um serpentário, um Butantã. Recrudesceu agora com Campos Neto, que já vem culpando há meses. Até centrais sindicais se mobilizaram em manifestação na Av. Paulista, diante do prédio do Banco Central, numa manifestação contra os juros e contra Campos Neto, inédita no mundo. Conselho de Política Monetária, a despeito de Lula, CUT e outras centrais, manteve a taxa básica SELIC em 10,5%, para proteger a moeda e o crédito. A inflação é o pior dos impostos, porque cobra de todos, inclusive dos que não têm aplicações para se proteger, os mais pobres. Após a decisão, Lula chamou Roberto Campos Neto de "esse rapaz". E, mais uma vez, achou outra serpente, o setor financeiro. Nem a oposição consegue criar tanta encrenca para o governo.

Um desabafo de Haddad há poucos dias em São Paulo, deixou a impressão de despedida. Queixou-se de que o Brasil é encrenca; que é um país difícil de administrar. Depois disso, parece uma catarse: "Às vezes, quem está em uma posição de poder não está fazendo a coisa certa pelo país. Isso é a coisa mais triste da vida pública: quem pode fazer a diferença nem sempre está pensando no interesse público. E devia estar, né? Porque está em posição de poder; porque é grande empresário ou político com mandato". A quem estaria o ministro se referindo? Foi num evento do Instituto Conhecimento Liberta. O ministro parecia estar se libertando.

Enquanto isso, Lula aplicava o mau exemplo de Pilatos. Referindo-se à medida provisória do fim do mundo, que lhe fora devolvida, lavou as mãos: "A bola está nas mãos do Senado, e na mão (SIC) dos empresários. O Haddad tentou, não aceitaram. Agora encontrem uma solução". O presidente não pode esquecer que ele é o chefe do Executivo, responsável, portanto, pelo equilíbrio fiscal. Aliás, quem deu o chute inicial nessa bola foi ele mesmo, ao quase dobrar o número de ministérios, aumentando o custo do governo e até agora não praticou cortes no Estado gordo, pesado e lento. A solução que tem aparecido é tributar a nação, que fez o Estado para servi-la – e não o inverso.

Com isso, recebeu críticas de um importante contribuinte de campanha, o empresário Rubens Ometto. O presidente da Confederação da Agricultura, João Martins, convidado, respondeu que não quer mais falar com Lula. E o presidente da Federasul (Federação das Entidades Empresariais do RS), Rodrigo Souza Costa, anunciou que agora vai elevar o tom porque "um presidente sindicalista não está preocupado com o emprego no RS atingido". Queixou-se da morosidade, inércia e pouco efetividade do governo federal, que recebe mais impostos do estado em relação ao que retribui em serviços e apoio – e ainda tem um ministro lá só para cuidar dos assuntos do Rio Grande. O investimento estrangeiro em bolsa também demonstra desaprovação. Neste ano, foram retirados da B3 45 bilhões de reais em investimento estrangeiro. Segundo fonte do J.P. Morgan, por estar o governo demonstrando dificuldade em cumprir as metas fiscais.

Sucessivas medidas provisórias têm fracassado e, ainda assim, o presidente baixou mais uma que já dá o que falar. A MP beneficia os irmãos Batista, Joesley e Wesley, e foi anunciada pouco dias depois que eles estiveram no Palácio. A da desastrosa importação de 1 milhão de toneladas de arroz ainda está vigente; o fiasco não surtiu arrependimento. Não é a oposição que mais enfraquece o governo; é o próprio chefe de governo. Lula só pensa em política; a administração pública precisa de técnicos, especialistas em cada assunto, que sejam ouvidos pelo presidente, e não apenas da intuição do chefe do Executivo. Mas a intuição parece cansada, ou desatualizada, passada no tempo, impaciente e fechada no Alvorada. As lideranças do governo e seus seguidores notam isso. O líder do governo na Câmara, dep. José Guimarães, queixou-se da falta de comando. Já têm vindo à tona queixas entre ministros e de parlamentares aliados. O problema é que isso causa encrenca para o país inteiro. E a origem da encrenca está no topo do governo.

Partido representa?

Em 27 de junho de 2024

Escolas cívico-militares são lugares onde não entra droga nem violência nem bagunça; com a disciplina, a evasão cai e o aprendizado sobe. Professores ensinam seguros e famílias ficam tranquilas. Prefeitos querem escolas assim – e já são oitocentas no país. Mas o PSOL e o PT não querem e não gostam dessas escolas ordeiras, disciplinadas e produtivas. Entraram no Supremo na tentativa de derrubar lei da maioria dos representantes do povo paulista, para impedir que o governo estadual tenha quase uma centena desses colégios. Cito o fato para lembrar que notícias assim devem ser consideradas ao escolher o partido em que votar numa eleição. O partido precisa representar a vontade de uma parte da população.

No próximo 20 de julho, começam as convenções para escolher candidatos para as eleições municipais de 6 de outubro. Vão, as convenções, representar a vontade dos eleitores dos partidos? Estão os partidos políticos representando verdadeiramente as diversas correntes ideológicas, doutrinárias, culturais, que fazem parte da vida e das diferentes raízes de seus eleitores? É bom lembrar, antes de mais nada, que os eleitores são os mandantes dos políticos – e esses, seus mandatários – já que em democracia o poder emana do povo. Estão os partidos sendo os reais representantes e defensores das expectativas, esperanças e necessidades do povo? Parece que não. E também parece que os partidos não querem encarar esse fato, porque não pretendem abandonar seu fisiologismo e sua distância do povo. Os partidos só se aproximam do povo em vésperas de eleição, como agora. Se nessa fase auscultam a origem do poder, parece que depois esquecem.

Os programas partidários são quase iguais. Emprego, desenvolvimento econômico, diminuição das desigualdades... Pergunte a um eleitor cujo casebre exibe na parede o cartaz de algum partido por trinta anos, se sua vida melhorou por ter sido votante fiel, se teve saneamento, atendimento à saúde, segurança, ensino eficiente para os filhos, oferta de bom trabalho. Quais os resultados dos discursos, entrevistas, declarações, promessas? Tornaram-se realidade? Os partidos políticos – com os bilhões de reais dos pagadores de impostos a garantir fundos para campanhas e para sustentar suas atividades – estão conscientes de que devem satisfações à origem do poder e do dinheiro que os sustenta?

A recente eleição para o Parlamento Europeu mostrou como as correntes políticas tradicionais, a social-democracia e a democracia cristã, com todo desenvolvimento europeu, não estão conseguindo dar respostas às necessidades de seus cidadãos. Na Europa, o eleitor votou em novas forças e as velhas oligarquias limitam-se a tentar desqualificar as novidades, carimbando-as de populismo. Macron chama de fascismo. Mas o povo europeu sente que os oligarcas falharam, com imigrações descontroladas e importação do modismo *woke* americano. São os mesmos desde o fim da II Guerra, e não querem largar o poder; mas o povo avisou, nessa eleição do Parlamento Europeu, que vai tirá-los. Nessa Europa, pelo menos, todos garantem a liberdade de expressão.

Lá, como cá, os partidos – vale dizer, seus *donos*– vão ter que mudar se quiserem permanecer como força e poder. Não adianta rotular pejorativamente as novidades; é preciso conhecer a vontade atual de seu patrão brasileiro. Estão tentando enfiar goela abaixo do nosso povo ideias estranhas ao espírito nacional – e vão perder. Bobagens importadas e geradas por elites supostamente progressistas, não são sequer compreendidas. Estamos precisando de saneamento, esgoto, água tratada, saúde básica, ensino de verdade, segurança, proteção à vida e à propriedade e respeito a um povo que pouco tem, mas percebe quando um político está mentindo e quando um partido contraria seus princípios.

O sal da picanha

Em 4 de julho de 2024

Quando o presidente anunciou impostos mais altos "para as carnes chiques"– como disse na rádio em Salvador, logo lembrei de Jânio Quadros proibindo biquini e rinha de galo depois de tomar algumas. Quando o vi, no dia anterior, afirmando que o MST não invade terra, porque quem tira terras do agro são os bancos, lembrei de Biden, balbuciando coisas sem nexo. Enquanto Lula fala, o dólar sobe, mas a culpa é dos jornalistas que interpretam como causa a boca presidencial. Fez até uma reunião para saber quem está atras desse *absurdo*. Imagino seus interlocutores se olhando, para saber quem vai pôr o guizo no pescoço do gato.

Desde que foi convencido a dar entrevistas todos os dias para ocupar lugar na mídia, o presidente Lula insiste em criticar a autonomia do Banco Central e, em especial, seu presidente, Roberto Campos Neto, indicado por Bolsonaro. À medida em que fala sobre contas públicas, juros e Banco Central, faz o dólar disparar. Contra a autonomia do Banco Central, Lula quer que o presidente seja indicado por ele. Aí, o dólar vai a R$ 5,66, encarecendo tudo. No entanto ressalva que tem que esperar com paciência o fim do mandato de Campos Neto, porque é lei do Congresso. Então por que fala, se vai esperar? Só se desgasta e prejudica a economia.

Tenho um carro alemão comprado da Senna Import, do tricampeão Ayrton e seu irmão. Quando comprei, o ministro da Fazenda era Pedro Malan, no governo FHC. Era abril de 1995 e o dólar estava a R$ 0,84 do recém-nascido Real. Paguei 64 mil reais. Hoje, o mesmo modelo custa R$ 1,2 milhão pela tabela FIPE. E o dólar, depois da mais recente entrevista de Lula, foi a R$ 5,70. Como no preço dos automóveis, o valor do dólar afeta os demais preços num mundo globalizado.

Erros simples de avaliação, cometidos por quem sempre teve a fama de intuitivo, revelam um certo cansaço, neste ano e meio de terceiro mandato.

Lula chegou a imitar Bolsonaro, na crítica ao Supremo: "A Suprema Corte não tem que se meter em tudo". Aliás, o falar excessivo atribuído a Bolsonaro está sendo superado por Lula, reclamando de mães que têm filhos demais, anunciando que não vai financiar os arrozeiros gaúchos que saíram de secas para enchente recordista e acusando o presidente do Banco Central de trabalhar para os banqueiros, mas sempre elogiando o MST que, por sua vez, critica Lula por frustrar as expectativas dos sem-terra. Na polêmica da droga, lavou as mãos como Pilatos. Eximiu-se de opinar, atribuindo a decisão à *ciência*, esquecendo que as famílias esperam a ação social e sanitária do Estado para evitar, tratar, reprimir e pegar o traficante – e diminuir a desgraça.

Até hoje, o país lembra do presidente Itamar, que afastou o ministro Hargreaves até que ele demonstrasse inocência de uma suspeita, pois um ministro precisa estar acima de qualquer suspeita. Lula não considerou o bom exemplo, e mantém o ministro Juscelino Filho, mesmo indiciado por corrupção pela Polícia Federal. Pega mal encarar um indiciamento por corrupção como algo com que pode conviver. Quando perde no Congresso e derrubam seus vetos, culpa as lideranças, os ministros e agora os jornalistas e, provavelmente, seus marqueteiros.

Em política externa não é diferente. Está perto de Maduro, de Cuba, de Ortega, do Irã, do Hamas, e longe de Israel, com que temos contratos de defesa e tecnologia, e da Argentina, com quem temos vizinhança e parceria comercial importantíssima. Milei, em Balneário Camboriú, com Bolsonaro, mas não com Lula na reunião do Mercosul em Assunção. No *golpe* da Bolívia, Lula foi apressado e enganado pela fraude, que Evo Morales não engoliu. Nos Estados Unidos, está cada vez mais palpável a volta de Trump e o Brasil poderá ficar só com os amigos de Lula, já distanciado de Boric, do Chile, que recusou, em Brasília, a imposição de Maduro, e sem afinidade com os presidentes do Paraguai e Uruguai. Enfim, o presidente do Brasil lembra Biden e Jânio, e agora oferece picanha – salgada com imposto.

O morcego e o mosquito

Em 11 de julho de 2024

A Covid contou com o alarmismo da mídia, que afastou as pessoas de seus semelhantes, fechou lojas, escolas e fábricas, esvaziou as ruas, fez todo mundo andar de máscara, inocular-se de um experimento sem teste conclusivo, e ainda tentaram impedir as pessoas de se tratarem com medicamentos baratos e eficazes. Teve até uma CPI. Agora tem a dengue, que não tem o ibope da Covid. Não custa manter a memória daqueles tempos para comparar.

Em dezembro de 2021, 172 milhões de brasileiros, segundo o Ministério da Saúde, já haviam recebido duas doses da vacina experimental – 80% da população. Agora temos a dengue, uma dolorosa doença que já matou 4 mil brasileiros no mínimo e fez sofrer 6 milhões. Ainda podem ser atribuídas à dengue mais 3 mil mortes, elevando a perda a 7 mil vidas. Os números atuais são recordistas na história da dengue no Brasil. No entanto, ao que se sabe, importamos apenas 6 milhões de doses da vacina testada e aprovada, o que dá para 3 milhões de brasileiros, ou menos de 1,5% da população.

Enquanto a dengue é nossa velha conhecida, a Covid chegou envolta em mistério e foi fácil gerar pânico. A dengue, de prevenção óbvia e com vacina testada e pronta, parece não receber a atenção daqueles que já usaram de todos os meios para apavorar a população contra o vírus que seria proveniente de morcego. O morcego assustou mais que o mosquito. O bom e velho fumacê expulsa o mosquito da dengue; mas se evaporou. As equipes de saúde que combatiam a febre amarela – e o mosquito – de casa em casa, sumiram. Campanhas sobre água parada em lixo, nos quintais e vasos de apartamento foram esquecidas. E a vacina foi comprada em quantidade insuficiente.

A cada ano fica pior, basta olhar o gráfico de mortes, que vem subindo, inclusive no Distrito Federal, que é o campeão, vindo depois estados como Minas Gerais, Espírito Santo, Paraná, Goiás, Rio de Janeiro, São Paulo, Paraná e Santa Catarina. E diz o Índice de Progresso Social que Brasília é o melhor lugar do Brasil. Pelo jeito, também para o mosquito. Que progresso social é esse em que somos incapazes de impedir a perigosíssima dengue hemorrágica? O pior é que a pouca vacina que está disponível não tem sido procurada, depois da frustração do experimento da Pfizer que, além de não ser eficaz na imunização e contágio, ainda vem com consequências que assustam. A vacina do Instituto Butantan contra a dengue, que está na última fase de teste, se mostra eficaz e segura, em dose única. Mas precisa completar, neste mês, os cinco anos de testes com 17 mil voluntários. Depois, esperar pela Anvisa e pela produção em massa. Só no ano que vem. Por enquanto, temos uma tetravalente aprovada na Indonésia, União Europeia e Anvisa, em duas doses.

Então cabe a pergunta: por que a mídia tradicional trata a dengue com obsequioso recato, depois de ter sido capaz de apavorar as pessoas com o vírus Covid-19? Ao se comparar a campanha visando a paralisar tudo no governo Bolsonaro e a discrição dengosa no governo Lula, parece evidente que, também nas epidemias, aplicam-se as diferenças de tratamento praticadas no Judiciário. Não se trata de uma enfermidade desimportante. Os que tiveram dengue nos fazem relatos terríveis, como o que nos contou aqui, na Oeste, o Adalberto Piotto; a dengue hemorrágica é ainda pior. Mas não é justo para a população que ela seja usada pela mídia como massa de manobra, por motivos políticos, em campanhas alarmistas no governo Bolsonaro e em omissão de campanhas necessárias, no governo Lula. Morcegos e mosquitos independem de presidentes de plantão; o povo a que nós, jornalistas, servimos é o mesmo, a mesma vítima.

Brasília paixão

Em 12 de julho de 2024 (revista local)

M e desculpe o chavão, mas meu caso com Brasília é de amor à primeira vista, que perdura até hoje, desde março de 1976. Quase meio século. Quando aceitei o convite do *Jornal do Brasil* de trabalhar em Brasília, nunca havia estado na cidade-capital. Trabalhava há três anos na charmosa Buenos Aires dos anos 1970. Aceitei imediatamente o convite, porque lá a extrema direita me ameaçava de morte depois de ter sido sequestrado pela extrema-esquerda. A alternativa seria voltar para Porto Alegre, mas vi que a capital do país é que poderia dar futuro para um jornalista. Vou transcrever aqui minha chegada, registrada em *Nos Bastidores da Notícia*, que tirou doze edições e figurou por muito tempo na lista dos mais vendidos de 1990:

> Brasília iria logo me dar a paz de que necessitava. Fora amor à primeira vista. Quando deixei o aeroporto no início da tarde de 16 de março de 1976, senti um encontro no ar. No Bambolê de Dona Sara, estava tudo florido; depois, veio o bosque de eucalipto logo depois do zoológico. Então, o Eixo Rodoviário abriu um espaço enorme à minha frente, de onde sempre se veem o céu, até o horizonte, o Lago Paranoá e o encontro da terra com o céu, para onde quer que se olhe. Foi um amor para sempre. Tornei-me logo brasiliense. Guardo, até hoje, o ticket do táxi 1007 que, naquele dia, às 14h50min, me levou, de malas e bagagem, direto do aeroporto ao edifício Denasa, onde funciona a sucursal do JB, para o primeiro dia de trabalho em Brasília.
>
> Logo descobri que a capital é o paraíso para o jornalista. Não apenas porque sedia os três poderes, mas porque nela se concentra o melhor retrato do Brasil, facilitado pela equidistância geográfica com todos os Estados. Em Brasília, estão todos os sotaques, todas as comidas, todos os costumes do Brasil. Em Brasília, se percebe, sem distorções, os problemas do Acre e do Rio de Janeiro; do Pará

e do Paraná. Misture-se todo o Brasil com quase cem embaixadas do mundo, e se tem em Brasília um cosmopolitismo ofertado de bandeja. Para quem quiser percebê-lo e explorá-lo, é claro. Isso, para o repórter, é o paraíso.

Hoje essa percepção é ainda mais forte, pois à medida em que os anos passam, as impressões se aguçam. Aqui, nasceram dois de meus três filhos. Aqui, está sepultado meu filho. Morei no Lago Norte, no Lago Sul, no Park Way, no Setor Mansões do Lago, na Asa Norte em frente ao Parque Olhos d`Água. Hoje, vivo integrado ao cerrado. Considero que, aqui, desfruto do melhor clima do mundo, entre o equador e o trópico de capricórnio, a mais de mil metros acima do mar, com duas estações bem definidas – chuva e seca –, frio à noite e tépido de dia, sem extremos, brisa constante, sem falar do céu e do horizonte que me conquistaram na primeira tarde.

Quando cheguei, eram poucos os restaurantes, e hoje a escolha é entre a abundância de boas cozinhas. As árvores plantadas na época hoje enfeitam a cidade com todas as cores. Não sou de praia, sou guri do pampa, e revejo as coxilhas no ondular do horizonte do planalto todos os dias. A vista não tem limites, a terra é curva como uma linha de Niemeyer. Respiro ar. Vejo o infinito. Saboreio meus pequis. Os tucanos ralham comigo. Os bem-te-vis roubam a ração dos meus peixes. Quando cheguei, Brasília era uma debutante em seu primeiro baile de quinze anos; convivi com ela amadurecendo, crescendo demais, cerrado cedendo lugar ao concreto. Hoje a sessentona precisa se organizar, ou entra na bagunça das cidades brasileiras tradicionais.

Ainda falta o Teatro Nacional voltar a funcionar, mas tem que ter mais espaço para as pernas na plateia. Também falta ter asfalto em Brasília. A pista que temos é um vexame. Treme-treme o tempo todo. Fizeram com pressa, sem ter base. Horrível. Também falta tornar atrativo o que já foi atração, no centrão da cidade. Canteiros, flores, iluminação, bancos, quiosques, na vizinhança norte e sul da Rodoviária central. E, ah, se tivesse um bom transporte coletivo... adeus carro impossível de estacionar.

Vim pelo *Jornal do Brasil*, fui um dos porta-vozes do presidente Figueiredo por dezoito meses, trabalhei sete anos na Manchete – revistas, rádio e TV – e trinta e dois anos na Globo. Em meus tempos de porta-voz, Silvio Caldas sugeriu e levei Dona Sara ao presidente Figueiredo, e disso resultou o Memorial JK. Em tempos de diretor local do jornalismo da Globo, junto com o Miura do Detran, o Azevedo da PM Rodoviária e o *Correio Braziliense*, conseguimos o pioneirismo brasileiro da faixa de pedestre. Antes só havia uma em frente ao Hotel Nacional, que recebia os turistas estrangeiros e eu a chamava de armadilha para civilizados, que confiavam na faixa e eram atropelados...

Hoje, sou meu chefe e tenho meu estúdio em casa, com quase 3 milhões de inscritos no Youtube, estou diariamente em mais de duzentas emissoras de rádio, semanalmente em 38 jornais e continuo mantendo distância sanitária do poder. Necessária à sobrevivência saudável em Brasília. Relações cordiais, mas não íntimas e jamais receber favores – e muito menos pedir.

Já sou brasiliense desde o século passado. Quando a Câmara Distrital ainda estava no fim da Asa Norte, ela me deu a certidão de *Cidadão Brasiliense*, formalizando o que já estava no meu coração desde o primeiro dia. Mais de quarenta e oito anos de minha vida desfrutei aqui, mais que os trinta e cinco anos vividos no meu Rio Grande natal. Estou escrevendo minhas lembranças num livro. Penso que o título vai ser BOM DIA, CAVALO – no Goiás se diz que quem fala demais acaba dando bom-dia a cavalo.

Ódio é amor

Em 18 de julho de 2024

Os que, por sua natureza ideológica, adoram um regime totalitário, aproveitaram o atentado a Trump para pregar a censura nas redes sociais. Seriam elas, segundo essa gente, que disseminam o ódio. Lula disse, na TV Record, que é preciso regulamentar as redes, "porque têm lucro com a disseminação do ódio". E que é preciso regulamentá-las, para resguardar a democracia e a diversidade que, segundo ele, estão correndo risco.

Ora, é exatamente o inverso, desembaralhando as palavras do presidente: as redes sociais deram voz a cada cidadão. A voz das pessoas só alcançava uns poucos metros. Agora ganhou palanque digital e pode chegar a qualquer lugar do mundo. Como o povo é a origem do poder numa democracia, a origem do poder foi turbinada pelas redes sociais. Logo, as redes sociais, ao contrário do que diz Lula, ampliam, fortalecem a democracia e só oferecem risco para os tiranos. Quanto ao risco para a diversidade, também é preciso desembaralhar. Na verdade, o risco é do monopólio, dono da informação, portanto dono dos fatos, podendo apresentá-los como desejar que sejam vistos. Assim, a diversidade de opiniões e de informações, dá ao cidadão a oportunidade de buscar a verdade, e não ter que limitar-se a narrativa única do monopólio.

Naquele fim de tarde de sábado em que chegou a notícia do atentado contra Trump, postei no X: Adélio americano. Isso resumia tudo. Candidato forte com adversário fraco, para tirá-lo do rumo à presidência, só matando. Thomas Crooks e Adélio Bispo; fuzil e faca; Biden e Haddad; Trump e Bolsonaro. O tiro não matou, mas feriu e o sangue lubrifica as engrenagens da vitória. Gerou a foto icônica, como a de Iwo-Jima, com o mesmo simbolismo da bandeira americana. No momento em que vi a foto, também minutos depois do atentado, intuí que seria mote eleitoral. No 6 de setembro de 2018, a percepção do resultado que viria após a facada é a mesma depois dos tiros na Pensilvânia. Postando para Trump, Bolsonaro resumiu: "Nos vemos na posse".

Os agressores entraram para a história e, ao contrário do que pretendiam, turbinaram os mitos. John Wilkes Booth com Lincoln; Leon Czolgosz, com McKinley; Lee Harvey Oswald com Kennedy; John Hinkley com Reagan; Adélio Bispo com Bolsonaro; e agora esse Thomas Crooks com Trump. Assim como o indecifrado Adélio ajudou Bolsonaro, o jovem Crooks antecipa o resultado eleitoral de outubro nos Estados Unidos. Entre os alvos americanos, apenas Kennedy era do partido Democrata; os demais, republicanos. Agora buscam explicações para tantos erros e omissões do Serviço Secreto que protege autoridades.

A violência – e a justificativa para atos de violência jurídica, inconstitucionais e ilegais – tem uma origem, registrada no editorial publicado no dia seguinte, do *Wall Street Journal,* endossando palavras do ex-procurador-geral dos Estados Unidos, William Barr: "Os democratas têm que parar com essa conversa grosseiramente irresponsável sobre Trump ser uma ameaça existencial à democracia – ele não é". Aqui, inventou-se a narrativa de Bolsonaro golpista, ameaça à democracia. Aí, justificam-se atos que, esses sim, ameaçam as liberdades, o devido processo legal e o Estado Democrático de Direito.

O ódio é semeado primeiro nas mentes, nas escolas, nas artes, na propaganda disfarçada de noticiário. Depois as mentes armam as mãos, com faca ou fuzil – ou mesmo com paus e pedras, que também matam. Quem primeiro me alertou para isso foi o então secretário de Imprensa de Geisel, o porta-voz Rubem Ludwig. E, naqueles anos 1970, não havia redes sociais, nem sequer celular. Já se usavam filmes, professores, artistas, jornais, revistas, tv, rádio. Em 1949, George Orwell já percebia isso, baseado no regime soviético, e contava o resultado no *1984.*

Hoje, acusam o mundo digital, que ampliou a voz de quem tem celular. Tentam calar essa voz, porque assim como querem partido único, também querem uma só voz – a do partido ou da mídia domesticada. Usam muito a palavra diversidade, mas não suportam a diversidade de ideias. Na verdade, basta um passeio pelas redes e perceber como odeiam a liberdade de expressão. Alguns são diretos, querendo extirpar, matar, prender, calar, esmagar. Outros, querendo ser espertos, ingenuamente usam o amor como disfarce. Eles atualizam a ficção profética de Orwell no seu *1984*. No livro, o Ministério da Verdade estabelece que Guerra é Paz; Liberdade é Escravidão; Ignorância é Força. Os marqueteiros atuais do Grande Irmão acrescentaram Ódio é Amor, mensagem enganosa embutida todos os dias em todos os meios, até povoar cabeças jovens como a de Tom Crooks, antes que suas mãos se armassem. Depois, ele subiu naquele telhado não ocupado pelo Serviço Secreto, de onde tinha ampla visada da cabeça de Trump.

Bomba social

Em 25 de julho de 2024

O ministro Haddad aproveitou a oportunidade, no G20 financeiro, para insistir em taxar os mais ricos, em nome da justiça social. Os mais ricos, em geral, são aqueles que usaram inteligência, inovação, descoberta, oportunidade e viraram bilionários, como Elon Musk. Gente que criou oportunidades, emprego, atendeu a milhões de consumidores, promoveu avanços para a humanidade, produziu muito e pagou muito imposto. Jorge Gerdau Johannpeter me disse que, mesmo antes de produzir a primeira tonelada de aço em suas siderúrgicas, já tinha sido cobrado com impostos e taxas. Antes de começar a atividade industrial! Antes de faturar a primeira tonelada de aço! O Estado desestimula o investimento produtivo e a criação de empregos. Bilionários que são exemplos para os jovens que sonham em ter sucesso econômico na vida. Esse entusiasmo gira a economia, gera riqueza e bem-estar social. Mas a ideologia do governo os trata como maus exemplos que devam ser punidos com mais tributos. Isso é injustiça, e não justiça social. E taxação faz mal ao investimento. Capitais fogem de lugares inamistosos e punitivos.

Se enriqueceram sem favores ilícitos, sem pagar propina para autoridades e partidos políticos, sem terem mamado nas tetas do Estado; se movimentaram a economia, pagaram salários e tributos, por que deveriam ser punidos com mais impostos, além daqueles que todos pagam sob as mesmas leis? Injustiça social é quando o Estado tira parte da renda de pessoas e empresas a ponto de precisarem trabalhar o equivalente a cinco meses num ano só para cumprir a imposição de tributos, supostamente para custear a prestação de serviços que o Estado não presta ou presta mal, como saúde, educação, segurança, justiça, saneamento básico. Isso é apenas injustiça porque, baseado em leis, é o que impede de classificar a conduta oficial como estelionato.

Também querem taxar mais as heranças e impedir que nossa previdência privada VGBL possa ir para nossos herdeiros indicados no banco, sem passar por inventário, como foi acordado no contrato da aplicação. Com esse objetivo, outro dia, na Universidade Federal de São Carlos, o próprio presidente usou dados falaciosos ao comparar impostos sobre herança aqui e nos Estados Unidos. O Estado brasileiro vive de nossos impostos, mas gastá-los consigo mesmo, em mordomias, privilégios, gratificações, horário de trabalho, férias e aposentadorias maiores que as de quem o sustenta, é clara injustiça social, parecida com a relação entre senhores feudais e servos, na Idade Média.

Injustiça social aparece mais se a gente comparar as estatísticas. Os números podem ser conferidos na internet. Na população brasileira, de 203 milhões (IBGE), os que produzem riqueza, pagam impostos e dão empregos, são apenas 21% – cerca de 43 milhões de empresários, empregados, empreendedores. Os que vivem de bolsa família são bem mais: 56 milhões (28%); 53 milhões estão abaixo de dezoito anos (26%) e aparecem como improdutivos; 39 milhões (19%) são aposentados e pensionistas que já pagaram a previdência e supostamente já não estão produzindo riqueza; e 12 milhões (6%) são do serviço público, que não cria riqueza. Quer dizer, 21% dos brasileiros sustentam 79%. É isso justiça social?

É uma conta que não fecha. Uma bomba-relógio. Não há como 20 sustentar 80. Não há teoria econômica que dê solução para isso. Tirar mais dos 20 só agrava e leva mais rápido ao fim. 56 milhões no bolsa Família é mais que 43 milhões que trabalham produzem e pagam. Sociedade doente. Não querem acabar com isso porque os da Bolsa Família sustentam... o voto, no sistema clientelista. Educação, conhecimento, ensino profissional, que libertam do vício da esmola, como cantou Luiz Gonzaga, jamais vão permitir. Vão manter a canga da dependência; manter a pobreza que os elege. Isso é mais que injustiça social; é um estelionato cruel que afeta a vida de todos.

No mesmo barco

Em 1º. de agosto de 2024

Brizola chamava Lula de "sapo barbudo". A relação Lula-Maduro parece a do sapo e o escorpião na fábula. O escorpião pede ao sapo que o carregue para atravessar o rio. O sapo argumenta que o escorpião vai ferrá-lo; o escorpião responde que não, pois se fizer isso, morrerá com o sapo, afogado. O sapo concorda e, no meio do rio, o escorpião injeta-lhe o ferrão. Morrendo, o sapo pergunta: "Por que você fez isso? Vai morrer afogado". E o escorpião: "É da minha natureza. Não posso evitar". Com a *reeleição* de Maduro, Lula hesitou um pouco – talvez esperando ordens de Celso Amorim, e entrou no barco de Maduro, que afunda mais cedo ou mais tarde. Vai afundar junto. Mas parece é da sua natureza. Decidiu continuar junto de Maduro – e às vésperas de eleições municipais no Brasil. O PT já estava embarcado. Afinal, o mundo inteiro já sabe que Lula é apoiador e amparo político de Maduro. E a América Latina, por isso, tem que sustentar e conviver com ditaduras.

Lula e o PT assumem o risco interno, com consequências nas eleições municipais, já que o caso Maduro está sendo amplamente noticiado no Brasil e chega ao povão. Além disso, a esquerda mostra muitos rachas em relação a Maduro. Até dentro do governo, como é o caso de Marina Silva, que afirmou que a Venezuela não é uma democracia. O diretor da APEX, ex-chanceler Aluísio Nunes Ferreira Filho, diz que não é apenas o domingo eleitoral que está contaminado, mas o processo todo, com o impedimento das candidatas Maria Corina Machado e Corina Yoris. O presidente da Organização dos Estados Americanos chamou de "a mais aberrante manipulação de eleições". E convocou uma reunião da OEA proposta por Uruguai, Paraguai, Argentina e Estados Unidos, para exigir esclarecimentos de Maduro. Não deu. Precisaria de dezoito votos e teve dezessete. Faltou um voto. Poderia ser o do Brasil, que fingiu neutralidade, o que significa aprovar Maduro. Afinal, Lula disse que "foi um processo normal, tranquilo. Não tem nada de grave, nada de assustador". O ex-chanceler Ernesto

Araújo diz que o Brasil finge neutralidade, mas apoia os inimigos do Ocidente. Foi o que se viu com o vice Alkmin na mesma fila de poltronas do Hezbollah, Hamas, Jihad Islâmica e Houthis, na posse o presidente do Irã. Esse tem sido o nosso alinhamento.

Ingenuidade a nossa, dos que queríamos acreditar que um ditador pudesse submeter seu poder ao voto. Segundo a contagem independente, o resultado foi de 66% para González a 31% para Maduro. Mas a proclamação oficial foi de 51,21% para Maduro – talvez um percentual tabelado por já usado algoritmo. No dia das eleições, agiu a *polícia eleitoral*, fechando ou abrindo lugares de votação e boa parte das atas não foi considerada – o sistema eleitoral saiu do ar antes de chegar a 80% das atas de urnas. As duas candidatas mais fortes foram tornadas inelegíveis. Enfim, tudo como se deveria esperar de uma ditadura, não houvesse a ingenuidade animada da nossa esperança.

Não há caso de ditador sair pelo voto; só há caso de ditador usar arremedo de eleições para tentar legitimar-se. Só será legítimo se tiver a permissão do povo. O prócer uruguaio Don José Artigas, no Congresso de Abril de 1813, deixou esse princípio lapidar que as crianças recebem nas escolas: "Minha autoridade emana da vontade de vocês, o povo; e cessa diante da vossa presença soberana". Quando cessa a soberania popular e impõe-se a vontade de um homem, seja quem for, é porque já não há democracia. Ainda que Maduro fosse derrotado, teria seis meses até a posse para inventar uma agressão da Guiana à honra da Venezuela. Um estado de guerra seria o pretexto de manter o comandante supremo Maduro no poder, já que a oposição não pretende tomar Essequibo.

O presidente do Brasil mandou como observador o seu assessor para política externa, Celso Amorim, que trata Maduro com o mesmo amor com que tratou o esquerdista Zelaya, derrubado pelo Congresso e pelo Supremo de Honduras, que se homiziou na Embaixada Brasileira em Tegucigalpa e a converteu num diretório político. O Itamaraty teve imenso trabalho para emitir uma nota sobre a transparência ainda não aceitável de atas, mas saudando "o caráter pacífico da jornada eleitoral". Observadores da ONU e União Europeia não viram essa paz. Há mortos e feridos nas ruas; estátuas de Chavez derrubadas, cartazes de culto à personalidade de Maduro removidos.

O Centro Carter, um dos qualificados no Acordo de Barbados para observar a eleição venezuelana, afirma que "não pode verificar ou corroborar a autenticidade dos resultados proclamados pela Comissão Eleitoral venezuelana". Não há como não comparar com as conclusões da auditoria do PSDB sobre os resultados da reeleição de Dilma derrotando Aécio. Não conseguiram auditar, segundo o relatório.

O esquerdista presidente do Chile, Gabriel Boric, postou no X algo que pode bem servir de recado para Celso Amorim: "Exigimos que observadores internacionais não comprometidos com o governo deem conta da veracidade do resultado". E foi fundo: "Exigimos total transparência das atas". Com posição semelhante à que tornou Bolsonaro inelegível, Boric postou: "Não reconheceremos nenhum resultado que não seja verificável". O governo brasileiro, com imagem mundial consolidada de Lula parceiro de Maduro, teve que aderir para inglês ver à óbvia exigência democrática de transparência, de atas auditáveis. Parece nossa história em 1945, na volta de nossos soldados da Itália, onde deram sangue para derrubar duas ditaduras e são recebidos no Rio por um ditador.

A presidente do TSE, Ministra Carmen Lúcia, reagindo a bravatas de Maduro em relação ao processo eleitoral brasileiro, cancelou a ida de técnicos da Justiça Eleitoral a Caracas. Se tivessem ido, hoje esses técnicos do TSE seriam cobrados e não teriam respostas; poderiam ser atingidos pelo que está acontecendo, com o risco de parecerem fiadores do processo. A eleição, ao contrário do que pretendia Maduro, descerrou mais a realidade que ainda era encoberta por simpatizantes de regimes totalitários. Lula classifica isso de "democracia relativa". Mas o que Maduro faz mostra que não há democracia na Venezuela. E que ditador não sai no voto.

Sou você, amanhã

Em 8 de agosto de 2024

Os amigos caribenhos de Lula o estão pondo numa fria no ano eleitoral brasileiro. Ortega não aceitou a ausência do embaixador brasileiro no aniversário da Revolução Sandinista e o expulsou. Em troca, Lula teve que fazer o mesmo com a embaixadora da Nicarágua em Brasília. O outro ditador amigo, Maduro, está pondo à prova a lealdade de Lula, que tanto trabalha por ele ser aceito pelas democracias do continente. Só que as evidências de golpe são tão fortes que, no Brasil, só o PT acreditou. Lula e Celso Amorim estão sem outra solução a não ser ajudar Maduro a protelar um desfecho, o que pega muito mal. O sistema eleitoral venezuelano, reconheçamos, é o que não permite enrolação, porque existem as *actas* comprobatórias, que ficam também à disposição da oposição. Quando perceberam que iriam perder, inventaram um incidente digital e interromperam tudo, para sair do nada o tal resultado de 51,21%.

Pior é o silêncio cúmplice no Brasil, em relação ao mais impactante documento sobre a eleição venezuelana: a carta de trinta ex-presidentes latino-americanos ao presidente Lula. O verbo usado para se dirigirem ao presidente do Brasil foi exortamos. Exortaram o presidente Lula a fazer prevalecer a democracia na Venezuela. Disseram a Lula que acontece um escândalo e admiti-lo ferirá de morte os esforços pela democracia e direitos humanos no continente. Não são simples militantes políticos. São ex-presidentes, experientes, que conduziram suas nações com democracia. Eles sabem que o Brasil torpedeou a tentativa de pressionar Maduro pelo foro óbvio, que é a Organização dos Estados Americanos. A OEA não teve os dezoito votos necessários para uma resolução por direitos humanos e transparência eleitoral porque faltou o voto do Brasil, enquanto Celso Amorim manobrava para tirar a OEA da solução e juntar ao Brasil o México e a Colômbia, numa pressão que não emparedasse Maduro. Os ex-presidentes endereçaram a Lula porque o consideram responsável por Maduro. Não exortaram Petro, da Colômbia nem Obrador, do México, porque sabem quem pilota a defesa de Maduro. Pois Lula fingiu não ter recebido a carta, e o jornalismo tradicional finge que a carta não existiu. Faz lembrar uma citação de Millôr Fernandes: isso deixou de ser jornalismo para ser armazém de secos & molhados.

Quando olho para a Venezuela ,vejo expostos, como numa vitrina, o que evitar no Brasil; mas esse olhar também me dá a desagradável sensação de um cenário heurístico para o Brasil – como me disse um reitor, que me fez consultar o dicionário. Ele quis dizer que a Venezuela nos oferece um cenário pedagógico, quando a gente procura soluções para o Brasil. Maduro não consegue convencer ninguém de que fez 52% dos votos (já foi 51,21%), porque há a comprovação das actas. Não consegue convencer ninguém que é democracia ficar dezessete anos no poder; não consegue esconder a violência da repressão policial e de suas milícias.

Em resposta ao apelo que a oposição fez aos militares e policiais, para que fiquem ao lado da nação e de suas famílias, o general ministro da Defesa fez uma solene declaração de lealdade absoluta a Maduro. Certamente não passou pela academia militar, onde deveria ter aprendido lealdade à nação, à constituição e às leis, à ética e aos valores castrenses de rigorosa moralidade – e a lealdade não deve ser a uma pessoa, mas ao seu povo. Assim, a justiça e a Comissão Eleitoral devem subordinação ao povo e às leis, e não a um homem. Olhemos para a vitrina venezuelana e não nos surpreendamos se ela estiver refletindo as nossas caras.

São muitos os interesses envolvidos. Maduro não é apenas o indivíduo, mas o que ele representa, até como testa-de-ferro. Para a China e Rússia, são interesses econômicos no gigantesco potencial da Venezuela, no subsolo e na localização geopolítica. Depois que a União Soviética acabou, a garantia de Cuba é a Venezuela. Há empresas americanas com grandes interesses no petróleo e nas riquezas minerais venezuelanas. A China investe na vizinha Guiana; quem andou por Georgetown já testemunhou isso. E o pior são as organizações criminosas, principalmente do narcotráfico (já se derramando por Roraima), o que justifica o interesse do México e da Colômbia em se associarem ao Brasil para buscar uma solução confortável a Maduro, evitando a ação da OEA.

A Venezuela nos faz lembrar o óbvio: o Estado só existe para servir à nação. A nação somos nós, eleitores, pagadores de impostos, cidadãos. Os integrantes do Estado são nossos servidores. Todos eles. Não são donos do Estado, nem seus partidos, porque os donos do estado somos nós. Quando um presidente quer ser proprietário do Estado, de suas estatais, para poder empregar seus seguidores e levantar dinheiro para eleições, que o mantenham no poder e legalizem esse patrimonialismo, isso é ilegal, ilegítimo, imoral. Forma-se uma rede de sócios/cúmplices – empresários, artistas, jornalistas, intelectuais, políticos. E a clientela votante desinformada tudo aceita, até o ponto em que o estômago se esvazia junto com os bolsos. É por isso que Maduro e semelhantes enganam tanta gente. Parafraseando a antiga propaganda de vodca: Seremos amanhã a Venezuela de hoje?

De mal a pior

Em 15 de agosto de 2024

Na mesma semana em que a *Folha de São Paulo* revelou um método de trabalho do ministro Alexandre de Moraes, fez quarenta anos que o PMDB, em convenção nacional, escolheu a chapa de oposição Tancredo Neves e José Sarney para a sucessão de João Figueiredo, para concorrer com a chapa governista Paulo Maluf-Flávio Marcílio.

Num café da manhã a sós, Tancredo me contou que, a pedido de Ernesto Geisel, fora a Montevidéu convencer o então vice-presidente, João Goulart, a aceitar o parlamentarismo, para poder voltar ao país e assumir a presidência, surpreendido que fora, enquanto estava na China, com a renúncia do presidente Jânio Quadros. Já Sarney, o vice da chapa, tinha sido da UDN, partido da direita; depois ingressou no partido criado pelo movimento de 1964, a ARENA, que mudou de nome para PDS, de que foi presidente. No ocaso do governo militar, participou da criação da Frente Liberal, que se tornou PFL, e filiou-se ao opositor PMDB, para ser candidato a vice – e se tornar, por cinco anos, o primeiro presidente após período militar.

Não sei se os leitores que não testemunharam isso, como eu testemunhei, vão entender. Creio que não, porque até para quem viu, há dificuldade de encontrar a coerência. Saio com uma vantagem: já não me surpreendo com o que vejo. Agora vejo o relator do "inquérito do fim do mundo", como batizou o ministro Marco Aurélio, usando métodos que muitos jornalistas conhecem, a partir de reuniões de pauta. O chefe traz uma tese que precisa ser confirmada pela reportagem. Quer dizer, primeiro tem o fim, o objetivo, depois se buscam os meios: depoimentos, documentos, imagens que *comprovem* o que o chefe quer comprovar. "Use a sua imaginação" para justificar desmonetização da Oeste. Essas coisas vão e voltam. No dia em que nasci, o ditador Getúlio Vargas baixava um decreto-lei para ele próprio nomear o presidente do Supremo, só porque ele não gostava do próximo vice-presidente do tribunal. Nomeou José Linhares. E quando Getúlio foi derrubado, Linhares virou presidente da República (que aproveitou para nomear tantos parentes, que o trocadilho em voga era "Os Linhares são milhares").

Não surpreendi, mas fiquei assustado, quando cláusulas pétreas do artigo 5º da Constituição, que não podem ser mexidas a não ser por uma nova Constituição, foram canceladas por ação de prefeitos, autorizados pelo Supremo, que não pode mexer em cláusulas pétreas – nem mesmo o Congresso. O Supremo deu aos prefeitos o poder de cancelar os direitos de ir e vir e de reunião durante a pandemia, sem que o STF tenha esse poder. Já estava se alastrando o ativismo do Supremo: o de cancelar artigos – e direitos fundamentais – da Constituição. Uma espécie de *novo Estado* Novo. O inquérito que começou no Supremo ignorando o Ministério Público e a primeira instância já dura quase cinco anos e meio. Foi instaurado com base no artigo 43 do regimento do Tribunal, que o autoriza em caso de crime dentro das próprias dependências – e não foi o caso. A Constituição, que veio depois do Regimento do STF, estabelece que o Ministério Público, que é quem promove privativamente a ação penal. Por isso a procuradora-geral, Raquel Dodge, mandou arquivar tudo. Mas o Supremo, ante o fato consumado, legalizou tudo – como políticos municipais legalizam invasões de área pública já com moradores.

Não me surpreendo nem mesmo quando o próprio nome do país perde o significado, porque República Federativa do Brasil reduz-se a um rótulo escrito na Constituição, como muitos outros, já que, na prática, é uma república unitária, pois os estados têm pouca autonomia e dependem de recursos e da boa-vontade do governo federal. A nova reforma tributária vai pôr a pá de cal na federação. Aliás, se a gente for ampliar a exigência, vai achar que República também é marca de fantasia. Tanto quanto foi a marca de Nova República, nascida há quarenta anos.

A nova república repete a velha em seus defeitos e acrescenta outros, como, por exemplo, a mistura do chamado crime organizado com a política. Além disso, tivemos a Lava Jato da nossa desesperança. Sonhávamos com o fim da impunidade entre os corruptos. E, agora, os eleitores recebem decisões das convenções municipais com a mesma surpresa risível com que nós, jornalistas, acompanhamos a mistura improvável de gente, antes antagônica, na convenção de quarenta anos atrás. E ainda temos um *Getúlio Vargas* como há quase oitenta e quatro anos, inventando decisões acima da Constituição. Pagamos pelo pecado da passividade e desinteresse pela política. Naquele tempo de Vargas, não havia Legislativo. Hoje o Congresso está ficando tão significativo quanto o rótulo de federativa, na República do Brasil, a Nova.

Nova em quê? Está mais parecida com o Estado Novo de Vargas. Tem censura, intimidações, prisões arbitrárias, exilados políticos, viola mandatos, juiz natural, ampla defesa, devido processo legal. Legislativo e Constituição quase irrelevantes. A diferença está na impunidade premiada e nas relações do crime com a política. Pobre Lava Jato da nossa desesperança! Na Constituição cidadã está escrito que todos são iguais perante a lei, sem distinção de qualquer natureza; que é garantida a inviolabilidade do direito à vida, à liberdade, à propriedade, que é livre a manifestação do pensamento, a criação, a expressão e a informação, sob qualquer forma, processo ou veículo; que é vedada toda e qualquer censura e que nenhuma lei conterá embaraço a plena liberdade de informação. Mas neste *novo Estado Novo*, juiz pode investigar, acusar, denunciar... e julgar, ainda que seja o queixoso. A Constituição hoje sofre cancelamentos seletivos, recebidos com silêncio medroso e cúmplice no Senado, na OAB, na mídia. Começou mal e se ampliou o inquérito de março de 2019, e o que começa mal, não tem chance de acabar bem. A meta do mal é o pior.

Tragédia ou farsa

Em 22 de agosto de 2024

Não surpreendeu o teor dos diálogos entre auxiliares do ministro Moraes no TSE e STF. Já se conheciam os resultados; os meios não poderiam ser diferentes. Agora a investigação sobre a responsabilidade pelo vazamento obtido por Glenn Greenwald e publicado em capítulos pela *Folha de São Paulo*, só confirma o método. O interessado, ministro Moraes, foi quem mandou investigar. Não foi o verdadeiro interessado, que seria o juiz Airton Vieira, o perito criminal Eduardo Tagliaferro, ou o juiz Marco Antonio Vargas, do TSE. Funcionou tudo *intra corporis* – como tem sido o "inquérito do fim do mundo", nascido no longínquo março de 2019 para pegar bolsonaristas. Ao mandar investigar, Moraes cita a Polícia Civil de São Paulo e fala em "possível origem criminosa do vazamento".

Há setenta anos, a República do Galeão concluía investigação paralela, fora do devido processo legal, sobre a morte, a tiros, do major aviador Rubens Florentino Vaz, que protegia o jornalista Carlos Lacerda. Os tiros partiram da segurança presidencial, concluíram os brigadeiros e oficiais superiores que instituíram o inquérito sem amparo constitucional. Mesmo assim, deram um ultimato a Getúlio: deve renunciar. Vargas respondeu que do palácio só sairia morto. E deu um tiro no peito pouco mais de 24 horas depois. É por isso que os apoiadores de Lula chamavam o inquérito da Lava Jato de República de Curitiba. E certamente lembrando de 1954 que o ministro Marco Aurélio batizou o inquérito inventado pelo então presidente do Supremo Dias Toffoli de "inquérito do fim do mundo". A gente vai repetindo a história.

Há noventa anos, em 19 de agosto de 1934, o chefe de governo da Alemanha, ou chanceler, Adolf Hitler, ao morrer o chefe de Estado, o presidente Von Hindenburg, decidiu assumir também a chefia de Estado – e se intitulou Führer – o condutor. A partir de então, todos conhecemos a história. Passou a ser condutor, legislador, dono das vidas, propriedades e direitos de todos. E levou a Alemanha para sua maior tragédia. Outro alemão, Karl Marx, já havia avisado que, quando a história se repete, produz tragédia e, na segunda repetição, gera apenas uma farsa. Passados noventa anos, muitos homens públicos, tomados pelos seus desejos e carências pessoais, continuam a gerar, sobre seus semelhantes, tragédias e farsas.

Aqui no Brasil, sem que tenhamos nos dado conta de quantas dessas figuras já povoaram nossos dias, continuamos testemunhando esses condutores do país, a nos levarem a lugar nenhum. Desde que nasci, convivi com alguns. Terminaram em tragédias, como Vargas, ou farsas, como Jânio Quadros. Agora estamos vivendo mais um capítulo de nossa história, outra vez com a Constituição desprezada, como em tempos do ditador Vargas, e com caraterísticas de comédia, como nos rompantes de Jânio. E vamos repetindo, como se fosse a primeira vez, como se fosse uma novidade que surgiu do nada. Na verdade, surgiu da nossa complacência de deixar que os tais homens públicos decidam, com a suas decisões emocionais, os nossos destinos, de nossa família, de nossas empresas. Somos a massa de manobra que eles usam, para fingir que falam e agem por nós.

Logo depois do grito da Independência, fizemos uma Constituição. Durou até a da República. Os paulistas morreram por Constituição; Vargas fez e desfez a magna carta; os militares de 1964 precisaram da de 1967, mas editaram o AI-5. E nós fizemos a cidadã, de 1988. Quem a desrespeitasse seria traidor da pátria, como amaldiçoou o doutor Ulisses. Nossos direitos e liberdades alicerçaram-se nela. "Censura nunca, cala-boca já morreu; quem for pessoa pública tem que aceitar crítica e sátira", já ouvimos de ministros do Supremo. Democracia de discurso. Quem precisava zelar pela Constituição foi quem permitiu desprezá-la. Quem jurou defender a Constituição, como presidente da República, não reage, não a defende.

Agora estamos à mercê de uma única pessoa, o presidente do Senado. Da decisão monocrática do presidente do Senado, para "voltar aos quadros constitucionais vigentes", como eu tanto ouvi em 1955, na minha adolescência. Desrespeito à Constituição não é novidade para quem nasceu em 1940, mas continuo querendo respeito, porque a magna carta é o marco civilizatório de uma nação. Fora dela é nação fora-da-lei, lei da selva, campo aberto para um

Führer ou Duce – um condutor, vestido de terno, toga ou farda. De Gaulle não disse, mas a frase atribuída a ele – de que não somos um país sério – é verdadeira enquanto não tivermos o devido processo legal, o respeito aos direitos e garantias fundamentais, a liberdade de informação e de expressão, a vedação à censura e a inexistência de ambiente para surgirem *condutores* farsantes que nos conduzam à tragédia.

Lições da Venezuela

Em 29 de agosto de 2024

Lula corre o risco de virar um pária, ficando mal entre os países democráticos e considerado traidor pelos amigos caribenhos. Para manter-se fiel aos objetivos do Foro de São Paulo, de apoio às forças esquerdistas da América Latina, Lula constrange o Itamaraty e o Brasil ao não acompanhar a reação de onze governos democratas do continente que "rechaçou categoricamente" a certificação, pelo Supremo venezuelano, de vitória de Maduro, com proibição de mostrar as atas do Conselho Nacional Eleitoral, "de forma inapelável". Em outras palavras, num jogo em que Maduro perdeu, o juiz pegou a bola e decretou a vitória de Maduro, sem direito de mostrar o VAR dos gols. A ONU, a União Europeia, a OEA e onze países americanos protestaram contra a fraude explícita, mas o Brasil não. Ficou mal.

Para Maduro, Lula também ficou mal, parecendo traição. Ortega, da Nicarágua, vocalizou o desagrado dele e de Maduro. Acusou Lula de "querer se converter em representante dos ianques". Chamou Lula de bajulador dos Estados Unidos e até lembrou as condenações de Lula na Lava Jato. Ficou mal por todos os lados. Além disso, o PT, partido de Lula, reconheceu imediatamente a vitória de Maduro, antecipando-se até à certificação do Supremo de Maduro. Sem ficar ao lado das democracias, Lula também contrariou Maduro, Ortega e seu próprio PT e está num impasse.

A Colômbia, onde estão três milhões de refugiados venezuelanos, e o Brasil, ainda esperam convencer Maduro... a quê? Lula, apressado, havia afirmado que a eleição fora normal, que a oposição insatisfeita poderia recorrer à Justiça; e insiste que se faça outra eleição (até que Maduro ganhe?). Ante as evidências de fraude e a repressão nas ruas venezuelanas, tentou não ficar tão mal e admitiu que o regime de Maduro é "muito desagradável". Insistiu, junto com o presidente colombiano Gustavo Petro, que é preciso mostrar as atas, o que foi proibido pelo Supremo. O vencedor, Edmundo Gonzales, teria que se apresentar ao Ministério Público, supostamente para explicar a página da oposição que mostra os resultados em 82% das urnas. Para não ser preso, ele não vai. O MP considera que a oposição mostrar o que obteve na transparência da apuração parcial é uma usurpação de competência, alegando que só o CNE, Conselho Eleitoral, pode mostrar o resultado. Só que não mostra. Porque se mostrar, demonstraria que Maduro perdeu.

Lula e Fidel fundaram o Foro de São Paulo em 1990, no âmbito do PT. Na época, ainda faltavam dois anos para o tenente-coronel paraquedista Hugo Chavez buscar o poder por um golpe de Estado, em fevereiro de 1992. Foi condenado e preso. Populista, em fevereiro de 1999, Chavez foi eleito presidente. Em 2003, perguntei ao então ministro José Dirceu como lidar com Chavez, que já era conhecido por suas bravatas. Dirceu respondeu-me – não recordo as palavras exatas – que seria como lidar com um desequilibrado. Em dezembro de 2002, Lula, presidente eleito, ouviu de George W. Bush que os Estados Unidos não se meteriam na Venezuela, deixando com Lula a missão de lidar com Chavez. Lula está imbuído até hoje dessa tutela, estendida ao sucessor, Maduro.

Em 2008, Chavez criou com Lula, em Brasília, a UNASUL – União das Nações Sul-americanas. Bolsonaro tirou o Brasil da UNASUL e rompeu com o governo de Maduro, reconhecendo o de Juan Guaidó. Quando Lula assumiu seu terceiro mandato, pôs de volta o Brasil na UNASUL e expulsou a embaixadora de Guaidó. Anunciou que iria reconstruir a UNASUL. Algo a serviço do Foro de São Paulo. No início de seu atual governo, em Brasília, Lula tentou *vender* Maduro para os colegas sul-americanos na reunião da UNASUL, o que irritou alguns, como o esquerdista Boric – que agora denuncia a fraude eleitoral na Venezuela.

A situação parece impossível de ser solucionada. Lula foi longe demais como marqueteiro de Maduro e agora está diante desse impasse. Para nós, brasileiros, oportunidade para comparar o sistema eleitoral venezuelano com o nosso. Lembram de quando Maduro ironizou nosso sistema eleitoral: "no Brasil nem um único boletim de urna é auditado"? Pois, agora, ele está pagando por isso. É *vítima* das suas urnas auditáveis. Não pode mostrar as atas, porque elas revelam que ele perdeu. A auditoria em tempo real, por leitura do

QR Code, permitiu que a oposição e o Centro Carter, convidado pelo acordo de Barbados, acessassem o resultado. Agora, o Supremo de lá proibiu mostrar, mas já é tarde.

Aqui no Brasil, buscamos mais segurança na apuração desde o caso Proconsult, que quase derrotou Brizola no Rio. Por três vezes, o Congresso aprovou comprovante do voto digital. Projetos de Roberto Requião e Brizola Neto; de Flávio Dino e Brizola Neto; e de Jair Bolsonaro. Os dois primeiros sancionados por FHC e Lula, o terceiro vetado por Dilma, com veto derrubado por 71% do Congresso. Mas, por três vezes, o Supremo derrubou. E nós em breve teremos eleição. Lá na Venezuela, provou-se ser impossível fraudar sem que se perceba. Aqui, paira a dúvida sobre os eleitores. Ironias da história: o PDT, por causa de Brizola, sempre desconfiou de apuração sem comprovante, mas foi o partido que entrou com a ação que tornou Bolsonaro inelegível, argumentando que ele levantou dúvidas sobre o processo de apuração, quando chamou ao Alvorada embaixadores estrangeiros.

Remédio ou veneno

Em 5 de setembro de 2024

Estou em Portugal, portanto fora da jurisdição brasileira. Em consequência, meu X está funcionando perfeitamente; estou em um país livre. Ele não funciona no Brasil, na Coréia do Norte, na China, no Irã, e países com restrições similares. O ministro Marco Aurélio, ex-presidente do Supremo, hoje aposentado, disse à CNN, citando a Constituição, que nenhum ministro do Supremo pode criar embaraço à liberdade de expressão. É o que está no artigo 220. No Brasil, criou-se embaraço para 22 milhões de pessoas que trocam ideias, trabalham, informam-se, expressam seus pensamentos na ágora X. Quando começou a censura, daqui de Portugal perguntei através do X: "Alguém aí no Brasil com quem eu possa falar?" Já me visualizaram mais de 1 milhão de pessoas. Fiquei preocupado se essas seriam multadas. Teriam que pagar 50 bilhões de reais. Que crime cometeram para tamanha multa? Desobediência a um juiz? Mas por quê? Que lei infringiram? A plataforma X tem litígio com um juiz, mas terceiros, que não têm litígio com as partes, são penalizados duas vezes – com bloqueio e com multa. Kafkiano.

A OAB protestou e não adiantou. O espírito de corpo no Supremo prevaleceu. A 1ª Turma, unânime, confirmou tudo, endossando o que foi feito e se tornando solidariamente responsável, no que foi criticada pelo ministro Marco Aurélio. Mas a OAB insiste, agora com as assinaturas de toda a direção nacional mais as dos presidentes estaduais. Argumenta a Ordem que a multa viola a separação de poderes, a legalidade, o contraditório, o direito de defesa, o devido processo legal. Nada que já não tenha sido praticado pelo Supremo. E vai dar em nada, porque só pode recorrer ao próprio Supremo – há séculos, recorria-se ao papa. Ao criar a multa de 50 mil reais, o tribunal está claramente estabelecendo pena para quem buscar alternativa – no caso VPN – para se manter com voz na grande ágora democrática que é o mundo digital. Ao criar a multa, está legislando. Se negar que legisla, admite que o faz por arbítrio. Multa de 50 mil reais é impagável para a maciça maioria dos brasileiros. Se fosse legal, seria tão desproporcional quanto as penas aplicadas a manifestantes do 8 de Janeiro. Se o Judiciário briga com uma companhia de energia e manda parar de produzir eletricidade, não torna o Estado responsável por serviço alternativo?

Sobre nossa capacidade de aceitarmos restrições inconstitucionais às nossas liberdades, já nos testaram na pandemia. Nos tiraram garantias fundamentais, que são cláusula pétrea na Constituição – direitos de ir e vir, de reunião, de expressão – e os que deveriam estar atentos para denunciar isso e defender a população, ao contrário espalharam o medo que paralisa e contribuíram para tolher liberdades básicas. Depois, veio a manifestação do 8 de Janeiro e de novo o arbítrio imperou sobre o devido processo legal. Escrever com batom frase de Barroso na base da estátua da Justiça se tornou mais grave que receber triplex e sítio de empreiteira. A maioria ficou com a ideia de que isso é normal e legal. E foi normalizando tudo como o sapo na panela sobre o fogo, sem perceber que a água vai esquentando até ferver e matá-lo. Tirar a liberdade é matar a democracia. A passividade da cidadania estimula a atividade da tirania. Tirar a liberdade é matar a cidadania, restando a servidão. Há quem defenda o sofisma de que é para preservar a democracia. Confundir remédio com veneno é fatal. O ministro Marco Aurélio, na entrevista, lembrou que "Liberdade é cláusula mestra na ordem jurídica constitucional". Em outras palavras: se não há respeito às liberdades, não há ordem jurídica. Querem que esqueçamos que liberdade é conquista e manutenção; não é concessão.

Coincidências

Em 12 de setembro de 2024

Quem assistiu ao filme sobre o julgamento de Nuremberg e vem acompanhando o inquérito dos presos do 8 de Janeiro assusta-se com a semelhança entre as acusações que fazem aos manifestantes de Brasília, e a justificativa da defesa dos réus nazistas em relação às milhares de prisões preventivas em nome da segurança do Estado. Eram pessoas perigosas na Alemanha – crianças, mulheres, idosos – assim como o são no Brasil. É chocante. Semelhanças históricas, factuais, mas também com clássicos da ficção. Parece *1984*, de Orwell e temos que evitar que o futuro seja o de *A Máquina do Tempo*, de H.G.Wells, em que os Morlocks acabam por dominar os Elois – os ingênuos bonzinhos que não perceberam enquanto cediam suas liberdades.

No 7 de Setembro, uma parte desses Elois saiu para as ruas, mobilizados pela voz coletiva digital libertadora. Argumentaram e gritaram, mas não têm sido ouvidos pelos que têm ouvidos, mas não querem ouvir, e têm olhos que não querem ver as ruas cheias de brasileiros pela Constituição e liberdade de opinião. O poder inflado ilegalmente não cede, blindado em seu espírito-de-corpo. E assim vamos, coerentes à nossa história, cheia de enganos e engodos, enquanto se aproveita a falta de conhecimento para exercer a tutela do poder.

Aquilo que o poder político faz desde Cabral, o Poder Judiciário percebeu que também pode fazer, *empoderando-se*. Testou na pandemia, cancelando direitos e garantias fundamentais, e todo mundo obedeceu. Aí, passou a investigar seus críticos, bloquear seus canais e contas, cassar-lhes os passaportes e prendê-los. Direito de manifestação ficou sob censura; deputados e senadores passaram a ser violáveis por suas palavras. E quase todo mundo ficou quieto. Hoje, essa tutela provém dos três poderes. Do Executivo, pelo clientelismo – alimente-os e domine-os; do Judiciário, pelo medo;

do Legislativo, pela omissão na defesa das liberdades e até de suas próprias prerrogativas. Parte da mídia foi domesticada com verbas publicitárias com que sobrevive; e uma parte do poder original, o povo, foi digerindo isso como natural e normal. A cidadania ativa recusa a tutela e mantém a chama das liberdades expressas na Constituição.

Uma eleição se aproxima e todos terão oportunidade de escolher os legisladores e chefes de Executivo da base da federação, que é o município. Vamos votar de novo sem aquilo que o presidente Lula chamou de ticket que comprova o voto na Venezuela. Emergem, nesta época de votar, as grandes questões ligadas ao exercício da cidadania, vale dizer, ao exercício do poder que emana de cada eleitor, de cada pagador de impostos. Chega a hora decisiva de escolher de novo os números a serem digitados. Não pode ser por sorteio, aleatório. Porque decidir futuro é vital – ou fatal. Um em cada cinco eleitores preferem não fazer escolha alguma, assustados com os candidatos arranjados pelos partidos e esse tem sido o enigma de quem quer melhorar o país votando em pessoas melhores, de melhor caráter e mais capacidade. Não há avanços nas eleições; na melhor das hipóteses, subimos um degrau e depois caímos outro.

Ao longo dos anos, podemos avaliar a qualidade das escolhas pelos resultados. E, aí, a gente vê que, em geral, não houve boas escolhas. Peguemos, neste século, a escolha do presidente da República como referência. No início do século, foi eleito o candidato do PT, prometendo acabar com a fome. Convenceu o Brasil e o mundo com a propaganda de Fome Zero. Virou celebridade no mundo por supostamente acabar com a fome no Brasil. O candidato e seu partido ficaram no poder na maior parte desses últimos vinte e um anos, e agora eles próprios anunciam de que o Brasil tem 33 milhões de famintos. Passam atestado, eles mesmos, de que foi só discurso para continuarem no poder. Além disso, desmontam tudo que foi feito para melhor, no interregno Temer-Bolsonaro.

Por atitude ingênua de eleitores é que os poderosos da política julgam que são todos tuteláveis; massa de manobra que não pensa, não reflete e é fácil de ser conduzida. Enquanto forem carentes, serão atendidos com bolsa-família e auxílios afins. O governo é tido como o pai bonzinho e nem sequer lhes passa pela cabeça perguntar de onde vem o dinheiro. E seus tutores, para reforçar o vínculo (vínculo vem de corrente, em latim), usam o ensino escolar, para catequizar as crianças em sua religião ateísta e materialista. Alienar para conduzir. Acabo de ver nas redes sociais que muitos jovens não sabem o que se comemora no 7 de Setembro. Já tomaram os votos de hoje; querem tomar também as mentes de amanhã.

Lula no limite

Em 19 de setembro de 2024

Num recente desabafo a um assessor insistente, Lula disse: "Eu, na verdade tô é f....". Recém havia demitido o ministro-mão-boba dos Direitos Humanos e a substituta já aparecia com extenso currículo de problemas e ainda tinha que responder sobre fogo recordista na Amazônia e Pantanal. Constantemente cobrado, está com a paciência no fim. A reação dele ante as críticas da líder indígena, Iacuí Tupinanbá, não foi a de um cavalheiro ante uma senhora idosa e de respeito. Não é para menos. Ele acumula frustrações próprias com as de seu povo eleitor. Queixou-se de contar com apenas setenta deputados e nove senadores. (Com isso, tem que pagar pedágio para o voto passar – e o Centrão é o principal cliente). Além disso, é vítima da própria propaganda. Criou expectativas – na campanha e no governo – que não pode cumprir. E o resultado é a frustração dessas expectativas, nos eleitores que lhe deram voto e naqueles líderes estrangeiros que o aplaudem. Material abundante para os opositores e críticos.

A agenda ambiental e a da fome ficam em primeiro lugar na frustração. O próprio governo tem dito que há 33 milhões de famintos no Brasil, o que significa fracasso do fome zero em mais de quinze anos de governo petista. E o fogo na Amazônia e no Pantanal – e pelo Brasil inteiro – derruba toda argumentação de um ambientalismo de propaganda e pouca ação preventiva no país que vai sediar encontros internacionais. Quanto a agenda de Direitos Humanos, não é a mão-boba do ministro que põe a seriedade a perder; é a falta de ação para proteger brasileiros perseguidos e injustiçados, na Amazônia e em Brasília. Nenhuma palavra sobre colonos assentados no Pará pelo Incra e depois enxotados pela polícia, perdendo tudo e sem ter onde viver. Nenhuma palavra sobre os injustiçados que só se manifestaram e nada quebraram, e são condenados como se fossem perigosos terroristas.

No Rio Grande do Sul das enchentes, a propaganda criou até um cargo extraordinário de ministro com mais força que o governador, mas pouco resultou, gerando mais insatisfação. Não é apenas a picanha; a dívida pública se aproxima de 80% do PIB, a inflação bate no teto e tem que aumentar juros básicos; na política externa, está se tornando o único apoiador de Maduro e ainda desagrada o ditador, como desagradou Ortega, que cortou relações. Nas cidades, o crime organizado se expande e enraíza. E Lula parece cansado. Não apenas ele, mas o eleitor.

Na proximidade da eleição, penso que o eleitor esteja também com a paciência se esgotando. Aliás, o eleitor já avisou muitas vezes que já não aguenta ter que votar no menos pior. O eleitor já escolheu o rinoceronte Cacareco, o macaco Tião, o palhaço Tiririca e similares, para mostrar aos partidos com quem se parecem muitos candidatos que figuram nas listas partidárias. Os partidos buscam gente popular para gerar voto, sem saber das qualidades de político e administrador dessas pessoas. Apenas porque brilham no futebol, nos palcos, na TV, nas redes sociais, viram candidatos, sem o menor conhecimento do que vão fazer como prefeitos ou vereadores, além de jogar cadeiras no adversário.

Isso não é de agora e é por isso que a nossa política é tão pouco eficaz no objetivo que gerar melhorias para o povo. Segurança, ensino, saúde, os resultados são pífios e, em geral, só piora o bem-estar da população. E quando alguém mostra serviço, é cancelado como um intruso no mecanismo. Se Lula tem tão pouco apoio no Congresso, quem, então, impede que se busquem soluções para o país? O Centrão já mostrou seu apego ao status quo, em que é melhor ficar como está. Não querem mudar – a não ser para pior, como se vê em debates para a eleição municipal paulistana, a mais importante do país. O objetivo, como expressou um vereador amazonense, é enriquecer no cargo – enquanto vai mantendo a enganação. Neste ano tem oportunidade de mudanças; em 2026 também.

O Estado e a liberdade

Em 26 de setembro de 2024

Milei acaba de anunciar, na ONU, que a Argentina vai estar na vanguarda da luta em defesa da liberdade. Ele tem uma frase sobre o Estado, que faz parte dessa luta: "O representante não é mais nem maior que o representado". Não acredito nas teorias de conspiração, das que pululam nas redes sociais. Mas, como diz a sabedoria espanhola, "no creo en brujas, pero que las hay, las hay". O fato que se observa é o Estado querendo ser mais importante e maior que a nação, querendo mandar na nação. Deixemos claro: o Estado existe por causa da nação, criado pela nação para haver uma ordem, administrada pelo Estado, com autoridades escolhidas pela nação. O Estado está a serviço da nação e é sustentado por ela para prestar bons serviços públicos. Todos os recursos do Estado são da nação, que gera esses recursos. Estado não cria riqueza, apenas a distribui. O Estado não é o dono da nação nem seu patrão; ao contrário, a nação é a dona do Estado e sua mandante. Para fazer leis e governar, é preciso ter a procuração do voto da nação. Para ficar mais claro: o Estado são os governos, em seus três poderes e a nação é o povo, os cidadãos, eleitores e pagadores de impostos.

Isso posto, voltemos ao que se observa. Os integrantes do Estado estão cada vez mais invertendo a ordem de poder na democracia em que primeiro é o povo, a fonte do poder, mandante; depois o governo, mandatário. Ao inverter, deixa de haver democracia para imperar totalitarismo, tal como o que foi posto em prática na União Soviética e fracassou. A sátira de um regime assim invertido está no livro *1984*, de George Orwell, que hoje mais parece uma profecia. Agentes do Estado tentam sufocar a nação pela censura e pelo medo. A Constituição dos Estados Unidos é um modelo dessa ordem: estabelece os limites do Estado, para que não avance sobre as liberdades do cidadão. O teste feito durante a pandemia mostra que, com apoio da mídia a criar pânico, é possível impor obediência cega e até suspender direitos fundamentais previstos em cláusula pétrea da Constituição. Milei, na ONU, disse que as quarentenas da pandemia deveriam ser consideradas delito de lesa-humanidade.

Nada dessa operação de sufoco da cidadania teria sido feito se não tivessem surgido as redes sociais e um deputado cancelado por décadas, Jair Bolsonaro. As redes permitiram que as pessoas isoladas em suas convicções passassem a trocar opiniões e descobrirem que eram milhões. Enquanto isso, o deputado virou candidato a presidente, soprou oxigênio na brasa dormida e catalisou a maioria antes silenciosa. A cidadania passiva ficou ativa e a calmaria da ideia única imposta nas escolas e na mídia acabou. Então os do pensamento único reagiram contra a polaridade que surgiu – como se sabe, polaridade só existe quando já não há um, mas dois. O controle, que vinha paulatinamente calando consciências, entrou em emergência e se tornou agressivo. Os direitos constitucionais foram ofuscados para punir o uso da liberdade de expressão, que é a arma mais eficaz contra totalitarismos.

Já não se usam fuzis e canhões para impor-se a corações e mentes. Usam armas inspiradas em Antonio Gramsci, para enfraquecer a família – hoje até as palavras sagradas mãe e maternidade tentam banir via Supremo, numa ação movida pelo PT. Os valores cristãos são os mais atacados, pois precisam enfraquecer as ideias que solidificaram a civilização ocidental. Sabem que a cultura judaico-cristã é uma sólida barreira à imposição do pensamento único. Para isso, se quer impor tutela, mas o Estado está debilitado por gastar demais – e arrecadar tem limite. Margareth Thatcher lembrou que não existe dinheiro público; "o que existe é dinheiro dos pagadores de impostos". Estado desmoralizado por seus próprios atos e a mídia que o apoia está tão desacreditada por suas próprias "notícias", que essa união não tem força para acorrentar a nação, que é maioria na defesa de princípios éticos e libertários. Há consciência de que controle é o mal, porque controlar o que se fala e o que se pensa é escravizar.

Recivilizados

Em 3 de outubro de 2024

Dentro de um ano, estaremos totalmente recivilizados, a valer o que anunciou o presidente do Supremo, ministro Barroso, numa entrevista em jornal. Ironicamente, em países com tradição civilizatória, juízes não dão entrevistas, jamais se vangloriam de vencer eleições, muito menos em convescotes juvenis. A presidente do TSE, ministra do Supremo, Carmen Lúcia acaba de submeter-se a programa de entrevistas na TV e fez manifestações que podem antecipar juízo como, por exemplo, no caso X. Isso já não causa escândalo e é assimilado sem digerir, como normal. Esquecemos todos de um dos truísmos do Judiciário civilizado: juiz só fala nos autos. Se esquecemos, precisamos sugerir a reinclusão disso, no tal processo de recivilização.

O presidente do Supremo disse que em um ano haverá total recivilização, pelo que se pode prever um recrudescimento do atual processo de poder supremo sobre os demais poderes e a própria Constituição. Essa ameaça poderia muito bem estar no livro de Orwell, *1984*, que satiriza o que os soviéticos fizeram com os povos sob o seu domínio, recivizilizando-os. Pelo que fizeram na pandemia, sem reação da população nem de seus representantes, estão seguros de que podem avançar mais, porque depois do choque do primeiro dia, as vítimas esquecem e vão cuidar da próxima refeição e do próximo jogo de futebol.

Como na pandemia, assim nesta eleição municipal. Estamos preparados para receber, sem dúvidas, os resultados deste domingo? Estamos nós seguros de que o que será anunciado pela contagem oficial refletirá a verdade, a realidade dos votos que foram digitados? Ou restarão dúvidas, como restaram nas eleições anteriores? O fato é que não se compreende o processo de apuração, que deveria ser transparente, como indica o artigo 37 da Constituição. Agimos como eleitores que não ligam para o valor do próprio voto. Em países já civilizados não é assim. Nem na Venezuela.

Lá, não foi possível Maduro convencer pessoas e países de que ganhara a eleição, pois o sistema tem fácil consulta digital. Tudo indica que Maduro mandou interromper a contagem quando percebeu que perdia por larga margem, mas tardiamente já com a apuração em eloquentes 83,5%. O Centro Carter, credenciado pelo Acordo de Barbados que possibilitou a eleição, acaba de apresentar à Organização dos Estados Americanos as atas, com mais de 60% dos votos para Edmundo Gonzales. Lá é possível isso, porque existe acesso às apurações. Aqui, precisamos incluir o comprovante do voto no processo de recivilização.

E rumamos para as urnas de novo mesmo sem comprovante físico ante os mistérios digitais. A falta disso gerou o 8 de janeiro. Seria recivilizatório ter comprovante do voto, como em países civilizados. Os paulistanos, que vão para uma eleição cuja campanha destoa com a importância de São Paulo, têm na bandeira um dístico em latim que diz: Não sou conduzido, mas conduzo. Fico me perguntando o quanto permitimos que nos conduzam. Na relação entre a nação e seu Estado, é a nação que reciviliza o Estado, se necessário – e não o inverso. São os valores culturais da nação que criam uma civilização, como criaram essa que Sérgio Buarque de Holanda procurou explicar.

Não custa insistir no óbvio: civilização começa na nação, não no Estado. Só as ideologias estatizantes, que sempre são totalitárias, decidem que o Estado é que impõe civilização ao povo. Aqui, no Brasil vai deixar de valer também o primeiro artigo da Constituição, se o poder – inclusive o civilizatório – não emanar do povo. Mas também é preciso que o povo queira exercer o seu poder. Talvez julgue ser mais confortável deixar-se conduzir. Pois todo poder emana do povo se o povo souber exercê-lo. É preciso querer ou aprender a conduzir, para não ser conduzido e ser escravo.

A eleição futura

Em 10 de outubro de 2024

O governo logo tratou de propagandear que o resultado eloquente da eleição municipal não tem nada a ver com a eleição presidencial de 2026, como disse o porta-voz político, ministro Alexandre Padilha. Os votos municipais mostram que a direita e o centro-direita superam em muito a esquerda e centro-esquerda – quase o dobro. Mais do que um significado para a próxima eleição, deixa uma interrogação sobre a eleição anterior: Como foi que Lula ganhou? O PL foi o partido mais votado na eleição municipal, com 15,7 milhões de votos; o PT teve pouco mais da metade disso: 8,9 milhões. Os partidos de esquerda fizeram 862 prefeituras; os de direita, 2.291. Se juntarmos todo espectro de esquerda, somam 1.991 prefeitos; o espectro da direita elegeu 3.516 prefeitos. Se os municípios elegem quase o dobro de candidatos direitistas, a pergunta que brota naturalmente é como um candidato de esquerda foi eleito presidente em 2022? Por que o outro perdeu?

Agora o campeão de votos foi o PL; o de prefeitos, o PSD; o de vereadores, o MDB. O PT nem aparece entre os cinco primeiros das listas. Lula não elegeu o genro em Barra dos Coqueiros, Sergipe, embora o candidato tenha feito campanha com vídeo gravado com o sogro. Danilo de Lula só teve 3% dos votos. Edinho do PT não conseguiu eleger a sucessora em Araraquara, onde Lula se abrigou no 8 de Janeiro, e onde aquela cidadã foi presa por estar sentada num banco de praça na pandemia. O presidente participou da campanha em 21 municípios e perdeu em dezesseis deles. A vitória no Rio é de Eduardo Paes, PSD e ex-DEM. Nas capitais com segundo turno o PT disputa só em quatro das 26. Em São Paulo, berço do partido, o candidato é do PSOL. O PT e Lula podem não estar com votos, mas continuam com a mídia, os professores, os artistas e gente do Judiciário.

Talvez haja alguma pista para essa previsão do governo, de que 2026 nada terá a ver com 2024. É a divisão da direita e centro-direita. As vaidades, os interesses, os oportunismos. O segundo turno prevê enfrentamentos entre gente do mesmo lado ideológico. Em Goiânia, Bolsonaro e Caiado vão se enfrentar, cada um com o candidato de seu partido, da mesma direita: o PL, com Fred Rodrigues, e o União Brasil, ex-PFL, ex-DEM, ex-PSL, com Sandro Mabel. Em Curitiba, a jornalista Cristina Graeml que, sem fundo eleitoral e boicotada na mídia e nas pesquisas, empatou com o neto de Paulo Pimentel e vai para o segundo turno. Eduardo Pimentel tem como vice o PL de Bolsonaro, enquanto Cristina e Bolsonaro se admiram reciprocamente. Disputa dentro da mesma ideologia. Assim é o segundo turno em Belém, Belo Horizonte, Campo Grande, João Pessoa, Manaus, Palmas e Porto Velho – só para falar em capitais. E ainda tem o Pastor Malafaia chamando Bolsonaro de "porcaria de líder," e Cristina Graeml de "aquela mulher lá". Meu barbeiro Simonini, um profeta, dizia que iria chegar o dia em que digladiariam "os próprios contra os mesmos". Façamos uma hipótese aritmética: a soma da direita é 3.516 prefeituras; dividida pelo meio dá 1.758 – menor que as 1.991 da esquerda. É só um estudo para demonstrar que a superioridade de dois terços sobre um terço se esvai quando ela se divide.

Imagine agora a Avenida Faria Lima fazendo jantar para apoiar a candidatura Lula em 2022 "pela democracia". Lembram da Carta pela Democracia? Não parece um masoquismo da direita e do centro, querendo sofrer com a esquerda? Agora com os candidatos mais próximos do eleitorado, em eleição municipal, mostra sua face majoritariamente conservadora e direitista, temente a Deus e à esquerda. O PT não elegeu nem um prefeito sequer em capitais na eleição anterior, nem está com chances de eleger agora. Só em quatro capitais ficaram para o segundo turno, mas com pouca chance ou nenhuma, como em Porto Alegre, onde o atual prefeito fez 49,72% no primeiro turno. A esquerda só foi vitoriosa em Recife, com o PSB do prefeito João Campos.

Em São Paulo, Bolsonaro livrou-se de um dilema tipo "decifra-me ou devoro-te". Imaginem se Marçal tivesse ido para o segundo turno com Nunes. Mas terá Goiânia, Curitiba e outros dilemas, em disputas entre candidatos do mesmo padrão ideológico. Podem restar sequelas para 2026. E não se pode esquecer da credibilidade na contagem, que só o comprovante do voto confere. Diante do quase empate entre os três de São Paulo e dos quase 50% de Porto Alegre, fica a vontade de recontar, mas é impossível. Não custa lembrar que a apuração é feita longe dos olhos e da compreensão do público, a despeito do que manda o artigo 37 da Constituição, sem esquecer o artigo 14, do voto direto e secreto. Já há mobilização para 2026, em busca de um sistema que não deixe dúvidas, embora o presidente do Supremo tenha descoberto que as críticas ao processo eleitoral perderam credibilidade e relevância. Não custa lembrar que os eleitores ficaram sem o palanque digital do X para exercerem o direito pétreo de expressão do pensamento, em debate onde se forma opinião e se decide voto. Eleições livres, limpas e transparentes são meus votos para 2026.

Quaisquer palavras

Em 17 de outubro de 2024

Em 2 de setembro de 1968, na tribuna da Câmara Federal, o deputado Márcio Moreira Alves fez um discurso exortando os brasileiros a não comemorarem o Sete de Setembro; os pais para que não permitissem seus filhos no desfile; às moças para não dançarem com cadetes nem namorarem jovens oficiais. O ministro da Justiça pediu ao Supremo para processá-lo. O Supremo alegou ser questão interna de outro poder. O caso foi para a própria Câmara decidir. Em 12 de dezembro, os deputados rejeitaram a licença para processar, por 216 a 141 votos. No dia seguinte saiu o AI-5. Márcio tinha o mandato cassado, e o Congresso entrava em recesso.

Para evitar que isso acontecesse de novo, os constituintes de 1988 pensaram muito sobre o teor do artigo 53 da nova Constituição. Ficou assim: "Os deputados e senadores são invioláveis, civil e penalmente, por quaisquer de suas opiniões, palavras e votos". Quaisquer foi pedra de toque – para poder representar os eleitores, o povo, de onde emana todo poder, a palavra dos representantes está acima de qualquer lei, inclusive a de Segurança Nacional. Se faltar ao decoro com palavras, o parlamentar será denunciado pelo Conselho de Ética e julgado pelo próprio Legislativo. Na vigência da Constituição de 1967, o Supremo não invadiu o Legislativo. Hoje, só para citar dois casos, o senador Marcos do Val está cerceado, e o deputado Marcel van Hatten acaba de saber que há um inquérito no Supremo porque, na tribuna, fez referências desairosas a um delegado federal.

O Legislativo ser mobiliza ante o avanço do Supremo; está dividido, mas parlamentares querem conter o ativismo do STF. O Decano e o presidente do Supremo reagiram às quatro recentes aprovações de projetos na Comissão de Constituição e Justiça da Câmara. O ministro Gilmar Mendes disse que "Se a política voltou a respirar ares de normalidade, isto também se deve à atuação firme do STF". O ministro Luiz Roberto Barroso afirmou que não se deve mexer em instituições que funcionam bem e estão cumprindo o seu papel. A Comissão, por 38 a dezoito votos, acolheu a proposta de emenda constitucional já aprovada no Senado por 52 a 18, que restringe decisões de um único ministro do STF que suspendam leis aprovadas pela maioria de deputados e senadores. E por 32 a doze admitiu o projeto de emenda à Constituição em que dois terços da Câmara e do Senado podem suspender decisões do Supremo que invadam a competência do Legislativo. Além disso, começaram na CCJ a tramitar projetos: que estabelece novas hipóteses de crime de responsabilidade para juiz do Supremo e outro que dá poder aos plenários sobre a pauta hoje ao arbítrio dos presidentes das casas. O PSOL e o Solidariedade já tomaram partido: estão do lado do outro poder. Entraram no Supremo com ações para suspender a tramitação das o PECs. Mas se o Supremo é o sujeito das propostas, como vai julgar em seu próprio interesse? Foi para as mãos do relator Nunes Marques.

Não se trata de disputa entre poderes. O Legislativo não quer julgar. Quer manter-se como Legislativo, e a Constituição manda que os congressistas defendam suas prerrogativas, no artigo 49: "É de competência exclusiva do Congresso nacional. [...] XI: Zelar pela preservação de sua competência legislativa em face da atribuição normativa dos outros poderes". No artigo 2°, a Constituição põe o Poder Legislativo em primeiro lugar. Porque é através dele que o povo exerce o poder citado no primeiro artigo. Os deputados e senadores são os representantes do povo e dos estados federados. Por isso o Congresso é diversificado em geografia, etnia, religião, sexo, cor da pele, doutrinas e ideologias, religiões, profissões – enfim, é o retrato da nação, com as virtudes e os defeitos da nação. Por isso o Congresso é o lugar da Política. O Judiciário vem em terceiro lugar na Constituição, porque não é órgão de representação, mas técnico, para aplicar a lei e interpretar a constituição. Os onze do Supremo não têm representação da diversidade nacional, mas notável saber jurídico, reputação ilibada e idade entre trinta e cinco e setenta anos.

Os que defendem as propostas que tramitam no Legislativo alegam que se trata de voltar ao equilíbrio entre os poderes, pondo um freio no ativismo judicial que tem prejudicado o próprio Supremo. A declaração de Barroso, em reunião da UNE "Nós derrotamos o Bolsonarismo", é a expressão disso, e é corroborada pela fala já citada de Gilmar, ligando a atuação do STF à política. Quando tomou posse na Presidência do Supremo, em setembro de 2020, o ministro Luiz Fux identificou o problema: "Assistimos, cotidianamente, o Poder Judiciário ser instado a decidir questões para as quais não dispõe de capacidade institucional...Essa prática tem exposto o Poder Judiciário, em especial o Supremo Tribunal Federal, a um protagonismo deletério". Os ministros do Supremo, que já não podem circular livremente, devem sentir que esse protagonismo prejudica não apenas a Instituição, mas suas próprias vidas cotidianas.

Vivemos tempos estranhos, sem poder confiar em garantias constitucionais, temendo o arbítrio. Nossos representantes não têm sido respeitados em suas prerrogativas, que são as nossas, da origem do poder. O Supremo, que deveria ser guardião da Constituição, está com viés de tutor da nação. O ministro Dias Toffoli já disse "nós somos editores de um país inteiro". Não é esse o papel do Supremo. A instituição precisa funcionar dentro de suas atribuições. O primeiro dos poderes é o Congresso dos representantes do povo, para o qual o voto dá poderes para agir em nome do povo, tendo assim a palavra final. Palavra que é garantida pela Constituição, quaisquer palavras.

Quo vadis?

Em 24 de outubro de 2024

Havia um tempo em que a política externa brasileira era conhecida como previsível, pragmática, reflexo dos interesses nacionais, sem ranços ideológicos. Eram outros tempos. Agora mesmo, em Kazan, na Rússia, o chefe da delegação brasileira, chanceler Mauro Vieira, falou na reunião do BRICS, expondo uma política externa anti-Israel e a favor do terrorismo do Hamas, do Hezbollah e do Irã, além de denunciar embargos dos Estados Unidos sobre Cuba. Criticou os países que têm visão diferente desse desejo do Brasil de impedir que Israel exerça seu legítimo direito de defesa. Vale dizer: o Brasil quer que Israel, ingenuamente, permita sua própria extinção – objetivo do Irã, agora membro do BRICS. Quem escreveu o discurso brasileiro ainda apostou na nossa ignorância, ousando escrever que sobre Gaza foram lançados mais explosivos que sobre Dresden, Hamburgo e Londres na Segunda Guerra.

O ministro dos Relações Exteriores também falou em paz na Ucrânia, acompanhando a China. Coerente com o que pensa sobre Israel, essa paz é a da Rússia, com a Ucrânia cedendo território em troca de nada. Sói não falam das intenções da China sobre Taiwan, ocupação do Tibete, nem da decisão do Irã de extinguir o Estado de Israel, tampouco das proibições dos talibãs que impedem as mulheres de falar em público e de ir além do 6º ano escolar no Afeganistão. Ninguém lá vai se queixar do regime cubano nem pedir que Maduro aceite o resultado da eleição e entregue o poder na Venezuela.

Na pauta sim, substituir o dólar como moeda internacional de troca e criar alternativa para o acordo de Breton Woods, onde a maioria das nações do mundo criou o Banco de Reconstrução e Desenvolvimento, também chamado Banco Mundial, o FMI para socorrer as economias dos países signatários e exigir sanidade nas contas públicas e o GATT, o Acordo Geral de Tarifas, regulando o comércio internacional. Sugerem, os anti-Ocidente, outros rumos, sob a condução da China e com financiamento do Banco comandado por Dilma, lá sediado.

Ela sugeriu que os financiamentos sejam em moeda local, mas não entrou no como fazer. Enquanto isso, o Irã deseja impor o islamismo ao mundo, e já trata disso em relação à Europa.

O chanceler Mauro Vieira havia expressado a decisão brasileira de estabelecer critérios para adesões. Não se falou, é claro, em critérios de liberdade, livre iniciativa, direito de propriedade, direitos humanos e democracia.

E o que se sabe é que Brasil conseguiu que não fossem incluídos na lista de aderentes Nicarágua e Venezuela. Avisaram os russos mas não a Maduro, que lá chegou como penetra, mas teve o consolo de Putin, que o chamou de aliado fiel de o sagrou como *vencedor justo* na eleição venezuelana. O acidente doméstico do presidente Lula o livrou de estar em Kazan ao lado de aiatolás e talibãs, além de dirigentes autoritários, no BRICS ampliado a 36 figurantes, para fustigar os Estados Unidos.

Mas o Brasil de Lula participa de tudo isso. A política externa de um país é o prolongamento da vontade nacional. E a vontade nacional brasileira não é nada disso. Se olharmos a expressão disso no voto, podemos dizer que o país está dividido pela metade, a valer a eleição de dois anos atrás; mas está majoritariamente ao lado do ocidente e dos valores judaico-cristãos, na eleição mais recente. E a política externa brasileira atual contraria essa expressão nacional. Além disso, a Constituição, no artigo 4º, diz que nossas relações internacionais devem ser regidas pelo princípio, entre outros, do "repúdio ao terrorismo e ao racismo". Nossa posição em relação a Israel fere esse princípio.

O Brasil era conhecido por cautelosa posição de equilíbrio em sua política externa. Pragmatismo sem ideologia. Agora parece que estamos com ideologia estranha às nossas raízes. Brasileiros deram sangue numa guerra contra ditadores e agora somos associados a objetivos de ditadores. Milei percebeu a vaga no protagonismo ocidental e instruiu todo o seu corpo diplomático a não apoiar, no planeta, nenhum projeto, documento, resolução ou declaração que contrarie os valores fundamentais da vida, liberdade e propriedade; nada que desestimule o crescimento e renda, no espírito da Declaração dos Direitos do Homem, que é base da ONU, que o BRICS quer reformar. Para onde vais, ó Brasil? *Quo vadis?*

No rumo de 2026

Em 31 de outubro de 2024

Terminou a corrida municipal e já começa o aquecimento para a eleição presidencial, o que é indício de que o atual governo não vai bem. Consolidou-se no segundo turno municipal a força centro-direita que se espalhou pelos municípios brasileiros no primeiro. A esquerda encolhe; o símbolo do PT se torna uma estrela cadente. O partido nem sequer teve candidato para a Prefeitura de São Paulo, onde foi criado, tendo que apoiar o candidato do PSOL, sigla que não elegeu prefeito algum. Dos 39 municípios da grande São Paulo, região de operários e berço de sindicatos, o PT ficou com apenas uma prefeitura, tal como o PDT e o PSB. Lula nem foi a São Bernardo votar e a alegação oficial foi a de que já não é obrigado, pelos setenta e oito anos de idade; seria melhor ter assumido o motivo real – o risco de voar com hematoma intracraniano.

O segundo turno mostrou quase empate em Fortaleza, Pelotas e Ribeirão Preto – onde a diferença foi de 687. Casos em que normalmente um lado pede recontagem manual dos votos, mas hoje isso não é possível, deixando dúvidas eternas. Em 2022, foi Lula 50,9% *versus* Bolsonaro 49,1%. Em Camaçari, Campo Grande, Olinda e Caxias do Sul o resultado foi parecido: um apertado 51% a 49%. No primeiro turno, todos os eleitos em capitais já eram prefeitos; no segundo, repetiu-se o favoritismo de quem já detinha o Executivo municipal em Palmas, São Paulo, Porto Alegre e Belo Horizonte. Partidos mais à esquerda, como PSTU, PCB, PCO, além do PSOL, não elegeram prefeito algum, assim como ficaram fora de prefeituras de capitais o PSDB, o PDT, o PCO e o Cidadania (ex-PCB). O PT ficou só com Fortaleza e está em nono lugar em prefeituras.

Curitiba mostrou que é possível uma pessoa sem fundo partidário, sem dinheiro, boicotada pela mídia e, na prática, candidata avulsa, pode chegar ao segundo turno com 43% dos votos válidos. Cristina Graeml disputou com o vice-prefeito, apoiado pelo prefeito Greca e pelo governador Ratinho Jr, e por ex-governador, o avô

Paulo Pimentel, e chamou a atenção nacional pela determinação e coragem, como candidata saída de aspirações populares e não de diretórios partidários e acertos políticos. Na prática, uma candidata avulsa. Não foi eleita, mas é vitoriosa.

Na maior eleição, São Paulo, também surgiu um personagem sem biografia partidária: Pablo Marçal, que quase foi para o segundo turno, e insistiu em participar da decisão e aí se perdeu. Acabou dando palanque a um dos candidatos, e deixou à mostra o objetivo de se promover; cometeu erros de tática e estratégia e acabou perdendo o que conquistara. Em Goiânia, o governador Caiado mostrou força para 2026, derrotando o candidato de Bolsonaro e do deputado Gustavo Geyer que, abalado pela visita da Polícia Federal, atribuiu a derrota a Caiado, e o chamou de "canalha" nas redes. Houve troca de farpas entre Caiado e Bolsonaro-Michele. A reação emocional esquece que se o centro-direita se dividir, abre espaço para a esquerda em 2026. O pragmatismo de Tarcísio – com Republicanos, PSD e MDB – deixa lições, pois dividir o centro-direita será o objetivo da esquerda neste pré-2026, se, por sua vez, o PT tiver resolvido seus próprios rachas.

O vice-presidente nacional do PT, Washington Quá-Quá, disse que escolher Boulos candidato foi erro. E o Articulador Político do Governo, Alexandre Padilha, após avaliação com Lula, fez gozação com a fraqueza eleitoral do partido. Que, segundo ele, não saiu da zona de rebaixamento. A presidente do PT respondeu nas redes sociais que Padilha deveria cuidar do seu trabalho, que, segundo ela, prejudicou o PT. As relações entre Gleisi e o Palácio do Planalto parecem estar na mesma temperatura do contato Bolsonaro-Caiado. Além disso, os apoios de Lula contra candidatos do MDB geraram vetos ao presidente e ao PT por parte de prefeitos eleitos, como os de São Paulo e Porto Alegre. Pelo que disse o ex-presidente Temer, após esta eleição, o MDB vai tomar rumo contrário ao da esquerda. O novo objetivo já é 2026.

Chamem o Bukele

Em 7 de novembro de 2024

Alexandre de Moraes, quando era Ministro da Justiça de Temer, em 4 de outubro de 2016 estava palestrando num evento do Centro Acadêmico de Direito da FGV em São Paulo, e respondeu a uma pergunta agressiva de um militante: "Em relação à pergunta de um simpatizante de um governo corrupto, que foi colocado para fora pela corrupção e pela falta de vergonha na cara: se, ao invés de roubar milhões, tivessem investido em segurança pública; se, ao invés de desviar dinheiro para o porto em Cuba, tivessem investido em presídios, estaríamos melhor". Pois há poucos dias, o líder do partido que estava naquele governo, agora Presidente da República, resolveu propor uma solução para os presídios e segurança pública.

O Presidente Lula talvez tenha querido desviar as atenções para o maior problema do país, que é a falta de segurança física e patrimonial que escraviza os brasileiros. Num momento de derrota eleitoral, de dólar e juros altos, de pressão inflacionária, de reclamações contra excesso de gastos do governo, de política externa diferente das aspirações nacionais, o Presidente tentou atrair atenções para o maior problema, que afeta vidas e patrimônio de todos. Convidou os governadores para ouvirem do Ministro da Justiça, Ricardo Lewandowski, a proposta de emenda à Constituição, pela qual todos os estados deveriam seguir, na Segurança Pública, diretrizes do governo federal, como se ainda fôssemos uma república unitária, como nos tempos da Ditadura Vargas. Pelas reações dos governadores, o presidente já deve estar a caminho de abandonar a ideia, inclusive porque a Constituição, no art. 60, §4, inciso I proíbe emenda tendente a abolir a forma federativa de estado.

A presença na reunião para apresentação do projeto já foi eloquente: menos da metade dos governadores – apenas 13. E dos que compareceram, muitos foram para rejeitar as estranhas propostas: tornar a Polícia Rodoviária Federal polícia ostensiva; a Polícia Federal como Polícia de Pronta Resposta(arrepia lembrar as SA de Hitler Sturmabteilung). Essas duas polícias são federais e ficariam acima das estaduais. Os governadores não poderiam ter orientação diferente das diretrizes baixadas por Brasília, além de já serem dependentes de recursos federais.

Zema não compareceu e gravou mensagem nas redes dizendo que para ganhar do crime é preciso combate e não debate. Foi um dos governadores a lembrar que o básico é prender – e não soltar e descondenar. Ficar debatendo é dar mais tempo ao crime ir dominando. Cláudio Castro, do Rio, queixou-se que foi à reunião sem ter recebido uma prévia do que seria tratado. Tarcísio sugeriu que a questão não se resolve por uma PEC; que é preciso mais. Caiado deu uma aula sobre o que faz em Goiás, para tornar seguro o seu estado. Todos reclamaram que o governo federal deveria fazer a sua parte, impedindo a entrada de drogas e armas nas fronteiras.

Durante o governo Bolsonaro o crime despencou com o apoio federal às polícias. Bastou apoiar as polícias. Mas é preciso dar segurança jurídica para os policiais agirem e autonomia aos que são do ramo. Caiado ironizou a proposta de segurança saída do papel e não das ruas. Lula, em troca, ironizou Caiado, dizendo que ele deveria dar aulas de segurança. Além disso, várias vezes foram citadas limitações impostas pelo Supremo à ação policial no Rio de Janeiro, o que fez crescer ainda mais as facções. Acresce, no caso, uma cultura difundida pela mídia, artes e intelectualidade, que ajuda a expansão do crime ao desacreditar a polícia, o que é uma inversão.

O trágico é que o Presidente, ao abrir a reunião, disse que a eleição teve eleitos pelo crime. E mais, que o crime está entrando no Ministério Público e no Judiciário. A impunidade e medidas que protegem os criminosos proibindo ações da polícia mostram que o mal brota em cabeças dos que fazem e dos que aplicam as leis. E agora retiram das Forças Armadas o Projeto Calha Norte. É o sinal verde – sem trocadilho – para o crime que já se instalou na região, assim como por décadas foi instalado no Rio de Janeiro e agora se espalha pelo território nacional. Por décadas ficamos passivos ante o crescimento do crime que pode nos dominar. Não estaríamos nesta situação se todos observassem o que estabelece a constituição: Segurança Pública, dever do Estado, é direito e responsabilidade de todos. Esses entes – estado e "todos" – estão sendo permissivos há décadas. Será que estão a sonhar que o Bukele virá nos salvar?

Bruxas rondando

Em 14 de novembro de 2024

Mesmo com toda segurança para o G20, assaltantes de moto, armados, levaram o carro do Ministro Secretário-Geral da Presidência da República, Márcio Macedo, na madrugada de quinta-feira, na Lapa, centro do Rio de Janeiro, não muito longe do local que vai receber as mais altas autoridades de 20 países. O carro foi levado para o Complexo da maré, um dos santuários do crime da ex-capital do Brasil. Na capital, na Praça dos Três Poderes, um chaveiro de 59 anos, lançava bombas barulhentas, mas não destruidoras contra o prédio do Supremo, para depois explodir a própria cabeça.

Uma semana antes, quem chegasse ao Brasil pelo aeroporto de Guarulhos, descobriria que havia desembarcado num país que não soube lidar com o crime. Entre nós brasileiros, no entanto, para saber disso não foi preciso o assassinato a tiros de fuzil na saída do maior aeroporto do Brasil. Está na cara de todos nós, há décadas, mas não reagimos. Nossos representantes políticos não agem diferente de nós. Para fingir que fazem alguma coisa, anunciam medidas ilusórias, de propaganda. Vão anunciando programas, intervenções superficiais e transitórias, mas tudo fica só na demagogia. As leis lenientes continuam as mesmas, a mídia continua induzindo o povo a ficar contra a polícia, e os assaltantes, traficantes e contrabandistas continuam sendo muito bem tratados pelas audiências de custódia e voltam às ruas para assaltar e matar. A impunidade infla a cultura da transgressão da lei e a corrupção é premiada com ausência de castigo. Figurões da Lava-Jato, ativos e passivos, vão sendo anistiados de fato por um tribunal cujo presidente já antecipou que é contra a anistia para manifestantes do 8 de janeiro.

O crime já têm há décadas áreas fora da soberania do estado nacional no Rio de Janeiro e agora se expande na Amazônia e nas grandes cidades. Na Amazônia, a repressão federal mira brasileiros pobres e trabalhadores, que plantam e criam gado, enquanto o tráfico vai cominando. Não é de hoje, vem de muitas décadas, desde a existência de autoridade sob mesada do jogo do bicho. E todos fomos induzidos, pela mídia e intelectuais, a pensar que isso é natural. Juntam-se a fraqueza e ineficácia das leis à fraqueza e ineficácia dos que representam o estado, em seus três níveis e seus três poderes. E a sabedoria popular, que tudo observa, pelos capilares do estado, sabe quem vende sentença, quem recebe propina do crime, quem facilita, quem está infiltrado. Muita gente se sente tentada a demonstrar poder, revelando as coisas erradas que o chefe faz.

Parece um plano para enfraquecer o Brasil, enfraquecendo a estrutura da nação. Por isso ficamos subindo um degrau e descendo dois, subindo três e caindo quatro, numa ciclotimia doentia. Vejo, por exemplo, que desde 2010 estamos quase parados em produtividade e PIB, mesmo com os grandes avanços do Agro. Com o nosso potencial, a vocação é de potência mas, embora não acredite em conspirações, sinto que se enfraquece a célula-básica da nação, a família; restringe-se a religião, que dá valores e temores; o ensino vira catequese ideológica e esquece as ciências e artes; divide-se o brasileiro em sulistas e nordestinos, em homens e mulheres, em brancos e negros, em pobres e ricos; separam até por preferências sexuais, embora isso seja uma questão privada. Liberam-se drogas para fragilizar o amor-próprio.

Até as forças armadas são alvo dos que querem dividir. Enfraquecidas já estão, por falta de recursos. "Divide et impera", usavam os romanos para dominar. Fazem tudo para fragilizar a polícia. A política externa fica sem rumos, a censura ilegal cala a manifestação do pensamento, o pagador de impostos é onerado até esmagarem a livre iniciativa; o estado precisa de mais impostos para custear seus privilégios; tira-se a autonomia financeira dos municípios e estados; de indivíduos e das pessoas jurídicas públicas e privadas para que dependam apenas de um poder central, porque assim fica mais fácil dominar – e não notamos tudo isso, como não notamos, por décadas, o crescimento do crime. Assim cresce a dominação, não sei se planejada e concertada ou se é improvisada e espontânea. Como disse Cervantes, pela boca de Dom Quixote, em tradução livre: Não acredito em bruxas, mas elas andam por aí. *Que las hay, las hay.*

Que país é esse?

Em 21 de novembro de 2024

Nos dias em que jornalistas do mundo inteiro foram atraídos para o Brasil pela reunião das maiores economias do mundo, eles puderam descobrir – e noticiar – que o país é um lugar estranho, em que todos os dias há fatos marcantes. Homem-bomba na Suprema Corte, primeira-dama que usa termos chulos em público, militares que planejam assassinar autoridades. Um país que não esconde suas mazelas. Aliás, as mostra sem pudor e até com uma certa alegria masoquista. Um país em que os acontecimentos conseguem andar mais rápido que a capacidade do público de compreendê-los ou mesmo perceber seus significados. Em plena reunião do G-20, prendem um general e oficiais superiores do Exército que, segundo a Polícia Federal ligada ao Supremo, planejava eliminar o presidente e o vice, recém-eleitos, e um juiz da Suprema Corte.

Imagino o que hão de relatar os jornalistas que vieram para cobrir o G-20 e se deparam com isso, depois do ataque pirotécnico ao Supremo, seguido da primeira-dama insultando com termo vulgar um integrante do futuro governo dos Estados Unidos. Aliás, as prisões de militares, revelando planejamento de golpe, também serviram para dar uma rápida guinada nas consequências da intervenção da primeira dama que, por sua vez, havia desviado atenção de outros acontecimentos.

Depois da derrota da esquerda na última eleição, com a inflação indo além da meta, a carne subindo e deixando a picanha incansável; a dívida pública inchando rapidamente, os cortes cada vez mais necessários e mais adiados; o déficit crescente; as estatais no prejuízo após de um período de lucros e as propostas de emendas constitucionais sobre os poderes do Supremo e anistia para os manifestantes do 8 de janeiro, o chaveiro suicida arremessando fogos de artifício contra o STF foi oportuno para desviar atenções e tentar conter a marcha de propostas na Câmara Federal. Mas eis que a primeira-dama dá um corte nos acontecimentos e vira notícia com grosseria vulgar contra

Elon Musk, que será governo nos Estados Unidos a partir de 20 de janeiro, e agrava com falta de compaixão e desrespeito com o morto, chamando-o de "bestão" que se matou com fogos-de-artifício. Ainda exibiu parceria com um ministro do Supremo.

Não poderia ter escolhido oportunidade mais inconveniente. Na véspera dos G20, e em evento preliminar da cúpula, patrocinado por milhões de reais de estatais. O Rio de Janeiro já fervilhava de jornalistas estrangeiros, que tiveram a primeira aula de Brasil pela ex-docente da Universidade Estadual de Ponta Grossa. As graves travessuras rodaram o mundo. opinião esse público mundial estará formando do Brasil? Mas eis que veio agora, em 74 páginas, a descrição resumida do que pretendia um grupo de, no mínimo, meia-dúzia. Pretendiam, mas não fizeram. Quem poderia dar o início, o Presidente, não quis fazer, nem quem deveria sustentar o projeto, o Alto Comando do Exército, segundo se depreende dos autos.

Imagino a reação, nos cinco continentes, das pessoas que leram as notícias do xingamento vulgar contra Elon Musk. Não creio que vão achar graça; imagino que ficarão espantadas, pensando que tipo de país gera uma cena dessas. O Presidente ainda tentou atenuar, advertindo, em público, que "não temos que xingar ninguém"; mas soou hipócrita, porque ele mesmo, dias antes da eleição americana, afirmara, em entrevista, que eleger Trump é "a volta do nazismo e fascismo com outra cara".

Como se não fosse suficiente, a maioria dos que foram presos, oficiais de forças especiais, estavam no Rio de Janeiro, durante o G-20. Os estrangeiros hão de perguntar se somos um país de tontos. Planejadores de assassinato de presidente nas proximidades de líderes mundiais, como Biden, Xi Jinping, Macron, Milei – e seu próprio alvo de dezembro de 2022? Enquanto isso, Janja não pareceu afetada pela reação à sua grosseria. Estava em todas as fotos, com a alegria de quem terá no futuro um avião novo e com chuveiro. Os estrangeiros também irão perguntar se nesse estranho país cogitar e planejar um crime virou crime – porque o Direito ensina que só é crime a execução e a consumação do ato criminoso.

Donos e farsantes

Em 28 de novembro de 2024

Em novembro de 1937, Getúlio Vargas usou uma farsa para cercar e fechar o Congresso e decretar o Estado-Novo, fazer intervenção nos estados(menos Minas Gerais) e passar a governar com decretos-leis, até ser deposto em outubro de 1945. A farsa era o Plano Cohen, nome de um judeu-comunista fictício, aproveitando o estudo de um capitão, Olímpio Mourão Filho, sobre insurreição popular no Brasil. Parte da imprensa da época aderiu à farsa e contrariou a natureza do jornalismo, de ser cética e crítica, e foi fácil dispensar o Congresso e a Constituição que os paulistas em '32 obrigaram Getúlio a aceitar. Antes, em 1935, o levante comunista, também de novembro, ensejou Estado de Sítio, para que Vargas pegasse não apenas os comunistas, mas os demais adversários que poderiam fazer sombra à sua liderança.

A História do Brasil se encaixa bem na crítica de Karl Marx ao golpe de Napoleão III na França, em 1851. Citando Hegel, que observou que os fatos e personagens de grande importância na História, ocorrem duas vezes, Marx acrescenta: "Esqueceu-se Hegel de que a primeira vez vem como tragédia; a segunda, como farsa". Neste novembro vivemos sobressaltos numa repetição de histórias que viram farsas. Governantes usam isso para se impor e eliminar adversários ou lideranças consideradas perigosas. A história mostra como Getúlio procurou unir o país em torno de si, com o pretexto de ameaças à democracia; o General Galtieri invadiu as Malvinas para tentar unificar o povo argentino em torno de sua ditadura; tentando unir o país em torno de si, Maduro "anexou" parte da Guiana – ainda apenas no mapa. Agora dizem que Lula se prepara para anunciar que, diante da trama golpista, ele é a solução unificada da democracia nacional.

As conversas de WhatsApp entre militares podem ser uma trama, mas não chegam a ser um planejamento, e muito menos execução que caracterizaria crime – e distante da consumação, pois não tinham meios para isso. Segundo o inquérito, eles esperavam uma ação baseada no artigo 142 da Constituição, que o Presidente não adotou. Então abandonaram o intento, frustrados com Bolsonaro. O inquérito se chama Contragolpe mas, ironicamente, se houve contragolpe, foi a negativa do Presidente de acolher as ideias daqueles militares. O inquérito está eivado de presunções e hipóteses e carente de descrições fáticas e exposição de provas. Mas fornece munição para quem quer anular Bolsonaro, um líder que cresce quando é atacado. A repetição dia-a-noite de seu nome nas tevês foi propaganda e na Paraná Pesquisas, Bolsonaro é vencedor de eleição em primeiro e segundo turno, ganhando de Lula, e aparecendo Michelle empatada tecnicamente com o presidente atual.

Por que temem tanto Bolsonaro? Foi acusado de dividir o país, por ter acordado a brasa dormida como num sopro de oxigênio que gerou chamas de liberdade e consciência de que o poder emana do povo. Raymundo Faoro em Os Donos do Poder demonstra que esses donos vêm desde o Império e sobrevivem na República graças aos conchavos e a autoproteção do *status quo*. Viram em Bolsonaro uma ameaça, a mesma que veem nas redes sociais. É o povo ganhando consciência de seu poder e dispensando intermediários. Bolsonaro, para os donos do poder, representa perigo para o patrimonialismo com que se apoderam do estado, e o paternalismo, com que ganham votos dos menos informados.

A facada, que foi cogitada, planejada e executada, foi um golpe que não se consumou totalmente, porque não o matou. Essa é a primeira parte da História a que Hegel e Marx se referem. Quando ele se elegeu, abriu uma brecha na fortaleza dos donos do poder, que reagiram para evitar que continuasse. Quando o poder estava com os militares, tiraram dos direitos civis de Juscelino, porque era a maior liderança nacional. Hoje não há atos institucionais, mas a força do arbítrio, fora do devido processo legal, fora da Constituição. Então seguem-se farsas. O povo não consegue saber como são apurados os votos; com criatividade, Bolsonaro é feito inelegível e indiciado por uma tentativa a que não aderiu. São repetições sucessivas da História. Como Marx qualificaria essa contumácia?

Até as pedras sabem

Em 4 de dezembro de 2024

Circula pelo chão do Brasil uma persistente inquietação institucional, que não terá solução se for mantido, para a próxima eleição, o mesmo sistema opaco de apuração de votos e a mesma impossibilidade de recontagem. Mas isso é apenas a origem do que foi gerado por essa inquietação: um desrespeito fatal à democracia, pelo não respeito da Constituição, em cláusulas essenciais, como a liberdade de expressão e a vedação à censura. Subprodutos disso, mas não menos nocivo à democracia, é a agressão à inviolabilidade parlamentar por palavras – tudo isso embrulhado na falta do devido processo legal, do juiz natural, do amplo direito de defesa. Com isso, fica difícil, sem mentir, afirmar que o país vive um regime democrático de liberdade e garantias fundamentais. Mas nesses últimos dias, recrudesceram vozes de alerta e resistência.

Nesses agitados dias, a Praça dos Três Poderes foi abalada pela pirotecnia do chaveiro catarinense, que acabou em morte trágica, seguida do suicídio, com fogo, da mulheres de quem estava separado recentemente. Mas aqueles não foram os únicos sons que se ouviu, nem o tudo que se ouviu parece fogo de artifício. As recentes vozes começaram pelo Presidente do Superior Tribunal de Justiça, ministro Herman Benjamin, em entrevista à Folha de S.Paulo. O Ministro disse que magistratura não é carreira para quem quer ser famoso; tem que ser reservado; só se manifestar nos autos; querer ser polêmico, próximo à classe política, é incompatível com a magistratura; é comum que a má conduta de um, reflita na instituição. E concluiu que quem não puder ser reservado, não deve ser juiz, mas procurar outra profissão.

Depois vieram presidentes das OAB de Minas e Rio Grande do Sul, denunciando a falta do amplo direito de defesa. O de Minas, Sérgio Leonardo, diante do Presidente do Supremo, Ministro Barroso, na Conferência Nacional da Advocacia, afirmou que ministros não recebem advogados, que recebem apenas cópias parciais de processos, e que os advogados repudiam essas atitudes. Em Porto Alegre, o Presidente da OAB/RS, Cláudio Lamachia manifestou críticas ao Supremo, argumentando que o STF se afastou da Constituição que deveria guardar. No Congresso, deputados e senadores cobram a omissão do Superior Militar em relação a militares da ativa presos, e o Presidente do STM responde com um argumento jocoso, de que se forem condenados na justiça civil, a Justiça Militar fará um processo ético.

Aí se ouve a voz pesada de um ex-presidente do Supremo, o único juiz de direito de carreira da corte, Luiz Fux, repetindo o seu discurso de posse na presidência em 2020. Reiterou a seus pares que o Supremo é judiciário e não legislativo e muito menos político. Que as questões políticas devem ser tratadas nos plenários da Câmara e do Senado, não no Supremo, que está se desgastando ao se envolver em assuntos que são do Congresso. E numa audiência sobre a necessidade de comprovante do voto e transparência na apuração, o vice-presidente do Tribunal Eleitoral, ministro do Supremo Nunes Marques, que vai presidir as eleições de 2026, afirmou que comprovantes de votos e métodos de apuração eleitoral devem ser decididos no lugar próprio, que é o Legislativo – e não no Supremo.

Agora o Supremo faz alterações no Marco Civil da Internet, lei que vigora há dez anos. Diz que é inconstitucional o artigo 19, que obedece à Constituição, para manter incólumes a liberdade de expressão e a vedação à censura. Mexe em drogas, em aborto, em casamento, diz que artigo da constituição é inconstitucional, como o marco temporal. O Supremo, a despeito da separação de poderes, legisla – e o Legislativo fica silente, mesmo quando a incolumidade até da tribuna é atingida, como no caso do Deputado Van Hatten.

Aí, não se pode esquecer a gravíssima omissão do Senado. A teoria dos três poderes prevê, entre eles, um sistema de pesos e contrapesos, e o Senado é o contrapeso institucional para excessos do Supremo. Mas o dono da agenda, o Presidente do Senado, não toma a iniciativa de assumir a crucial responsabilidade institucional de impor o equilibro, a "volta aos quadros constitucionais vigentes"– como na icônica frase da crise institucional de novembro de 1955. Os responsáveis pela situação esdrúxula por que passa o país não serão esquecidos pela História. Mas precisam ser lembrados no presente pelo parlamento. Os parlamentares sul-coreanos acabam de mostrar aos brasileiros, que representantes diretos do povo são o maior e decisivo poder. Até as pedras portuguesas que pavimentam a Praça dos Três poderes sabem disso.

Defesa enfraquecida

Em 12 de dezembro de 2024

A médica Capitão de Mar e Guerra Gizele Mendes de Souza e Mello recém havia entregue medalhas a militares do Serviço de Saúde da Marinha, quando recebeu um tiro de fuzil na cabeça. Estava no Hospital Marcílio Dias, a principal instituição de saúde da Marinha do Brasil, no Rio de Janeiro. Mas foi c como se estivesse em um hospital de campanha, em plena guerra. Na verdade, ela estava no campo de batalha do Rio de Janeiro, onde o inimigo já ocupa territórios que já não estão sob a soberania do estado brasileiro. A arma que a matou certamente veio do exterior, atravessando a fronteira – o mesmo lugar por onde passa a droga vendida nas cidades brasileiras, com um faturamento que comprar as armas e munições que sustentam um exército fora-da-lei, desafiando mas forças armadas e as polícias do Brasil. Nossa defesa nacional, patrimonial e pessoal está cada vez mais enfraquecida, por falta de meios e de pessoal. E falta de vontade das autoridades. A polícia é difamada pela mídia, E perdem recursos e soldados, a Marinha, o Exército e a Forca Aérea.

Paulo é filho de um amigo meu, comandante da LATAM. No Dia dos Pais de 2019, aconteceu um fato histórico na cabine de comando do voo Porto Alegre-São Paulo-Brasília-Salvador, ida e volta, Pai e filho pilotando. Paulo como copiloto do pai, homenagem da escala, comemorando, com os passageiros, o dia festivo. Paulo é um dos muitos pilotos que deixou a FAB. Ele servia, como capitão aviador, na Base Aérea de Natal, quando pediu para sair, atraído por melhores oportunidades fora do serviço público militar. Depois dele, outro capitão da mesma turma, piloto de caça, saiu, chamado pela Boeing. Como esse, seis pilotos de caça, formados a custos elevadíssimos. Perderam a motivação e deixaram a Força Aérea, indo para a LATAM.

A CNN fez um levantamento e constatou que a evasão é crescente nas três forças e não apenas com pilotos de caça. Fuzileiros, médicos, engenheiros navais deixaram a Marinha; o Exército teve 346 pedidos de baixa no ano passado e neste ano deve ter mais. Nos últimos dez anos, Exército e Marinha perderam mais de 5 mil militares altamente preparados, com cursos acadêmicos e especialidades, todos custeados pelo imposto de público. O soldo é pouco e vão em busca de salários compensadores. Além disso, eles não tem hora extra, não tem adicional noturno, ou de periculosidade ou de insalubridade. Mais do que isso, juram dar a vida pela defesa da Pátria. Uma atividade que não comporta idoso e o governo quer elevar a idade de aposentadoria. Defesa da pátria depende de vocação, motivação e vigor físico – mas muitos se veem como futuros burocratas e desistem.

Fui ver em Brasília, no Centro de Convenções, uma gigantesca mostra da base industrial de defesa. Passei um dia lá e descobri que eu, jornalista, estava desinformado sobre a pujança do setor, criador tecnologia de ponta. Imagine que duas empresas brasileiras estão desenvolvendo um míssil hipersônico, como o Rato 14-X, com oito vezes a velocidade do som, como aquele com que Putin ameaça a Ucrânia; um radar que cobre todas as 200 milhas do nosso mar territorial, atraído pela salinidade da água; outro que não pode ser destruído porque não detectável; equipamento de controle de tráfego aéreo; aviões, no Rio Grande do Sul, que gastam menos combustível num voo Porto Alegre-Brasília, que um automóvel; drones e veículos aéreos não-tripuladas, armas portáteis entre as mais procuradas nos Estados Unidos; fuzis que disputam concorrência para abastecer um dos maiores exércitos do mundo; pesquisa nuclear no país de imensas reservas de urânio e metais pesados; simuladores de submarino, aviões e artilharia; veículos blindados que qualidade mundial; protetores que podem formar domos sobre estádios, espaços críticos ou presídios; além de equipamentos policiais, como blindagens, algemas, visores noturnos; criptografia detecção e comunicações; uniformes inteligentes que detectam desidratação, desequilíbrios corporais, febre, liberam assepsia para ferimentos; e equipamentos médicos, que vão de torniquetes a cadeiras de campanha para dentista, como as que o Exército dos Estados Unidos comprou – e estou esquecendo de muito mais, inclusive do que é usado para dissuadir Maduro a entrar em nosso território – se tentar invadir a Guiana.

Tudo isso abastece países para garantirem sua soberania e a vida e patrimônio de seus cidadãos e empresas. Por ironia, o país onde tudo isso é produzido, com grande avanço tecnológico, carece de meios para se defender como estado e como nação. Por nossas fronteiras entram armas e drogas que levam guerra para dentro de nossas grandes cidades. Nossas forças armadas recebem cada vez menos recursos parda adquirir meios dissuasórios que façam respeitar nossa soberania e nossas amazônias, – a verde e a azul –, assim como nossa fronteira, e perdemos cada vez mais nossos militares mais valiosos. Além disso, também perdemos cérebros jovens e brilhantes que são atraídos por melhores oportunidades nos Estados Unidos. O que vale para dissuadir possíveis agressores da pátria, vale também para dissuadir os que nos assaltam nas ruas, lares e empresas. Com forças armadas e polícias enfraquecidas, não temos paz que garanta o trabalho que gera progresso e bem-estar. Um paradoxo para este país imenso mas ingênuo a respeito de seu potencial.

Afundando

Em 19 de dezembro de 2024

Quando o jornalista se sente dono do fato, cai na tentação de noticiar o fato como ele gostaria que deveria ser; quando um ministro do Supremo se sente dono da Constituição, pode cair na tentação de apresentar a Lei Maior como ele acha que ela deveria ser. Isso pode ser fatal para a credibilidade do jornalista, ou para o devido processo legal, para as liberdades fundamentais e para a própria estrutura do estado democrático de direito. Gera instabilidade institucional, insegurança jurídica, imprevisibilidade econômica. Pode até gerar um caos. Ou, como me disse, certa vez, o ministro do Supremo, bem-humorado frasista Oscar Dias Correia: "Não apenas um caos, mas o Kaos, com K maiúsculo". Ele queria enfatizar o que aconteceria se o próprio Supremo não cumprisse a Lei Maior. Eu acrescentei: "Ou se jornalistas usassem fatos para reescrevê-los como ficções". Tudo isso contribui para a imprevisibilidade do dia seguinte.

O ex-governador de Brasília e ex-senador José Roberto Arruda me perguntou que rumo prevejo para o Brasil. Respondi que não tenho bola de cristal e sem ela nosso rumo é impossível de prever. E citei Pedro Malan, como havia citado, horas antes, em conversa com o ex-presidente Bolsonaro: "No Brasil, até o passado é imprevisível". Argumentei que estamos à mercê do acaso. Com uma população em maioria indiferente a objetivos nacionais, e com elites que mal conseguem observar a periferia de seus umbigos, é impossível identificar qualquer rumo para um país. Sem espírito público, sem consciência social, sem ativismo cidadão, sem objetivos nacionais, com uma passividade quase masoquista, é impossível prever o dia de amanhã, identificar um rumo, uma meta para o Brasil , a não ser uma caminhada errante, andando cada passo sem saber onde pisa nem para onde vai.

Se tivéssemos fidelidade à Constituição, pelo menos teríamos disciplina sobre a estrada e suas margens, mas até disso fomos privados. O guardião da Constituição se tornou mais importante que ela; faz as regras sem perguntar aos que representam o poder originário. O Legislativo, que recebeu a procuração do voto da origem do poder, não parece representar seus mandantes. A omissão dos que juraram defender e manter a Constituição resvala nos desvios do estado democrático de direito. Quem poderia corrigir, o Senado, está congelado por um presidente inerte. O presente e o futuro rumam "qual pluma ao vento", como a ária da ópera.

Aí, tudo aqui é imprevisível. Ninguém sabe o que pode ser o dia seguinte – na economia, na política, nas liberdades. Podemos amanhecer com um general de quatro estrelas preso; ou com a notícia de um garçom de 32 anos que, em vez do Sírio-Libanês, procurou uma UPA, e morreu esperando. Ou um manifestante no presídio morrer por falta do tratamento implorado. Podemos acordar com o dólar acima dos 6 reais, ou com a picanha ainda mais longe. Os juros, a dívida pública subindo por excesso de gastos do governo; o IVA mais alto do mundo. Todos os que juraram manter e defender a Constituição, a lei e a ordem vivem seu próprio mundo de interesses egoísticos, e lavam suas mãos sobre o futuro de seus filhos, netos e bisnetos. Vivem o suposto conforto de uma fuga que só faz agravar o mal; num sem rumo sem volta, com a enganadora abstração da esperança.

O poder faz, volta e meia, lancetadas, para saber se a cidadania ainda sobrevive a tantas amputações de direitos, e se ouvem apenas gemidos. A liberdade de expressão vai sendo sufocada; busca-se anular a proibição à censura, para calar onde ainda existe a voz produtiva da crítica; relativiza-se a inviolabilidade do mandato parlamentar, jogam-se pazadas de cal sobre o devido processo legal; inverte-se a relação estado-nação, para que o estado seja o senhor da nação ao invés de existir para servir ao povo. Só se justificam impostos se for para prestar bons serviços à nação – e não para sustentar o estado ineficiente. E, assim, sem norte, sem rumo, sem saber para onde vamos, passamos de um dia para o outro, sem perceber que no caminho vamos afundando em areias movediças.

Gratia et jvstitia

Em 26 de dezembro de 2024

O Presidente da República, na mensagem de Natal, afirmou: "O Natal é um bom momento para relembrarmos os ensinamentos de Cristo: a compaixão, a fraternidade, o respeito e o amor ao próximo. Que cada um de nós reconheça no outro o seu semelhante, que irmão se reconcilie com irmão, que as famílias possam celebrar em comunhão". Se ele levasse isso a sério, e pusesse em prática, anunciaria, em seguida, a graça de deixar ir para casa, os de 8 de janeiro que estão em presídios ou com tornozeleiras. Mas no mesmo dia da mensagem de Natal, ele excluiu, expressamente, em seu decreto de indulto, os "crimes contra o estado democrático de direito". Entre a paz futura e os antagonismos do passado, preferiu acirrar os antagonismos, como a se vingar pelos 580 dias em que, condenado em três instâncias, ficou num quarto especial da Polícia Federal em Curitiba. Praticou o contrário da reconciliação manifestada.

Logo após a queda do bimotor em Gramado, matando a família inteira de um empresário, assombrou as redes uma postagem crudelíssima, festejando que "morreram uns ricos, batendo o avião em casas de ricos, todos eleitores do Bozo." Mensagem típica do ódio de luta de classes. Uma hora depois da tragédia, eu fazia a primeira leitura na missa do Mosteiro de São Bento, com a profecia de Miquéias sobre o nascimento do Salvador, que acabamos de comemorar. As últimas palavras são: "E Ele mesmo será a paz". Aquele cujo Natal festejamos traz a paz do amor, oposto da guerra do ódio. A paz que Jesus traz é a finalidade da Justiça. A paz é o objetivo da Justiça; resolver os antagonismos entre as pessoas, obtendo a paz. Acirrar ânimos e antagonismos é contrário ao objetivo da Justiça. Cabe indagar se o topo do Judiciário brasileiro tem buscado a paz ou age em sentido contrário.

Um dos principais tribunais de Roma mostra na fachada o princípio *Gratia et Jvstitia*. Compaixão e Justiça devem andar juntas, porque Justiça não é vingança; ao contrário, é pacificação. Essa graça ou compaixão foi o que o presidente anterior concedeu a Daniel Silveira, usando da competência privativa prevista no art. 84, XII, da Constituição. O Supremo, desprezando a competência privativa do Presidente da República, anulou o indulto. Hoje Daniel Silveira, preso político, não passou o Natal com a família, ao contrário dos milhares de condenados beneficiados com o saidão. Tudo ante o encolhimento ignominioso da Câmara de Deputados, que ignorou o artigo 53 da Constituição, que garante(?) imunidade a deputados e senadores por quaisquer palavras.

Às vésperas do Natal, em evento musical, artistas militantes de esquerda, ao saberem da presença do Ministro Moraes, conduziram o coro "Sem anistia! Sem anistia!" – como se considerassem que o assunto não é com o Congresso, mas com um ministro do Supremo. Em 1979, o governo do general Figueiredo propôs "anistia ampla, geral e irrestrita", que virou lei. Buscava a pacificação, antes de devolver o poder aos civis. Tido como o principal provocador da ação militar que derrubou o Presidente Goulart, Leonel Brizola, ao voltar do exílio, anistiado, me disse: "Companheiro, o que é anistia senão esquecimento? Vamos esquecer o passado e construir o futuro!". Pergunto se estamos construindo o futuro ou ficamos presos ao passado, acirrando animosidade a cada dia.

Anistiados, Fernando Henrique, Dilma e Lula viraram presidentes. Lula foi anistiado pela segunda vez, via Supremo, de três condenações na Lava-Jato. Serra, anistiado, foi governador; José Genuíno, presidente do PT. A anistia de 1979 fez esquecer homicídios, sequestros, assaltos, bombas. Mas agora, para mãe manifestante armada de batom, a mensagem é "sem anistia". Esse grito perto do Natal certamente não brota de corações cristãos. Em 1979, o governo que tomou a iniciativa da anistia, reconheceu que de seu lado também foram cometidos crimes que precisavam ser esquecidos em nome da paz futura. O jurista Ives Gandra pensa que paz amanhã só com anistia para os dois lados, hoje. Anistia para os que cometeram crimes de arbítrio e contra a Constituição e para os "antidemocráticos" sem meios para um golpe, do outro lado.

Ao conceder indulto de Natal, excetuando "crimes contra o Estado Democrático de Direito", o Presidente perdeu a oportunidade de mostrar-se coerente com a mensagem de Natal, com o que se apresentaria como Lula, o magnânimo. Confirmou que isso não é da natureza dele. Lula não fez mas a oportunidade se oferece para os outros que seguem o odioso objetivo da vingança. Saudações de Feliz Natal são apenas hipocrisia se não houver gestos de paz e conciliação. É preciso a sabedoria da ação de paz, para homenagear o Natal Daquele que é a própria paz, pois só com *Gratia a Jvstitia* cumpre o objeto de sua existência. Sem essa paz não haverá ano novo feliz.

[2025]
Muralhas do Estado

Em 2 de janeiro de 2025

Pelo que apurou o Datafolha, 61% dos entrevistados em véspera da virada de ano dizem que o governo está levando o Brasil para um rumo errado. Menos da metade dos pesquisados – 47% – acham que não vale a pena estar otimista com o novo ano. Quem procura na mídia previsão para 2025 vai ver previsões astrológicas e místicas de um ano maravilhoso, certamente de videntes que estão salivando por uma picanha. Muitos resistem ao realismo trágico que se ampliou no ano que passou; talvez tomados de negacionismo, porque com o voto contribuíram para piorar a vida de todos. É preferível teimar e não aceitar o que está evidente; fica mais cômodo e não sentir pressão para repensar convicções ideológicas, principalmente se a pessoa se vê responsável – pelo voto, pela omissão, pelo silêncio. Não há sinais de mudança. Não se pode falar em mudança de rumo, quando não há rumo. Há improvisos, populismos, impulsos emocionais, reações de oportunidade.

Dizem que só se mudam rumos quando a economia der sinais de falência. Mas vai se postergando, a cada overnight, sem querer saber se já foi ultrapassado o ponto de não retorno – no câmbio, na dívida pública, no controle da inflação, nos juros – tudo gerado por excesso de gastos do governo – aqui entendido como os três poderes. Desenfreadamente, sem responsabilidade, sem dó do pagador de impostos. Bem diferente dos tempos de Paulo Guedes. E não há esperança de adotar um modelo de resultados que beneficiem aquele para quem o estado existe – o povo. Quando era Ministro da Educação, Haddad me deu alguns livros, para que eu fosse convencido de que o futuro da humanidade é o marxismo. O marxismo não foi solução econômica para a União Soviética nem para a China. Só o liberalismo cria riqueza. O socialismo acaba quando acaba o dinheiro que o capitalismo produziu.

O Congresso Nacional de representantes do povo e dos estados não está, em boa parte, à altura das expectativas de seus mandantes. Muitos mandatários ainda se prendem ao vício de decidir, sem ouvir o Brasil real, o que é bom para o povo. O vício inclui dar sempre prioridade ao que seja bom para o próprio representante, seus interesses e seu grupo. As demandas reais não entram nos plenários, que se perdem em discussões distantes dos interesses nacionais. Parecem isolados da realidade e omissos às necessidades de reduzir gastos públicos e impostos e de ter serviços públicos realmente eficazes. E de cumprir o juramento de defender a Constituição. E aí vem o topo do Judiciário.

No terceiro poder, que não tem o voto da representação popular, sobressai por sua militância política a Suprema Corte. Há juízes que mais parecem políticos todo-poderosos, embora sem o voto que dá poder de legislar e mandato. De guardiões da Constituição, se transformaram em constituintes *ad-hoc*, chegando ao cúmulo de julgarem, eles mesmos, réus que os teriam ameaçado e injuriado. A inviolabilidade parlamentar por quaisquer palavras, a vedação a toda e qualquer censura e a liberdade de expressão sem anonimato, o juiz natural, o amplo direito de defesa, viraram letra morta na Constituição.

Tudo isso, nos três poderes, não contém sinais promissores de uma sensata mudança radical no ano que se inicia. Ao contrário, a falta de humildade para reconhecer erros só amplia ainda mais as inevitáveis previsões agourentas. O pior é que pagam todos, menos os que são pagos por todos, em suas mordomias.

Para o Executivo, a culpa é dos outros; culpar o mercado pelo dólar é como responsabilizar o termômetro pela febre. Para o Legislativo, deputados e senadores não têm nada a ver com isso. Para o topo do Judiciário, as exceções à Constituição são para proteger o país de uma exceção. E entramos em mais um ano de propaganda enganosa, de uma elite estatal e estatizante que trata a nação dos brasileiros com a fantasia de que somos uma clientela passiva e pagante. Vão erguendo um muralha entre o estado e a nação. A censura é o temor a vozes da liberdade – que foram capazes de derrubar muralhas da Bastilha e de Jericó.

Democracia essencial

Em 9 de janeiro de 2025

D ois dias depois de afirmar que é amante da democracia, Lula traiu a amante ao ter representante de seu governo como testemunha da posse ilegal de Maduro. O vizinho do sul ficou silente ante as ameaças, as prisões, a distribuição de armas a milícias, por parte da ditadura Maduro, nesses últimos dias. O vizinho ocidental, o esquerdista Gustavo Pedro, do pais que mais recebe refugiados venezuelanos, condenou as prisões, o desrespeito aos direitos humanos e que, por isso, não poderia testemunhar o ato de posse. Lula limitou-se a pedir atas eleitorais que, obviamente, não vieram, e, com ausência de reação, consentiu o desrespeito escancarado da eleição de 28 de julho. Não pôs em prática na sexta-feira a democracia que pregou na quarta-feira da mesma semana.

Todo mundo sabe que Maduro perdeu a eleição. Mas decidiu que não perdeu. Mandou parar a contagem quando já haviam sido apurados 83,5% dos votos e Maduro tinha 30%, enquanto o opositor Embaixador Edmundo Gonzalez tinha 67%. A oposição tinha fiscais em todas as sessões, que iam registrando as atas da apuração. O resultado desfavorável a Maduro foi atestado pelo Carter Center, insuspeito porque foi quem referendou a aprovação de Hugo Chavez no referendo de 2004.

Para reconhecer o resultado de 51,2% alegado pela contagem oficial, Lula pediu as atas, que nunca foram apresentadas – o que confirma o resultado aceito pelo Carter Center, ONU, União Europeia, entre outros. A Comunidade dos Estados Latino-americanos e Caribenhos promoveu um acordo prévio em Barbados, assinado pela Venezuela, se comprometendo com eleições limpas. O Itamarati chegou a denunciar que Maduro não cumpriu o acordo. Lula foi chamado de agente da CIA pelo Procurador-Geral da Venezuela, preposto de Maduro. E ainda assim, o seu governo que defendeu democracia dia 8, participa de uma posse ilegal no dia 10, anistiando Maduro sobre a exigência das atas da eleição venezuelana. O vencedor, Edmundo

Gonzales, foi recebido em triunfo na Casa Rosada e na Praça de Maio, em Buenos Aires; depois pelo presidente do Uruguai, em seguida pelo Presidente Biden em Washington. O Presidente dos Estados Unidos se referiu a Gonzales como "presidente eleito da Venezuela". Pelo Brasil, passou ao largo. Deve ter sabido que não seria recebido por Lula. Oportunidade perdida pelo governo brasileiro, para exigir democracia na vizinhança e confirmar convicções democráticas, como já fizeram oito países da região.

A propósito, se o ato desse 8 de janeiro fosse realmente sincero, pela democracia, deveria conter a exigência do estrito cumprimento da Constituição. Afinal as autoridades que lá estavam juraram cumprir e defender a Lei Maior. É a Constituição que estabelece os fundamentos do devido processo legal, do juiz natural, do amplo direito de defesa; é a Constituição que veda todo e qualquer tipo de censura, que garante a livre manifestação do pensamento, sem anonimato; que garante a todos o acesso à informação, a livre locomoção e o direito de reunião sem armas; que torna deputados e senadores invioláveis por quaisquer palavras; que estabelece a competência privativa do Presidente da República de conceder indulto, e a competência privativa do Ministério Público da ação penal pública. Seria a grande oportunidade de exigir o "retorno aos quadros constitucionais vigentes" – para repetir a palavra de ordem que resolveu a crise institucional de 1955, com a posse de JK.

O objetivo foi um evento de propaganda política e de intimidação ao direito de protestar – sem se comprometer com sinceridade pelos princípios democráticos que os constituintes de 88 inscreveram nas cláusulas pétreas da Lei Maior, que já foram relativizadas. Assim, nossa democracia fica tão relativa quanto à venezuelana, a que se referiu Lula em 2023. Se a Constituição deixa de ser inflexível, tudo mais é insegurança jurídica, vale dizer insegurança social e pessoal. Pois democracia não é um rótulo. Ela é o próprio conteúdo, o cerne, essência da vida de uma nação. Uma democracia não pode ter censura, arbítrio. Democracia é liberdade de expressão, devido processo legal, segurança jurídica. É quando a Constituição fica acima de todos e ninguém acima dela.

Ficou no ar o ridículo da hipocrisia exposta. Lula se arvorou de juiz, ameaçando os manifestantes do 8 de Janeiro de 2023 com uma reação implacável e punições. E ninguém se sentiu constrangido em defender a democracia com meios fora do devido processo legal para "salvá-la". Na Praça dos Três Poderes cabem 100 mil pessoas. O *Poder 360* contou 1.200, no auge da celebração, quando chegaram as autoridades. Afinal, era uma quarta-feira, dia útil, no horário do almoço dos trabalhadores. Provavelmente o público que lá estava desfrutava de férias. Na primeira parte da cerimônia, houve coro de "sem anistia". Dois anos antes, o coro da praça cheia gritava por transparência na apuração de votos, o que é essencial na democracia.

A ordem do inverso

Em 16 de janeiro de 2025

Onde, como, porque, a esquerda cedeu suas bandeiras, hoje conduzidas pela direita brasileira? Certamente terá sido o poder, com que se corrompeu. O poder tão ambicionado a fez esquecer-se das palavras-de-ordem que usou para conquistá-lo. O Deputado Nikolas Ferreira, de direita, foi quem defendeu 40 milhões de proletários, informais, que o governo queria fiscalizar para, se for o caso, cobrar imposto de renda e a multa por não declararem o que ganharam no PIX. Os proletários do Brasil se uniram e deram – mais que a população – 260 milhões de visualizações num post de 4 minutos de Nikolas, num referendo digital que bradou "não" para a monitoração do PIX, enquanto a esquerda, inclusive da mídia, queria expor esses brasileiros às garras do leão da Receita. A esquerda defendendo o cobrador de impostos e a direita defendendo o povo.

O líder do governo no Congresso, senador Randolfe Rodrigues, do PT, deve ter percebido que seu partido está cedendo suas bandeiras para a direita. No dia da posse ilegal de Maduro, ele se apressou em ocupar espaço e postar no X de Elon Musk, o que resumo com as mesmas palavras: "O governo venezuelano é uma ditadura e a posse de Nicolas Maduro, hoje, é ilegítima e farsante... regime que desrespeita direitos humanos, alternância e soberania popular...é dever do democrata condenar qualquer ditadura". Enquanto o mundo escutava o silêncio do presidente Lula, representantes do PT erguiam a voz para saudar Maduro em Caracas. O Senador Randolfe não quis participar desse abandono de bandeiras a que a esquerda se obriga a cada circunstância.

Nas manifestações esquerdistas de maio de 1968 em Paris – lembro bem – a bandeira principal era: "É proibido proibir". Em setembro do mesmo ano, no Festival Internacional da Canção, no Maracanazinho, Caetano Veloso levava o slogan para a esquerda brasileira protestar, cantando "É Proibido Proibir". Hoje, no Brasil, a esquerda quer proibir e é a direita que insiste, nas redes, que é proibido proibir. (Afinal, é a própria constituição que veda censura "de natureza política, ideológica e artística"). Bandeiras trocadas?

Jovens de sucesso, hoje ícones do progresso, Musk e Zuckerberger, estão sendo rotulados de retrógrados na mídia de esquerda, porque não querem censura em suas redes e porque deixaram de acreditar no dogma *Woke* de que em vez de mérito, a escolha tem que ser pelo sexo, a cor da pele, a preferência sexual – essa "ordem" alimentou o fogo em Los Angeles, com o fracasso dessas escolhas nos governos locais. Enquanto isso, a direita aplaude a livre iniciativa dos chefes do *X* e da *Meta*. Bandeiras trocadas?

O ex-vice prefeito de Porto Alegre, Ricardo Gomes, em magistral *pensata* que *bomba* nas redes, citou letras de músicas de protesto da esquerda contra o governo militar e perguntou porque não cantam hoje versos parecidos com os de "Apesar de Você", "Alegria, Alegria", "Cale-se", "Meu Caro Amigo", "Acorda Amor", "Pra não Dizer que não Falei de Flores", cujos sons de protesto estariam atualizadíssimos hoje, assim como o filme "Ainda Estou Aqui" pode se referir também à maioria dos presos do 8 de janeiro de 2023, segundo ele. A mesma classe artística intelectual está calada ante a censura ilegal, o arbítrio, enquanto a direita protesta por liberdade de expressão com artistas mais próximos do povão. Num festival de música do Pará, a vice-campeã tem por título o retrato do que vivemos: "A Ordem do Inverso", de Yussef Leitão:

> Então tá tudo certo e o que é correto já não vale mais
> É a ordem do inverso no Brasil do tanto faz
> Então tá tudo certo e o que é correto já não vale mais
> É a ordem do inverso no Brasil de quem dá mais

A esquerda inverteu tudo e a direita assumiu o certo. Como no *1984* de George Orwell, a esquerda decretou que ódio é amor, censura é liberdade, manifestação é golpismo, opinião é *fake-news*, arbítrio é justiça.

O nacionalismo era bandeira da esquerda, incluindo a defesa da Amazônia. Aldo Rebello deixou o Partido Comunista do Brasil depois de 32 anos e se tornou o maior defensor da soberania e da ocupação da Amazônia por brasileiros. Hoje quem defende a soberania da

Amazônia são vozes da direita, enquanto a esquerda se omite diante do que já foi apurado por CPI sobre ONGs estrangeiras e cala ante incêndios e a truculência do estado que expulsa brasileiros pobres que praticam agricultura e pecuária no território amazônico.

Na pandemia, quem impôs uma vacina não testada e proibiu o tratamento foi a esquerda. E morreram centenas de milhares por causa disso. Quem defendeu a vida, o tratamento, a liberdade para trabalhar foi a direita. E a mídia de esquerda trancou as pessoas em casa, fechou empresas e empregos, cassou a renda de quem precisava trabalhar para alimentar a família. A mesma esquerda que queria tributar informais através da monitoração PIX, naquela época queria se vingar do povo que elegera um presidente de direita. Mesmo que o resultado fossem milhares de mortes.

O ideólogo e estrategista do PT, José Dirceu, sempre pregou que o Supremo fosse um tribunal exclusivamente constitucional, sem agir no penal, sem se meter em questões políticas do Legislativo, sem julgar milhares de pessoas que deveriam ficar em outras instâncias. Agora a esquerda está calada, e quem defende essas mudanças para o STF é a direita.

A esquerda já não fala, não faz música nem teatro e cinema para protestar ante o descumprimento de direitos fundamentais da Constituição; ao contrário, incita e aprova prisões políticas e censura, nega anistia; enquanto a direita agita as bandeiras de liberdade de expressão, anistia, cumprimento da Constituição. A esquerda que havia proposto comprovante do voto, com Roberto Requião, Brizola Neto, Flávio Dino, agora critica a demanda de transparência na apuração. Por fim, a decisiva troca de bandeiras: a esquerda, que nas ruas, de 1964 ao impeachment de Collor, cantava o Hino Nacional, hoje agita bandeiras vermelhas, sem o verde-e-amarelo; cedeu a Bandeira do Brasil, que hoje é da direita.

No *Nikolaço* do 15 de janeiro, o governo recuou. Oportunidade para pensar sobre os rumos de sua comunicação. Vale a pena gastar milhões dos pagadores de impostos para sustentar mídia para elogiar? Se tivesse mídia crítica, no primeiro dia do anúncio do tal monitoramento do PIX, um jornalismo fiel aos seus princípios críticos, alertaria Lula de que estava cometendo um grosseiro erro contra seus próprios eleitores, e o governo recuaria imediatamente, antes do gigantesco desgaste que sofreu. Mas a esquerda prefere os cortesãos, e prefere pagar os áulicos da mídia de secos e molhados, como definiu Millor Fernandes. É uma esquerda que fala em democracia, mas quer censura para a voz digital do povo. Entregou a defesa do povo para a direita.

Trump e Macunaíma

Em 21 de janeiro de 2025

No discurso de posse, Trump poderia estar se dirigindo aos brasileiros; eu me senti vestindo a carapuça muitas vezes. E já no início, quando ele anunciou que começava uma era de ouro, em contraposição com o fim de tempos de declínio. Sacudiu-me como brasileiro, porque parecemos masoquistas, que temos prazer com a decadência, o descumprimento das leis, o lixo, o crime, a mentira, o aplauso a espertalhões. Trump quer volta aos tempos de construção da América grande, de ocupar o meio-oeste e conquistar o oeste, por patriotas que venceram desafios formidáveis; aqui, estamos em tempo de condenar patriotas, de condenar os que conquistaram o centro-oeste e os que tentam ocupar o norte sempre cobiçado por estrangeiros.

Trump recordou que tentaram tolher-lhe a liberdade de concorrer à presidência e até tirar-lhe a vida, com o tiro que era para a cabeça mas feriu a orelha. Poderia estar se comparando a Bolsonaro e a faca que quis tirar-lhe a candidatura e a "inelegibilidade", que hoje tem o mesmo objetivo. Disse Trump que no seu governo vai prevalecer o mérito e não a cor da pele ou a genitália. No Brasil, seria difícil. Aqui o "quem indica" é muito forte – e cor da pele e genitália são argumentos para ganhar direitos. Trump anunciou que cartéis serão considerados como terrorismo estrangeiro – aqui, os cartéis do crime estão cada vez mais entrelaçados com a política e o estado nacionais. Também vai combater o crime aumentando o poder da polícia; quando Bolsonaro fez isso, as estatísticas de crimes violentos despencaram; mas hoje, por aqui, se estimula o crime, esvaziando poder da polícia e constrangendo os policiais, enquanto se inverte: o assaltante é vítima da sociedade. Não vamos esquecer a Constituição e nosso Deus – disse Trump. Por terras brasileiras, isso até que valeu e rendeu frutos, mas hoje até os que juraram defender a Constituição a esquecem – e o nome de Deus só é lembrado para demagogia.

Quando Trump prometeu retomar o Canal do Panamá, porque fora dado ao Panamá mas os chineses é que o estão administrando, lembrei das instalações da Petrobras na Bolívia, que foram ocupadas militarmente por Evo Morales, com zero reação do governo Lula. Trump vai combater a inflação do dólar contendo o excesso de gastos do governo – no mesmo dia, Lula, com uma multidão de ministros em torno de mesa gigantesca, prometia baratear os alimentos da magra mesa do trabalhador; mas não reduz o excesso de gastos com seu próprio governo, nem a dívida pública, que paga altos juros para ser sustentada – num custo que se espalha para todos. Para taxar menos os americanos, Trump vai taxar mais quem vende para os americanos, principalmente os chineses. Por aqui, os chineses ampliam presença e o governo tentou enquadrar no imposto de renda os informais do setor mais baixo da renda.

A liberdade de expressão é a joia da coroa do governo Trump. Jamais o governo irá perseguir seus opositores – disse Trump. Aqui, criticar é crime, segundo o governo e alguns jornalistas. Trump sabe que a ambição impulsiona uma nação; no Brasil, os empreendedores, os de iniciativa, são criticados pelo inveja ideológica. Gente que condena(e queima) bandeirantes de ontem, hoje faz o mesmo com os novos bandeirantes da Amazônia. Trump saúda os pioneiros do passado e lança os do futuro, com a conquista de Marte. Aqui, não conseguimos fazer uma pequena linha de trem-bala. Fomos colonizados pelos mesmos europeus, africanos e asiáticos. Por que os Estados Unidos são os primeiros no mundo e nós o eterno "país do futuro"? Eles têm maior número do prêmios Nobel e nós, nenhum; festejamos Macunaíma. Valeria um exame de consciência, examinando os motivos, depois de sacudidos pelo o discurso de Trump.

Pensata final

Nesses três anos de artigos semanais, está uma visão – a minha – dos fatos recentes que, imagino, já foi alterada pela visão de quem leu. Entrego minhas palavras à sua leitura sabendo que o tempo, como o vento e as ondas do mar, provocam erosão, sedimentação e alteram as formas e estruturas. Não tenho o dom da previsão, mas tenho como aliada a História, que permite intuir rumos de pessoas que fazem os acontecimentos, muitas vezes conduzidas por esse acaso, sinônimo de sorte e de azar. O Brasil parece muito andar assim, imprevisível até no passado, como ironizou o então ministro da Fazenda, Pedro Malan. Teríamos o poder de fazer nosso futuro se a nossa média de conhecimento estivesse mais acima, pela educação de cidadania em casa e ensino de letras, números e ciências nas escolas da base ao topo.

Obrigado pela leitura. Fica sempre a esperança, embora por todas as fases de minha vida tenha ouvido a repetição do título do livro de Stephan Sweig, *Brasil, País do Futuro*. Por mais de oitenta anos, surfei na onda ciclotímica em que o futuro parecia estar chegando e o empurramos de volta para o amanhã. Está nas nossas mãos, mas antes está nos nossos cérebros o destino da nação brasileira. Muitos põem nas mãos de Deus, em orações. Mas não esqueçamos que oração mistura ora e ação.

Acompanhe a LVM Editora

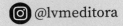 @lvmeditora

Acesse: www.clubeludovico.com.br

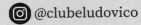 @clubeludovico

Esta edição foi preparada pela LVM Editora com tipografia
Source Serif Pro e Akrobat, em fevereiro de 2025.

Impressão e Acabamento | Gráfica Viena
Todo papel desta obra possui certificação FSC® do fabricante.
Produzido conforme melhores práticas de gestão ambiental (ISO 14001)
www.graficaviena.com.br